Schriftenreihe der Juristischen Fakultät
der Europa-Universität Viadrina Frankfurt (Oder)

Herausgegeben von

Professor Dr. iur. Dr. phil. Uwe Scheffler, Frankfurt (Oder)

Schriftenreihe der Juristischen Fakultät der Europa-Universität Viadrina Frankfurt (Oder)

Heiko Artkämper
Hausbesetzer, Hausbesitzer, Hausfriedensbruch
1995. XXIV, 340 Seiten. DM 89,-
ISBN 3-540-59005-6

Beate Ilona Nettelbeck
Produktsicherheit • Produkthaftung
1995. XXXVI, 170 Seiten. DM 68,-
ISBN 3-540-59242-3

Springer
Berlin
Heidelberg
New York
Barcelona
Budapest
Hong Kong
London
Mailand
Paris
Tokyo

Beate Ilona Nettelbeck

Produktsicherheit Produkthaftung

Anforderungen an die Produktsicherheit und ihre Umsetzung

Springer

Dr. iur. Beate Ilona Nettelbeck
München

ISBN 3-540-59242-3 Springer-Verlag Berlin Heidelberg New York

Die Deutsche Bibliothek – CIP-Einheitsaufnahme
Nettelbeck, Beate Ilona:
Produktsicherheit · Produkthaftung: Anforderungen an die Produktsicherheit und ihre Umsetzung / Beate Ilona Nettelbeck. –
Berlin; Heidelberg; New York; Barcelona; Budapest; Hong Kong; London; Mailand; Paris; Tokyo:
Springer, 1995
(Schriftenreihe der Juristischen Fakultät der Europa-Universität Viadrina Frankfurt (Oder))
Zugl.: Diss.
ISBN 3-540-59242-3

SPIN 10501252 64/2202-5 4 3 2 1 0 - Gedruckt auf säurefreiem Papier

Inhaltsverzeichnis

Abkürzungsverzeichnis

Anm.	Anmerkung
AHB	Allgemeine Haftpflichtbedingungen
AP	Nachschlagewerk des Bundesarbeitsgerichts
BAG	Bundesarbeitsgericht
BB	Der Betriebsberater
bzgl.	bezüglich
c.i.c.	culpa in contrahendo
c.p.p.f.	culpa post pactum finitum
CR	Computer und Recht (Zeitschrift)
DB	Der Betrieb
ders.	derselbe
DGQ	Deutsche Gesellschaft für Qualität
DIHT	Deutscher Industrie- und Handelstag
Diss.	Dissertation
dpa	Deutsche Presseagentur
EGV	Vertrag zur Gründung der Europäischen Gemeinschaft
EU	Europäische Union
EUV	Vertrag über die Europäische Union
EuGH	Gerichtshof der Europäischen Gemeinschaften
EuR	Europarecht (Zeitschrift)
FAZ	Frankfurter Allgemeine Zeitung
Fed.	Federal
FNT Aktuell	Zeitschrift des Förderkreises NeueTechnologien (FNT) e.V., München
FS	Festschrift
gem.	gemäß
GenTG	Gentechnikgesetz
grdl.	grundlegend
GRUR	Zeitschrift für gewerblichen Rechtsschutz und Urheberrecht
GSG	Gerätesicherheitsgesetz
Hrsg.	Herausgeber
i.d.R.	in der Regel
IWB	Internationale Wirtschafts-Briefe
JuS	Juristische Schulung
Komm.	Kommentar
m.w.N.	mit weiteren Nachweisen
NJW	Neue Juristische Wochenzeitschrift
NWB	Neue Wirtschafts Briefe, Zeitschrift für Steuer- und Wirtschaftsrecht
o.	oben
o.V.	ohne Verfasser
pFV	positive Forderungsverletzung
PHI	Produkthaftpflicht International

ProdHaftG	Produkthaftungsgesetz ("Gesetz über die Haftung für fehlerhafte Produkte")
RIW	Recht der internationalen Wirtschaft (Zeitschrift)
SAQ	Schweizerische Arbeitsgemeinschaft für Qualitätsförderung
SZ	Süddeutsche Zeitung
TU	Technische Universität
u.	und / unten
UmweltHG	Umwelthaftungsgesetz
UW	Unsere Wirtschaft (Zeitschrift der IHK Düsseldorf)
ZfB	Zeitschrift für Betriebswirtschaft
VGA	Versicherungsstelle des Groß- und Außenhandels
Vorbem.	Vorbemerkung
WR	Wirtschaftsrecht (Zeitschrift)
WZ	Westdeutsche Zeitung
ZfB	Zeitschrift für Betriebswirtschaft
ZfO	Zeitschrift für Führung und Organisation
zit.	zitiert
ZRP	Zeitschrift für Rechtspolitik
ZStW	Zeitschrift für die gesamte Strafrechtswissenschaft
zugl.	zugleich

bezüglich weiterer Abkürzungen wird verwiesen auf:

Kirchner, Hildebert	Abkürzungsverzeichnis der Rechtssprache 4. Auflage, Berlin 1992
Duden, Konrad	Rechtschreibung der deutschen Sprache und der Fremdwörter, 19. Auflage, Mannheim 1986
Palandt	Abkürzungsverzeichnis I und II, 53. Auflage, München 1994

Literaturverzeichnis

Adams, Michael	Produkthaftung - Wohltat oder Plage - Eine ökonomische Analyse in: BB 1987, Beilage 20 zu Heft 31
Alwart, Heiner	Strafrechtliche Haftung des Unternehmens - vom Unternehmenstäter zum Täterunternehmen in: ZStW 105 (1993), 752 - 773
Anders, Wolfgang	Nach einem Freispruch eine Prozeßlawine in: SZ vom 16.12. 1992
Ann, Christoph	Die Produkthaftung des Lizenzgebers Zur Haftungssituation von Innovationsträgern im deutschen und im amerikanischen Recht Köln 1991, zugl. Diss. Bayreuth 1990
Bartl, Harald	Produkthaftung nach neuem EG-Recht, Kommentar zum deutschen Produkthaftungsgesetz Landsberg/Lech 1989 zit.: Produkthaftung
Baumbach, Adolf Duden, Konrad Hopt, Klaus J.	Handelsgesetzbuch, Kommentar 28. A., München 1989
Baumbach, Adolf Hueck, Alfred	GmbH-Gesetz, Kommentar 15. A., München 1988
Bayerisches Staatsministerium für Wirtschaft und Verkehr (Hrsg.)	Qualitätssicherung für kleine und mittlere Unternehmen. Ein Leitfaden zur Einführung eines Qualitätssicherungssystems München 1993
Bundesverband der Deutschen Industrie e.V.	Qualitätssicherung in deutschen Unternehmen, Ergebnisse und Bewertung einer Firmenumfrage des BDI zur Nachfrage nach zertifizierten Qualitäts sicherungssystemen von ausländischen Kunden Köln 1992 zit.: BDI, Qualitätssicherung in deutschen Unternehmen
Berger-Delhey, Ulf	Presse und Produkthaftung in: BB 1990, 1501 - 1504

Bieberstein, Wolfgang Freiherr Marschall von	Zur Verantwortlichkeit leitender Mitarbeiter im Produktenhaftpflichtrecht in: VersR 1976, 411 - 415
Bisani, Fritz	Personalführung 3. Auflage, Wiesbaden 1985
Böckstiegel, Karl-Heinz (Hrsg.)	Die Produkthaftung in der Luft- und Raumfahrt, Dokumentation eines internationalen Kolloquiums in Köln 1977 Saarbrücken 1978
Böndel, Burkhard	Siegeszug der Elektronik schafft große Folgelasten in: Handelsblatt vom 14.04.1993
Borer, Peter	Produktehaftung: Der Fehlerbegriff nach deutschem, amerikanischem und europäischem Recht Bern; Stuttgart 1986 zit.: Produktehaftung
Bormann, Friedrich W. Bormann, Michael	Rechtsnatur und Rechtsschutz der Software in: DB 1991, 2641 - 2649
Brockmann, Marlene	"Bei uns ist jede Abteilung kritisch wie ein Kunde" in: Impulse Heft 12 1990, S. 88-94
Brüggemeier, Gert	Produzentenhaftung nach § 823 Abs. 1 BGB Bestandsaufnahme und Perspektiven weiterer judizieller Rechtsentwicklung in: WM 1982, 1294 - 1309
ders.	Produkthaftung und Produktsicherheit in: ZHR 152 (1988), 511 - 536
ders.	Anmerkung zu OLG Frankfurt a.M. ZIP 1991, 374 ff. - Milupa - in: ZIP 1991, 379 - 380
ders.	Anmerkung zu BGHZ 116, 104 ff. - Salmonellen in: ZIP 1992, 415 - 417
Brüser, Elke	Fallstricke für das kranke Herz in: SZ vom 28.01.1993

Bundesanstalt für Arbeitsschutz (Hrsg.)	Künstliche Mineralfasern am Arbeitsplatz Vorkommen, Gesundheitsgefahren, Schutzmaßnahmen, Schriftenreihe der Bundesanstalt für Arbeitsschutz,- Gefährliche Arbeitsstoffe - GA 41 Dortmund 1993
Der Bundesminister für Forschung und Technologie (Hrsg.)	Programm Qualitätssicherung 1992 - 1996 Bonn 1992
ders.	Programm Qualitätssicherung 1992 - 1996 - Umsetzung des Programms - Bonn 1993
Bunte, Hermann-Josef	Inhaltskontrolle notariell beurkundeter Verträge in: ZIP 1984, 1313 - 1318
Cahn, Andreas	Anmerkung zu BGHZ 116, 60 ff. - Milupa in: BGH EWiR § 823 BGB 2/92, S. 35 - 36
Carl, Dieter	Versicherungen im Europäischen Binnenmarkt in: NWB Beilage 5/1991 zu Heft 44, S. 1-16
Dageförde, Carsten	Internationales Finanzierungsleasing München, 1992
Damm, Reinhard	Anmerkung zu BGHZ 116, 60 ff. - Milupa in: JZ 1992, 637 - 640
De Thier, Peter	Unter dem Druck des weltweiten Wettbewerbs setzt Amerikas Industrie auf Perfektion in: SZ vom 31.06.1993
Deutsch, Erwin	Anmerkung zu BGHZ 106, 273 ff. - Asthma-Spray in: JZ 1989, 855 - 856
DGQ, SAQ, (Hrsg.)	Organisation der Qualitätssicherung im Unternehmen. Teil I: Aufbauorganisation 3. geänderte Auflage Berlin 1976 Teil II: Abläufe zur Qualitätssicherung 2. verbesserte Auflage Berlin 1977
Di Fabio, Udo	Richtlinienkonformität als ranghöchstes Normauslegungsprinzip? in: NJW 1990, 947 - 954

Diederichsen, Uwe — Wohin treibt die Produzentenhaftung?
in: NJW 1978, 1281 - 1291

Dietz, Wolf-Dieter — Versicherungsrechtliche Aspekte
in: Böckstiegel (Hrsg.), Die Produkthaftung in der Luft- und Raumfahrt Dokumentation eines inter nationalen Kolloquiums in Köln 1977
Saarbrücken 1978

DIHT — Stellungnahme des DIHT vom 28.08.1989
zum Vorschlag der Richtlinie über die allgemeine Produktsicherheit
(ABIEG Nr. C 156/8 vom 27.06.1990)
in: DIHT-Informationen 9/89,
auch zit. in ZIP 1989, A 143, Nr. 515

Dotzler, Jürgen
Schick, Siegfried — Systematische Mitarbeiterkommunikation als Instrument strategischer Unternehmensführung
in: Personalführung 1989, 126 - 131

Ehrhardt, Klaus — Interne Informationspolitik und innerbetriebliche Kommunikation: Erfolgsfaktoren des Unternehmens
in: Personalführung 1989, 91 - 98

Ehrhart, Karl J. — Eigenverantwortung großgeschrieben
Neue Trends bei gesamtheitlichen Qualitätssicherungssystemen
in: Verlagsbeilage "Qualitätsmanagement" zur FAZ vom 12.10.1992

Eichholz, Rainer — Die Bedeutung der arzneimittelrechtlichen Produkthaftung für das Blutspenden und den Vertrieb von Blutkonserven
in: NJW 1991, 732 - 735

Einecke, Helga — Kalorienbomben sind schon für die Babys out
in: SZ vom 19.04.1993

Ekkenga, Jens — Die Inhaltskontrolle von Franchise-Verträgen
Heidelberg, 1990

Emmerich, Volker — Anmerkung zu BGHZ 80, 186 ff. und 199 ff.
- Derosal und Benomyl
in: JuS 1981, 685 - 686

ders. — Anmerkung zu BGHZ 116, 60 ff. - Milupa
in: JuS 1992, 520 - 521

ders.
Anmerkung zu BGH NJW 1990, 906 ff.
- Pferdebox
in: JuS 1990, 413 - 414

ders.
Anmerkung zu BGH NJW 1993, 1200
- TBB-Urteil
in: JuS 1993, 695 - 696

Esterhazy, Yvonne
Kaizen und Training: Rezept zum Erzielen von Produktivität und Qualität à la Japan
in: Handelsblatt vom 30.08.1993

Fehr, Benedikt
Das Ansehen von VW in Amerika ist ramponiert
in: FAZ vom 19.07.1993

Foerste, Ulrich
Anmerkung zu OLG Frankfurt a.M. ZIP 1991, 374 ff. - Milupa -
in: OLG Frankfurt EWiR § 823 BGB 4/91, 565 - 566

ders.
Die Produkthaftung für Druckwerke
in: NJW 1991, 1433 - 1439

ders.
Anmerkung zu BGH NJW 1993, 528 ff.
- Mineralwasserflasche
in: JZ 1993, 680 - 682

Frietsch, Edwin
Der Entwurf einer Richtlinie über die Haftung bei Dienstleistungen im Vergleich mit der Produkthaftungsrichtlinie
in: Littbarski (Hrsg.), Entwurf einer Richtlinie über die Haftung bei Dienstleistungen,
S. 57 - 67
Köln 1992

ders.
Der europäische Vorschlag einer Haftung für Dienstleistungen
in: DB 1992, 929 - 936

Gaiser, Bernd
Die Lebenszyklen der Produkte werden sich in Zukunft verkürzen
in: Handelsblatt v. 05.02.1991

Gamm, Otto-Friedrich Freiherr von
Kartellrecht, Kommentar
2. A., Köln 1990

Garrus, Joelle
"Gameboy" ein Gesundheitsrisiko?
in: SZ vom 12.01.1993

Giesen, Dieter Poll, Jens	Zur Haftung für infizierte Blutkonserven im amerikanischen und deutschen Recht in: RIW 1993, 265 - 271
Götz, Volkmar	Europäische Gesetzgebung durch Richtlinien - Zusammenwirken von Gemeinschaft und Staat in: NJW 1992, 1849 - 1856
ders.	Das Maastricht-Urteil des Bundesverfassungsgerichts in: JZ 1993, 1081 - 1086
Grunsky, Wolfgang Lieb, Manfred Medicus, Dieter (Hrsg.)	Grundfragen des Finanzierungsleasing Tübingen 1990
Hagenmüller, K. F. Eckstein, Wolfram	Leasinghandbuch für die betriebliche Praxis 6. Auflage, Frankfurt/Main 1992 (Hrsg.) zit.: Leasinghandbuch
Hager, Günter	Das neue Umwelthaftungsgesetz in: NJW 1991, 134 - 143
Hahn, Hans-Georg	Deliktische Produkthaftung für landwirt schaftliche Erzeugnisse und Naturprodukte Diss., Göttingen 1992
Hart, Dieter Köck, Wolfgang	Zum Stand der Verbraucherrechtsentwicklung in: ZRP 1991, 61 - 67
Heinemann, Klaus	Auf dem Weg zur europäischen Dienstleistungshaftung in: ZIP 1991, 1193 - 1204
Hensen, Horst-Diether	Anmerkung zu OLG Stuttgart ZIP 1990, 1209 - Birkel in: OLG Stuttgart EWiR § 839 BGB 1/90, 467 - 468
Herzig, Norbert Hötzel, Oliver	Rückstellungen wegen Produkthaftung in: BB 1991, 99 - 104
Herzig, Norbert Köster, Thomas	Die Rückstellungsrelevanz des neuen Umwelthaftungsgesetzes in: DB 1991, 53 - 57
Heymann, Thomas	Haftung des Softwareimporteurs in: WR 1990, 176 - 179

Hirsch, Günter Schmidt-Didczuhn, Andrea	Gentechnikgesetz; mit Gentechnik- verordnungen, Kommentar München 1991 zit.: Gentechnikgesetz
Hoechst, Peter	Versicherung des US-Produkthaftpflichtrisikos Hauptfragen und praktische Vorschläge Diss., Köln 1985 zit.: Hoechst, US-Produkthaftpflichtrisiko
Hoeren, Thomas	Anmerkung zu BGH JZ 1990, 236 - Software in: JZ 1990, 239 - 241
Hollmann, Hermann H.	BR Deutschland: Produktbeobachtungs-, Prüfungs- und Warnpflichten für Kraftfahrzeuge und Zubehör in: PHI 1990, 38 - 53
Hübner, Ulrich	Managerhaftung. Rechtsgrundlagen und Risiko potentiale einer persönlichen Inanspruchnahme der Unternehmensleiter von Kapitalgesellschaften München 1992 zit.: Managerhaftung
Huff, Martin W.	Die Katze in der Mikrowelle in: FAZ v. 20.01.1992
Hummel, Manfred	Ein doppelt gefährliches Schießeisen in: SZ vom 12.02.1993
Immenga, Ulrich Mestmäcker, Ernst- Joachim	GWB, Gesetz gegen Wettbewerbs- beschränkungen, Kommentar 2. A., München 1992 zit.: Bearbeiter in: Immenga/Mestmäcker, GWB
Jacobi, Jens-Martin	Information und Kommunikation: Ein neues Grundbedürfnis in: Personalführung 1989, 106 - 115
Jarass, Hans D.	Voraussetzungen der innerstaatlichen Wirkung des EG-Rechts in: NJW 1990, 2420 - 2425
ders.	Richtlinienkonforme bzw. EG-rechtskonforme Auslegung nationalen Rechts in: EuR 1991, 211 - 223

Junge, Werner | Rechtliche Auswirkungen der bevorstehenden Produzentenhaftung auf die Tätigkeit des Ingenieurs
in: Verein Deutscher Ingenieure, VDI, Produzentenhaftung und technischer Fortschritt: Vorträge und Diskussionen, S. 21 - 48
Düsseldorf 1979
zit.: Junge in: VDI, Produzentenhaftung und technischer Fortschritt

Junker, Abbo | Die Entwicklung des Computervertragsrechts in den Jahren 1988 und 1989
in: NJW 1990, 1575 - 1583

ders. | Die Entwicklung des Computerrechts im Jahre 1990
in: NJW 1992, 1733 - 1739

ders. | Die Entwicklung des Computerrechts in den Jahren 1991 und 1992
in: NJW 1993, 824 - 832

Jürgensen, Hans | Haftpflichtpool für die Großindustrie
in: FAZ v. 20.03.1990

Kaizen, Masaaki Imai | Der Schlüssel zum Erfolg der Japaner im Wettbewerb
2. A., Berlin 1993

Kaneda, Hideharu | Was kommt in Japan nach Lean Production? Produktionssysteme der neunziger Jahre
Landsberg 1993

Kaufmann, Martin | Haftung im faktischen GmbH-Konzern
- Änderung der Rechtsprechung durch das Urteil des BGH v. 29.3.1993 "TBB"
in: NWB 1993, 2515 - 2518

Kayser, Klaus | Mit Qualitätsmanagement Kosten sparen und Zertifizierungs-Formalismus meiden
in: Handelsblatt vom 31.03.1993

Kempf, Michael | Fehler vermeiden statt korrigieren. Künstliche Intelligenz kann höhere Produktqualität sichern
in: FAZ vom 22.03.1993

Kesberg, Harald — Wissenschaftler sollen Unsicherheit über Verträglichkeit von Funkwellen beseitigen
in: Handelsblatt vom 04.11.1993

Kessler, Martin — Risiko-Management der Produkthaftpflicht als industrielle Führungsaufgabe
Diss. Bern 1980
zit.: Risiko-Management

Kethers, Friedhelm — Vor- und Nachteile einer Allgefahren-Police aus der Sicht der Technischen Versicherungen
in: VW 1990, 1450 - 1454

Klapper, Norbert — Präventive Qualitätssicherung von Logistikleistungen in der Produktion
Berlin 1993, zugl. Diss. München 1993

Klein, Bernhard — Produkthaftung bei Baustoffen und Bauteilen unter Einbeziehung der Rechtsverhältnisse des Baustoffhandels
2. A., Düsseldorf 1991
zit.: Klein, Produkthaftung bei Baustoffen

Klingmüller, Ernst — Wie weit reicht die Produkthaftung?
VersR 1989, 1226 - 1228

Koch, Frank A. — Deutschland: Herstellerhaftung für die sichere Produktentsorgung
in: PHI 1992, 20 - 29

Kommission der Europäischen Gemeinschaften, Generaldirektion Binnenmarkt und gewerbliche Wirtschaft, Rundschreiben "Europäische Qualitätssicherungsnormen (EN 29000 und EN 45000) und die Konformitätsbewertungspolitik der Gemeinschaft" DOK. ZERTIF. 92/9 vom 05.10.1992

König, M. Michael — Zur Sacheigenschaft von Computerprogrammen und deren Überlassung
in: NJW 1990, 1584 - 1586

Kossmann, Horst — Der Handel im System der Produkthaftpflicht
NJW 1984, 1664 - 1667

Kranz, Robert — Produkthaftung des Softwareherstellers nach § 823 Abs. 1 BGB und Produkthaftungsgesetz
Diss., Augsburg 1993

Kreifels, Thomas — Qualitätssicherungsvereinbarungen - Einfluß und Auswirkungen auf die Gewährleistung und Pro dukthaftung von Hersteller und Zulieferer
in: ZIP 1990, 489 - 496

Kretschmer, Friedrich — Bemerkungen zum EG-Richtlinienvorschlag über die Haftung für Dienstleistungen
in: PHI 1991, 64 - 69

Krutein, Götz — Warn-, Rückruf- und Rückholaktionen
in: DAR 1985, 33 - 36

Kübler, Friedrich — Anmerkung zu BGH NJW 1993, 1200 ff.
- TBB-Urteil
in: NJW 1993, 1204 - 1205

Kullmann, Hans Josef — Die Rechtsprechung des BGH zum Produkthaftpflichtrecht in den Jahren 1989/90
in: NJW 1991, 675 - 683

ders.
Pfister, Bernhard — Produzentenhaftung. 1. Band.
Produkthaftpflicht in Deutschland
Loseblattsammlung, Stand: 31. Lieferung von Februar 1993
Berlin 1980
zit.: Produzentenhaftung 1. Bd.

Landsberg, Gerd
Lülling, Wilhelm — Umwelthaftungsrecht, Kommentar
Köln 1991

Lehmann, Michael — Just in time: Handels- und AGB-rechtliche Probleme
in: BB 1990, 1849 - 1855

ders. — Produkt- und Produzentenhaftung für Software
in: NJW 1992, 1721 - 1725

ders. — Produzentenhaftung bei integrierter Produktion - computer integrated manufacturing (CIM)
in: BB 1993, 1603 - 1607

Lenz, Carl Otto — Der Vertrag von Maastricht nach dem Urteil des Bundesverfassungsgerichts
in: NJW 1993, 3038 - 3039

Littbarski, Sigurd — Zur Versicherbarkeit des "Unternehmerrisikos"
Berlin 1980; Diss. Berlin 1978

ders. — Der Folgeschaden in der Betriebshaftpflichtversicherung - Zugleich Besprechung von BGHZ 80, 284 ff. = VersR 81, 771 f. -
in: VersR 1982, 915 - 922

ders. — Rechtsprobleme des Garantievertrages zwischen Hersteller und Endabnehmer
in: JuS 1983, 345 - 351

ders. — Haftungs- und Versicherungsrecht im Bauwesen
Düsseldorf 1986

ders. — Die Auswirkungen der Rechtsprechung zu den "weiterfressenden Mängeln" auf das Haftpflicht- und Haftpflichtversicherungsrecht
in: Festschrift für Hermann Korbion, S. 269 - 282
Düsseldorf 1986
zit.: Littbarski in: FS Korbion

ders. — Bemerkungen zur Notwendigkeit einer EG-Richtlinie über die Haftung bei Dienstleistungen
in: Littbarski (Hrsg.), Entwurf einer Richtlinie über die Haftung bei Dienstleistungen, S. 97 - 111
Köln 1992

ders. — Herstellerhaftung ohne Ende - ein Segen für den Vebraucher?
In: NJW 1995, 217 - 222

Lohrer, Wolfgang — Nachgefragt: Wie gefährlich sind Mineralfasern?
in: SZ vom 09.09.1993

Lorenz, Werner
Kruse, A. Vinding — Die Haftung des Warenherstellers
Frankfurt a.M. 1966

Ludsteck, Walter — Elektrosmog lastet auf Mobilfunk
in: SZ vom 02.02.1993

Marly, Jochen — Softwareüberlassungsverträge
München 1991

ders. — Die Qualifizierung der Computerprogramme als Sache nach § 90 BGB
in: BB 1991, 432 - 436

Martinek, Michael	Zulieferverträge und Qualitätssicherung Köln 1991
Mayer, Kurt	Produkthaftung und Gefahrbeseitigungs-anspruch (Stichwort: "Rückrufpflicht") in: DB 1985, 319 - 326
zur Megede, Ekkehard	Bemerkungen zu Rechtsfragen im Bereich der EDV in: NJW 1989, 2580 - 2587
Meier, Bernd-Dieter	Verbraucherschutz durch Strafrecht? Überlegungen zur strafrechtlichen Produkthaftung nach der "Lederspray"-Entscheidung des BGH in: NJW 1992, 3193 - 3199
Meier, Klaus Wehlau, Andreas	Produzentenhaftung des Softwareherstellers § 823 Abs. 1 BGB und das Produkthaftungsgesetz in: CR 1990, 95 - 100
dies.	Praxisfragen der Gewährleistung und Haftung für Computerprogramme in: WR 1992, 47 - 53
Michalski, Lutz	Vertrags- und schutzrechtliche Behandlung von Computerprogrammen Stuttgart 1992
Micklitz, Hans-W.	Holzschutzmittelprozesse: Stand der Rechtsprechung in: NJW 1989, 1076 - 1077
ders. Reich, Norbert	Verbraucherschutz im Vertrag über die Europäische Union - Perspektiven für 1993 in: EuZW 1992, 593 - 603
Migge, Ludger Michael	Deutschland: Praktische Überlegungen bei der Vorbereitung von Qualitätssicherungs-vereinbarungen (Teil 1) in: PHI 1991, 186 - 196
Möschel, Wernhard	Zum Subsidiaritätsprinzip im Vertrag von Maastricht in: NJW 1993, 3025 - 3028

Moser, Sepp	Hochfliegende Pläne in: Magazin Nr. 37 der Südeutschen Zeitung vom 17.09.1993, S. 12 - 17
Müggenborg, Hans-Jürgen	6. Trierer Kolloquium zum Umwelt- und Technikrecht, Mitteilungen in: NJW 1991, 26
Müller von der Grün, Claus Peter	Mängel durch Managementfehler in: FAZ vom 23.03.1993
Müller-Graff, Peter-Christian	Europäisches Gemeinschaftsrecht und Privatrecht in: NJW 1993, 13 - 23
Münchener Kommentar zum Bürgerlichen Gesetzbuch	Band 3. Schuldrecht. Besonderer Teil. 2. Halbband 2. Auflage, München 1986 zit.: MüKo - Bearbeiter
Murmann, Klaus	Qualität - eine Aufgabe für das Management in: Verlagsbeilage "Qualitätsmanagement" zur FAZ vom 12.10.1992
Nagel, Alfred	Normen sind Schmierstoffe der Wirtschaft - Bedeutung der Normung in Deutschland in: Industrie und Handel, Kammerzeitschrift der Industrie- und Handelskammer für München und Oberbayern Heft 10/92, S. 28 - 31
Nagel, Bernhard	Der Lieferant On Line - Unternehmensrechtliche Probleme der Just-in-Time-Produktion am Beispiel der Automobilindustrie in: DB 1988, 2291 - 2294
ders. Riess, Birgit Theis, Gisela	Der faktische Just-in-Time-Konzern - Unternehmensübergreifende Rationalisierungskonzepte und Konzernrecht am Beispiel der Automobilindustrie in: DB 1989, 1505 - 1511
Nasemann, Andrea	Asbestgefahr durch defekte Heizungen in: SZ vom 15.04.1992
dies.	Wenn das Traumhaus zum Alptraum wird in: SZ vom 04.04.1992

Nessler, Volker — Richterrecht wandelt EG-Richtlinien
Die EuGH-Rechtsprechung zur unmittelbaren Wirkung von Richtlinien als Problem des europäischen Richterrechts
in: RIW 1993, 206 - 214

Nickel, Friedhelm G. — Produzentenhaftung beim Verkauf mangelhafter Halbfabrikate
Pfaffenweiler 1986

ders. — Gewährleistungsansprüche in der Betriebshaftpflichtversicherung
in: VersR 1989, 873 - 880

Nicklisch, Fritz — Abfallsteuerung durch Haftung nach dem EG-Richtlinienentwurf
in: BB Beilage Nr. 10 1993, 55 - 58

Niven, Daniel — When times get tough, what happens to TQM? - case study -
in: Harvard Business Review, May-June 1993, 20 - 34

Noehrbass, Norbert — Produkthaftpflicht und Aids
in: VW 1990, 1119 - 1126

Ohno, Taiichi — Das Toyota-Produktionssystem
Frankfurt a.M. 1993

Palandt, Otto — Bürgerliches Gesetzbuch
39. Auflage, München 1980
53. Auflage; München 1994
zit.: Palandt/Bearbeiter

Palm-Risse, Martina — Produktsabotage
in: PHI 1990, 18 - 23

Petrick, Klaus — Vertrauen in die Qualitätsfähigkeit schaffen
Zertifizierung von Qualitätssicherungs-systemen durch die DQS
in: Verlagsbeilage "Qualitätsmanagement" zur FAZ vom 12.10.1992

ders.	Bedeutung und internationale Anerkennung der Zertifizierung von Qualitätssicherungs-systemen Skript der DQS Deutsche Gesellschaft zur Zertifizierung von Qualitätssicherungs-systemen mbH, September 1992
Pfeifer, Axel	Produktfehler oder Fehlverhalten des Produzenten - Das neue Produkthaftungsrecht in Deutschland, den USA und nach der EG-Richtlinie Berlin 1987 zit.: Produktfehler
Pfeiffer, Werner Enno	Lean Management. Grundlagen der Führung Weiß, und Organisation industrieller Unternehmen Berlin 1992 zit.: Lean Management
Pfister, Bernhard	Anmerkung zu BGHZ 99, 167 ff. - Honda in: EWiR § 823 BGB 1/87, 235 - 236
Pieper, Helmut	Verbraucherschutz durch Pflicht zum "Rückruf" fehlerhafter Produkte? Zu den Grenzen einer Rechtsfortbildung in: BB 1991, 985 - 992
Pietzko, Joachim	Anmerkung zu OLG Stuttgart ZIP 1991, 380 f. - Milupa in: OLG Stuttgart EWiR § 823 BGB 3/91, 563 - 564
Popp, Michael	Rückstellungen des Herstellers schadensverur-sachender Erzeugnisse (Produkthaftung) in: DB 1976, 455 - 548
Pott, Werner Frieling, Günter	Produkthaftung Essen 1992
Prey, Klaus-Peter	Das Produkthaftungsgesetz: Die Produkt-haftung vorher, das Gesetzgebungsverfahren und der Einfluß auf die bisherige Rechtsprechung zur Produkthaftung Diss. Regensburg 1990 zit.: Das Produkthaftungsgesetz
Prölss, Jürgen Martin, Anton	Versicherungsvertragsgesetz, Kommentar 25. Auflage, München 1992 zit.: Bearbeiter in: Prölss/Martin

Quittnat, Joachim — Qualitätssicherungsvereinbarungen und Produkthaftung
in: BB 1989, 571 - 575

Reinicke, Dietrich
Tiedtke, Klaus — Stoffgleichheit zwischen Mangelunwert und Schäden im Rahmen der Produzentenhaftung
in: NJW 1986, 10 - 15

Rembold, Kurt — Das Installieren von Hard- und Software allein führt nicht zum gewünschten Erfolg
in: Handelsblatt vom 08.09.1993

Richter, Hans-D. — Qualität - eine Existenzfrage
Die "Davids" mischen bei QS vorne mit
in: Verlagsbeilage "Qualitätsmanagement" zur FAZ vom 12.10.1992

Röhl, Klaus F. — Fehler in Druckwerken
in: JZ 1979, 369 - 378

Rolland, Walter — Produkthaftungsrecht, Kommentar
München 1990

Rombach, Wolfgang — Killer-Viren als Kopierschutz
Vertragliche und deliktische Ansprüche der Betroffenen
in: CR 1990, 101 - 106

Roschiwal, Helmut A. — Ein kopfloser Niet kann viel kosten
in: Handelsblatt vom 31.03.1993

Rosenstiel, Lutz — Führungskräfte nach dem Wertewandel
in: ZfO 1986, 89 - 96

Roth, Wulf-Henning — Die Vollendung des europäischen Binnenmarktes für Versicherungen
in: NJW 1993, 3028 - 3033

Runge, Berndt
Bremser, Horst
Zöller, Günter — Leasing - Betriebswirtschaftliche, handels- und steuerrechtliche Grundlagen
Heidelberg 1978
zit.: Leasing

Sack, Rolf — Produzentenhaftung und Produktbeobachtungspflicht
in: BB 1985, 813 - 819

Salje, Peter	Deutsche Umwelthaftung versus europäische Abfallhaftung DB 1990, 2053 - 2057
ders.	Umwelthaftungsgesetz, Kommentar München 1993
Sauter, Robert	Hundert Riesen für ein paar Zeilen in: ADAC motorwelt Heft 10 1993, S. 18 - 24
Scheffold, Thomas Hohenstatt, Hans	Die wichtige Vorbildrolle der Führungskräfte in: Handelsblatt vom 07.06.1993
Schirrmann, Ralf	Klage gegen Elektrosmog abgewiesen in: SZ vom 10.03.1993
Schlemmer-Schulte, Sabine Ukrow, Jörg	Haftung des Staates gegenüber dem Marktbürger für gemeinschaftsrechtswidriges Verhalten Zum Francovich-Urteil des EuGH vom 19.11.1991, verb. RS C-6/90 und C-9/90 in: EuR 1992, 82 - 95
Schlott, Stefan	Noch immer prüft jeder Abnehmer für sich allein in: Handelsblatt vom 21.07.1993
Schmalzl, Max	Die Berufshaftpflichtversicherung des Architekten und des Bauunternehmers München 1989 zit.: Schmalzl, Berufshaftpflichtversicherung
Schmidt, Detlef	Qualitätssicherungsvereinbarungen und ihr rechtlicher Rahmen in: NJW 1991, 144 - 152
Schmidt-Salzer, Joachim	Entscheidungssammlung Produkthaftung: Strafrecht mit Urteilsanmerkungen Loseblatt-Ausgabe, Grundwerk 1988 Stand: Juli 1989 (2. Ergänzung) zit.: Schmidt-Salzer, Entscheidungssammlung Produkthaftung: Strafrecht
ders.	Produkthaftung, Band IV/1: Produkthaftpflichtversicherung, 1. Teil, 2. Auflage, Heidelberg 1990 zit.: Produkthaftung IV/1

ders.	Kommentar zum Umwelthaftungsrecht Betriebliche Risiken und innerbetriebliche Verantwortung Heidelberg 1992 zit.: Umwelthaftungsrecht
ders.	Strafrechtliche Produktverantwortung Das Lederspray-Urteil des BGH in: NJW 1990, 2966
ders.	Massenproduktion, lean production und Arbeitsteilung - organisationssoziologisch und -rechtlich betrachtet in: BB 1992, 1866 - 1877
ders.	Personeller Anwendungsbereich der Beweislastumkehr nach Gefahrenbereichen in der deliktsrechtlichen Produkthaftung in: NJW 1992, 2871 - 2872
ders. Hollmann, Hermann H.	Kommentar EG-Richtlinie Produkthaftung Band 1: Deutschland 2. A., Heidelberg 1988 zit.: EG-Richtlinie Produkthaftung Bd. 1
dies.	Kommentar EG-Richtlinie Produkthaftung Band 2: Ausland und Regreß Loseblattsammlung Heidelberg, Stand: Januar 1993 (1. Ergl.) zit.: EG-Richtlinie Produkthaftung Bd. 2
Schneider, Bernd	Der Einfluß der Produzentenhaftung auf die Produktpolitik Diss. Würzburg 1985
Scholz, Franz	GmbH-Gesetz, Kommentar, Band I §§ 7-86 8. Auflage, Köln 1993 zit.: Scholz/Bearbeiter, GmbHG
Schottelius, Dieter Küpper-Djindjic, Corinna	Die Interdependenz zwischen Gesundheits-, Umwelt-, Arbeitsschutz und Anlagensicherheit aus der Sicht der betrieblichen Praxis in: BB 1993, 445 - 450
dies.	Umweltmanagement- und Organisationssysteme in: BB 1994, 2214 - 2219

Seidel, Martin	Die Direkt- oder Drittwirkung von Richtlinien des Gemeinschaftsrechts in: NJW 1985, 517 - 522
Skaupy, Walther	Franchising. Handbuch für die Betriebs- und Rechtspraxis München 1987 zit.: Franchising
ders.	Der Vorschlag einer EG-Richtlinie für die Haftung bei Dienstleistungen in: BB 1991, 2021 - 2025
Soergel, Hans Theodor	Bürgerliches Gesetzbuch, Kommentar, Band 3, Schuldrecht II (§§ 433 - 515) 12. A., Stuttgart 1991 zit.: Soergel/Bearbeiter
Steckler, Brunhilde	Das Produkthaftungsrisiko im Rahmen von Just-in-time-Lieferbeziehungen in: BB 1993, 1225 - 1231
Steinmann, Christina	Qualitätssicherungsvereinbarungen zwischen Endproduktherstellern und Zulieferern Diss. Heidelberg 1992 zit.: Qualitätssicherungsvereinbarungen
dies.	Abdingbarkeit der Wareneingangskontrolle in Qualitätssicherungvereinbarungen in: BB 1993, 873 - 879
Stillner, Walter	Probleme der Produktwarnung im Lebensmittelrecht in: NJW 1991, 1340 f.
Taschner, Hans Claudius	Produkthaftung Richtlinie des Rates vom 25. Juli 1985 zur Angleichung der Rechts- und Verwaltungsvor schriften der Mitgliedsstaaten über die Haftung für fehlerhafte Produkte 2. Auflage, München 1989 zit.: Taschner, Produkthaftung
ders.	Die künftige Produzentenhaftung in Deutschland in: NJW 1986, 611 - 616

ders. Frietsch, Edwin — Produkthaftungsgesetz und EG-Produkthaftungsrichtlinie, Kommentar
2. A., München 1990

Teichler, Maximilian — Qualitätssicherung und Qualitätssicherungsvereinbarungen. Wirtschaftliche und rechtliche Auswirkungen, Versicherungsaspekte
in: BB 1991, 428 - 432

Teubert, Bärbel — Gerät das Gehirn aus dem Takt?
Neue Erkenntnisse über biologische Wirkungen des Elektrosmogs / Hearing in Hannover
in: SZ vom 30.09.1993

Tiedtke, Klaus — BR Deutschland: Die Produkthaftung für Schäden an der hergestellten Sache
in: PHI 1990, 64 - 73

ders. — Produkthaftung des Herstellers und des Zulieferers für Schäden an dem Endprodukt seit dem 1. Januar 1990
in: NJW 1990, 2961 - 2965

ders. — Zur Haftung des Herstellers eines fehlerhaften Produktes bei Schäden an der gelieferten Sache
in: ZIP 1992, 1446 - 1452

Tietz, Bruno; Mathieu, Günter — Das Franchising als Kooperationsmodell für den mittelständischen Groß- und Einzelhandel
Saarbrücken 1979
zit.: Franchising als Kooperationsmodell

Tikart, Johann — JIT - Beweglichkeit wird zu Qualität
Wege zu einer neuen natürlichen Qualitätssicherung
in: Verlagsbeilage "Qualitätsmanagement" zur FAZ vom 12.10.1992

Töpfer, Armin; Mehdorn, Hartmut — Total Quality Management
Anforderungen und Umsetzung im Unternehmen
Neuwied 1993

Uebbing, Helmut — Großschäden beschäftigen Rückversicherung
in: FAZ v. 27.12.1989

Ulmer, Peter	Produktbeobachtungs-, Prüfungs- und Warn pflichten eines Warenherstellers in bezug auf Fremdprodukte? Delikts-, wettbewerbs- und kartellrechtliche Bemerkungen zum Honda-Urteil BGHZ 99, 167 in: ZHR 152 (1988), 564 - 599
ders. Brandner, Hans Erich Hensen, Horst-Dieter	AGB-Gesetz, Kommentar zum Gesetz zur Regelung allgemeiner Geschäftsbedingungen 7. A., Köln 1993 zit.: Bearbeiter in: Ulmer/Brandner/ Hensen, AGB-Gesetz
Ulsamer, Lothar	Die Sitze für den Mercedes 190 werden genau in der Reihenfolge der Produktion ausgeliefert in: Handelsblatt vom 15.10.1986
Urban, Christine	Das Vorschlagswesen und seine Weiterentwicklung zum europäischen KAIZEN - Das Vorgesetztenmodell Konstanz 1993
Veltins, Michael	Anmerkung zu BGH NJW 1992, 1225 ff. - Kondensator in: DB 1992, 1134
Vortmann, Jürgen	Franchiseverträge. Entscheidungskriterien und Muster für das Franchising Planegg 1988 zit.: Franchiseverträge
Voß, Jörg-Peter	Bildung von Rückstellungen für Produkthaftung Brief Nr. 282, Institut für Finanzen und Steuern zit.: Voß, Bildung von Rückstellungen
Wahren, Heinz-Kurt	Zwischenmenschliche Kommunikation und Interaktion im Unternehmen Berlin, 1987
Walberer, Jörg	Aus der Kirchenorgel tönt Radio Free Europe in: SZ vom 12.11.1992
Warnecke, Hans-Jürgen	Mit Investitionen in Ausbildung der Mitarbeiter Kompetenz sichern in: Handelsblatt vom 14.04.1993

Weishaupt, Georg	Hersteller tun sich mit Konzepten für die Rücknahme ihrer Altgeräte schwer in: Handelsblatt vom 14.04.1993
Weitnauer, Hermann	Die Haftung des Warenherstellers in: NJW 1968, 1593 - 1600
Werder, Axel von Klinkenberg, Ulrich Frese, Erich	Produkthaftungs-Management: Empirische Untersuchungen und Handlungsempfehlungen zur Risikominderung für mitelständische Unternehmungen Stuttgart 1990 zit.: Produkthaftungs-Management
Westhoff, Justin	Krebsgefahr durch Wärme- und Schalldämmung Massenweise verarbeitete "künstliche Mineral fasern" offenbar so gefährlich wie Asbest in: SZ vom 07.09.1993
ders.	Nachgefragt. Wie gefährlich sind Mineralfasern? in: SZ vom 09.09.1993
Westphalen, Friedrich Graf von	Produkthaftungshandbuch Band 1. Vertragliche und deliktische Haftung, Strafrecht und Produkthaftpflichtversicherung München 1989 zit.: Bearbeiter in: v. Westphalen, Produkthaftungshandbuch Bd. 1
ders.	Produkthaftungshandbuch Bd. 2 München 1991 zit.: Bearbeiter in: v. Westphalen, Produkthaftungshandbuch Bd. 2
ders.	Anmerkung zu BGH NJW 1975, 1827 ff. - Spannkupplung in: BB 1975, 1033 - 1035
ders.	Produkthaftung oder Produzentenhaftung? in: ZIP 1986, 139
ders.	Qualitätssicherungsvereinbarungen: Rechtsprobleme des "Just-in-Time-Delivery" in: Festschrift 40 Jahre Der Betrieb Stuttgart 1988, S 223 - 240 zit.: v. Westphalen in: FS 40 Jahre Der Betrieb

ders.	Das neue Produkthaftungsgesetz in: NJW 1990, 83 - 93
ders.	Das Milupa-Urteil - eine beträchtliche Verschärfung der Produkthaftung in: ZIP 1992, 18 - 24
ders.	Anmerkung zu BGH NJW 1992, 1225 ff. - Kondensator in: ZIP 1992, 532 - 535
ders. Bauer, Carl-Otto	Just-in-time-Lieferungen und Qualitätssicherungsvereinbarungen Köln 1993
Wildemann, Horst	Das Just-in-Time-Konzept Produktion und Lieferung auf Abruf Frankfurt/Main 1988 zit.: Das Just-in-Time-Konzept
ders.	Kosten- und Leistungsbeurteilung von Qualitätssicherungssystemen in: ZfB 1992, 761 - 782
ders. (Hrsg.)	Lean Management. Strategien zur Erreichung wettbewerbsfähiger Unternehmen Frankfurt a.M. 1993 zit.: Lean Management
Wollert, Artur	Führung im Jahr 2000 in: Personalführung 1990, 396 - 401
Zirkel, Herbert	Das Verhältnis zwischen Zulieferer und Assembler - eine Vertragsart sui generis? in: NJW 1990, 345 - 351
Zoller, Michael	Die Produkthaftung des Importeurs Baden-Baden 1992, zugleich Diss. München 1992

A. Einleitung

Die EU hat sich mit Art. 100 a und 129 a EGV das Ziel gesetzt, bei der Harmonisierung des Binnenmarktes Verbraucherschutz auf einem hohen Schutzniveau zu gewährleisten.

So stellt die Harmonisierung der Anforderungen an gewerbliche Erzeugnisse einen Schwerpunkt der europaweiten Rechtsangleichung dar. Unter anderem wurden vom Rat der Europäischen Union Richtlinien über die Haftung für fehlerhafte Produkte[1] , für Erzeugnisse, deren tatsächliche Beschaffenheit nicht erkennbar ist und die die Gesundheit oder die Sicherheit der Verbraucher gefährden[2] und über die allgemeine Produktsicherheit[3] erlassen. Die Richtlinien bedürfen der Umsetzung in nationales Recht.[4]

---

1 Richtlinie des Rates der Europäischen Union vom 25. 07.1985 zur Angleichung der Rechts- und Verwaltungsvorschriften der Mitgliedsstaaten über die Haftung für fehlerhafte Produkte (85/374/EWG, ABlEG Nr. L 210/29 vom 07.08.1985); hierzu näher Taschner, Produkthaftung; Taschner/Frietsch, Produkthaftungsgesetz; Schmidt-Salzer/Hollmann, EG-Richtlinie Produkthaftung Bd. 1 u. 2; v. Westphalen (Hrsg.), Produkthaftungshandbuch Bd. 1 u. 2; ders., NJW 1990, 83 ff.; Rolland, Produkthaftungsrecht; Pott/Frieling, Produkthaftung; Bartl, Produkthaftung; Borer, Produktehaftung; Brüggemeier, ZHR 152 (1988), 511 ff.; Hollmann, PHI 1990, 38 ff.; Klein, Produkthaftung bei Baustoffen; Klingmüller, VersR 1989, 1226 ff.; Pfeifer, Produktfehler; Tiedtke, PHI 1990, 64 ff.

2 Richtlinie des Rates der Europäischen Union vom 25.06.1987 zur Angleichung der Rechtsvorschriften der Mitgliedstaaten für Erzeugnisse, deren tatsächliche Beschaffenheit nicht erkennbar ist und die die Gesundheit oder die Sicherheit der Verbraucher gefährden (87/357/EWG, ABlEG Nr. L 192/49 vom 14.07.1987).

3 Richtlinie des Rates der Europäischen Union vom 29. Juni 1992 über die allgemeine Produktsicherheit (92/59/EWG, ABlEG Nr. L 228/24 vom 11.08.1992); ablehnend zum Vorschlag dieser Richtlinie (ABlEG Nr. C 156/8 vom 27.06.1990) der Beschluß des Bundesrats, BR-Drs. 362/89 vom 20.10.1989; Stellungnahme des DIHT vom 28.08.1989, DIHT-Informationen 9/89, auch zit. in ZIP 1989, A 143 Nr. 515; ablehnend auch der Wirtschaftsausschuß des Bundestages, BT-Drs. 11/5376; ferner der BDI, zit. nach ZIP 1989, A 169 f., Nr. 606; vgl. auch die schriftliche Anfrage Nr. 932/89 von Sir Scott-Hopkins an die Kommission der Europäischen Union vom 01.12.1989 und Antwort von Van Miert im Namen der Kommission vom 21.02.1990 (90/C 283/06, ABlEG Nr. C 283/4 vom 12.11.1990); bzgl. Art. 9 der Richtlinie Klage der Bundesrepublik Deutschland gegen den Rat der Europäischen Union, eingereicht am 14.09.1992 (Rechtssache C-359/92, 92/C 288/13, ABlEG Nr. C 288/10 vom 05.11.1992); vgl. ferner Hart/Köck, ZRP 1991, 61, 67 m.w.N. in Fn 47.

4 Art. 189 Abs. 3 EGV.

Wonach richtet sich die berechtigte Sicherheitserwartung an das Produkt und wie kann der Hersteller den Sicherheitsanforderungen nachkommen? Aus den wesentlichen gesetzlichen Vorschriften ist ein Gesamtbild der Anforderungen an die Produktsicherheit zusammenzustellen. Der Umfang und die Bedeutung des Produkthaftungsrechts als Anlaß für unternehmerische Maßnahmen zur Eingrenzung des Produkthaftungsrisikos sind zu untersuchen. Dabei ist einmal zu analysieren, in welchen betrieblichen Bereichen der Hersteller[5] mit diesen Sicherheitsanforderungen konfrontiert wird, inwieweit die Maßnahmen aus der Sicht des Herstellers erforderlich und wirtschaftlich vertretbar sind und ob sie so, wie von Gesetzgebung und Rechtsprechung gefordert, umgesetzt werden. Auf dieser Grundlage ist zu zeigen, wo die Sicherheitsanforderungen Berücksichtigung im Betriebsablauf finden können und öffentlich-rechtlich durchgesetzt werden sollen.

Zum anderen ist zu erörtern, welche Auswirkungen sich mit der Umsetzung der Sicherheitsanforderungen für den Verbraucher ergeben und ob nicht in Wahrheit der angestrebte Verbraucherschutz ad absurdum geführt wird.

---

[5] Aufgrund der Verwendung des Begriffs "Hersteller" im ProdHaftG wird dieser im Folgenden einheitlich für die weiteren Synonyme wie z.B. Produzent, Fertiger, Fabrikant, Erzeuger verwendet.

B. Anforderungen an die Produktsicherheit und ihre Umsetzung durch Hersteller und Behörden

I. Allgemeines

Weitreichende Bestimmungen zur Produktsicherheit finden sich in § 3 Abs. 1 ProdHaftG, in der aus § 823 Abs. 1 BGB hergeleiteten Produkthaftung[6], aber auch in § 3 Abs. 1 GSG, §§ 5 und 84 AMG, §§ 7 und 32 Abs. 1 GenTG, § 6 UmweltHG und §§ 8, 24 und 30 LMBG. Generell sollen die Gesundheit der Verbraucher und die Integrität ihrer Sachen durch sichere Produkte gewährleistet sein. Werden sie durch unsichere Produkte verletzt, kommt eine Haftung nach den soeben genannten Spezialgesetzen, dem ProdHaftG bzw. den allgemeinen Produkthaftungsgrundsätzen in Betracht. Die hierdurch drohende privatrechtliche Inanspruchnahme übt auf den Hersteller einen nicht unerheblichen Druck in bezug auf die Verbesserung der Produktsicherheit aus.

Die technische Konkretisierung der Anforderungen an die Produktsicherheit wird von den privaten europäischen Normungsorganisationen CEN[7], CENELEC[8] und ETSI[9] durch die Definition von Sicherheitsstandards vorgenommen. In Deutschland erkennt man diese harmonisierten, also ohne nationale Änderungen übernommenen Normen, am nachgestellten EN (für Europanorm): Zum Beispiel DIN EN 71.[10] Die europäische Normung wiederum erfolgt parallel zur internationalen Normung der Organisationen ISO[11] und IEC[12].[13] Die Anwendung der europäischen Normen bleibt freiwillig; weicht der Hersteller von den Normen ab, liegt die Beweislast für die Einhaltung der grundlegenden Sicherheitsanforderungen bei ihm.[14]

---

6 Zu den Begriffen Produkthaftung und Produzentenhaftung vgl. die Glosse von v. Westphalen in: ZIP 1986, 139.

7 Comité Européen de Normalisation.

8 Comité Européen de Normalisation Electrotechnique.

9 European Telecommunication Standards Institute; aufgrund der zunehmenden Bedeutung von Telekommunikationseinrichtungen wurde die Normung in diesem Bereich durch die Gründung einer eigenen Institution unterstrichen.

10 Hierzu A. Nagel, Industrie und Handel (Kammerzeitschrift der IHK für München und Oberbayern) Heft 10/92, S. 28.

11 International Standards Organisation.

12 International Electrotechnical Commission.

13 Vgl. A. Nagel, aaO (Fn 10) S. 28.

14 Vgl. Rundschreiben der Kommission der Europäischen Union, Generaldirektion Binnenmarkt und gewerbliche Wirtschaft, DOK. ZERTIF. 92/9 vom 05.10.1992, S. 1 f. und die Ratsentschließung vom 07.05.1985, ABlEG Nr. C 136 vom 04.06.1985, S. 1 nebst den

Daneben ist die Definition der angestrebten Produktsicherheit und ihre Umsetzung wesentlicher Bestandteil eines jeden betrieblichen Qualitätssicherungssystems. Das Deutsche Institut für Normung e.V. hat hierzu allgemeine Qualitätssicherungsrichtlinien für deutsche Unternehmen erlassen, die dem internationalen Standard der ISO entsprechen, z.B. DIN ISO 9001, 9003 und 9004. Diese Richtlinien sind unverbindliche Empfehlungen für die Gestaltung eines Qualitätssicherungssystems.[15]

Der Hersteller muß den aktuellen Stand der Rechtsprechung zum Produkthaftpflichtrecht kennen, um den an ihn und die Sicherheit seiner Produkte gestellten Anforderungen mit einem darauf abgestellten Management gerecht werden zu können. Der Umfang der dem Hersteller obliegenden Verkehrssicherungspflichten wird von der Verkehrserwartung bestimmt, die auch maßgeblich ist für die Auslegung des § 3 Abs. 1 ProdHaftG, wonach ein Produkt einen Fehler hat, "wenn es nicht die Sicherheit bietet, die ... berechtigterweise erwartet werden kann". Diese berechtigte Sicherheitserwartung wiederum wird durch die bis zum 29.06.1994 vorgeschriebene Umsetzung[16] der EU-Richtlinie über die allgemeine Produktsicherheit beeinflußt werden, die eine öffentlich-rechtliche Verpflichtung beinhaltet, nur sichere Produkte herzustellen und in den Verkehr zu bringen. Die mit der Produktsicherheits-Richtlinie geplanten behördlichen Maßnahmen reichen von

---

"Schlußfolgerungen zur Normung" vom 16.07.1984 (Anhang I) und den "Leitlinien einer neuen Konzeption für die technische Harmonisierung" (Anhang II, sog. Modellrichtlinie). DIN-Normen sind keine Schutzgesetze, legen aber den Mindeststandard an Sicherheit fest, dessen Einhaltung die Allgemeinheit berechtigterweise erwartet, vgl. Palandt/Thomas, ProdHaftG, § 3 Rn 9.

15 Hierzu ausführlich: Kessler, Risiko-Management, S. 156 ff.; v. Werder/Klinkenberg/Frese, Produkthaftungs-Management, S. 98 ff.; BDI, Qualitätssicherung in deutschen Unternehmen; Brockmann, Impulse 1990, 88-94; der Bundesminister für Forschung und Technologie, Programm Qualitätssicherung 1992-1996, Pressedokumentation 10/92; Verlagsbeilage "Qualitätsmanagement", FAZ vom 12.10.1992; siehe hierzu unten Punkt B.V.2.b.aa., S. 101 ff.

16 Art. 17 Abs. 1 der EU-Richtlinie über die allgemeine Produktsicherheit. Zur richtlinienkonformen Auslegung nationalen Rechts und zur unmittelbaren Wirkung von Richtlinien bei nicht fristgerechter oder unzulänglicher Umsetzung in innerstaatliches Recht siehe EuGH NJW 1979, 1764 ff. - Lösemittel; EuGH NJW 1986, 2178 ff. - Marshall; EuGH ZIP 1991, 1610 ff. - Francovich; EuGH RIW 1993, 153 f. - Gleichbehandlung; BGH ZIP 1993, 345 f. - Vorlagebeschluß zum EuGH betr. deutsches Biersteuergesetz; Seidel, NJW 1985, 517 ff.; Di Fabio, NJW 1990, 947 ff.; Jarass, NJW 1990, 2420, 2421 ff.; ders., EuR 1991, 211 ff.; Schlemmer-Schulte/Ukrow, EuR 1992, 82 ff.; Götz, NJW 1992, 1849, 1854 ff.; Müller-Graff, NJW 1993, 13, 20 ff.; Nessler, RIW 1993, 206 ff.

Sicherheitsüberprüfungen bis hin zur Produktvernichtung. Hinzu kommt die strafrechtliche Verantwortlichkeit der Hersteller und Händler (z.B. wegen Körperverletzung, §§ 223, 223 a oder 230 StGB), bei einer GmbH ihrer Geschäftsführer[17] bzw. bei einer AG ihrer Vorstandsmitglieder.

[17] Hierzu BGHSt 37, 106 ff. - Lederspray; Meier, NJW 1992, 3193 ff.; Schmidt-Salzer, NJW 1990, 2966; ders., BB 1992, 1866, 1869 f.; siehe hierzu unten Punkt B.II.3.e.cc.(4)., S. 61 ff.

II. Produktsicherheit und Produkthaftung

1. Allgemeines

Im Anhang zum zweiten Programm für eine Politik zum Schutz und zur Unterrichtung der Verbraucher[18] hat der Rat der EU zum "Schutz der Verbraucher gegen Gefährdung ihrer Gesundheit und Sicherheit" Grundsätze und Leitlinien aufgestellt. Grundsätzlich sollen Güter bei Gebrauch unter normalen oder vorhersehbaren Bedingungen keine Gefahren für Gesundheit und Sicherheit der Verbraucher darstellen. Ist dies jedoch der Fall, müssen sie mittels schneller und einfacher Verfahren aus dem Verkehr gezogen werden können. Die Verbraucher sind auf mögliche Gefahren mit geeigneten Mitteln hinzuweisen.[19] Neben der Harmonisierung der Rechtsvorschriften für einzelne Erzeugnisse wie Lebensmittel, Arzneimittel, gefährliche Stoffe oder Spielzeug[20] soll die Produktsicherheit kontrolliert[21] und ein rascher Austausch von Informationen über Gefahren[22] eingeführt werden. Im Zusammenhang mit der erstrebten Harmonisierung der Rechtsvorschriften hat der Rat der EU die - mit dem ProdHaftG in deutsches Recht umgesetzte - Richtlinie über die Haftung für fehlerhafte Produkte erlassen.[23]

2. Produktsicherheit

a. Übersicht über Regelungen oder Erklärungen zur Produktsicherheit

Regelungen oder Erklärungen zur Produktsicherheit tauchen in den verschiedensten Gesetzen, Entscheidungen des Rates der Europäischen Union, EU-Richtlinien

---

18 Zweites Programm der Europäischen Wirtschaftsgemeinschaft für eine Politik zum Schutz und zur Unterrichtung der Verbraucher, Entschließung des Rates vom 19.05.1981 (ABlEG Nr. C 133/1 vom 03.06.1981), S. 2 ff.

19 II.A.12.1 des Anhangs zum zweiten Programm der Europäischen Wirtschaftsgemeinschaft für eine Politik zum Schutz und zur Unterrichtung der Verbraucher (siehe Fn 18).

20 Vgl. Nrn. 15-22 des Anhangs der in Fn 18 genannten Ratsentschließung.

21 Vgl. Nr. 23 des Anhangs der in Fn 18 genannten Ratsentschließung.

22 Vgl. Nrn. 25-27 des Anhangs der in Fn 19 genannten Ratsentschließung und die Umsetzung in der Entscheidung des Rates vom 21.12.1988 über ein gemeinschaftliches System zum raschen Austausch von Informationen über die Gefahren bei der Verwendung von Konsumgütern (89/45/EWG, ABlEG Nr. L 17/51 vom 21. 01.1989).

23 Siehe Fn 1.

und technischen Regelwerken auf. Teilweise ist die Definition eines sicheren Produktes allgemein gehalten, teilweise klar abgegrenzt.

Die Sicherheitsanforderungen an technische Arbeitsmittel richten sich insbesondere nach speziellen Rechtsverordnungen zum GSG, ansonsten nach den allgemein anerkannten Regeln der Technik und Arbeitsschutz- und Unfallverhütungsvorschriften (§ 3 Abs. 1 GSG). Zugelassene Stellen können den technischen Arbeitsmitteln nach Prüfung mit Erteilung des Zeichens "GS = geprüfte Sicherheit" bescheinigen, die Anforderungen nach § 3 Abs. 1 GSG zu erfüllen.

Nach dem ersten und zweiten Programm der EWG für eine Politik zum Schutz und zur Unterrichtung der Verbraucher[24] müssen die dem Verbraucher angebotenen Produkte so beschaffen sein, daß sie beim normalen oder vorhersehbaren Gebrauch die Gesundheit und Sicherheit des Verbrauchers nicht gefährden.[25] Um eine EU-weite Gefahrenabwehr zu ermöglichen, ist im März 1984 aufgrund der Entscheidung des Rates der Europäischen Union über ein gemeinschaftliches System zum raschen Austausch von Informationen über die Gefahren bei der Verwendung von Konsumgütern[26] ein Schnellinformationssystem zur Überwachung und Warnung vor ernsthaften und unmittelbaren Produktgefahren eingerichtet worden. Dieses Warn- und Informationssystem soll in die EU-Produktsicherheits-Richtlinie integriert werden.[27]

Nach der EU-Richtlinie zur Angleichung der Rechtsvorschriften der Mitgliedstaaten für Erzeugnisse, deren tatsächliche Beschaffenheit nicht erkennbar ist und die die Gesundheit oder die Sicherheit der Verbraucher gefährden[28], sind gemäß Art. 1 Abs. 2 die Erzeugnisse gemeint, die zwar keine Lebensmittel sind, bei denen jedoch aufgrund ihrer Erscheinung vorhersehbar ist, daß sie von den Ver-

---

24 Entschließung des Rates vom 14.04.1975 betreffend ein erstes Programm der EWG für eine Politik zum Schutz und zur Unterrichtung der Verbraucher (ABlEG Nr. C 92/1 vom 25.04.1975) und Entschließung des Rates vom 19.05.1981 betreffend ein zweites Programm der EWG für eine Politik zum Schutz und zur Unterrichtung der Verbraucher (ABlEG Nr. C 133/1 vom 03.06.1981).

25 Vgl. Nrn. 15-17 des ersten und Nrn. 12-27 des zweiten Programms der EWG für eine Politik zum Schutz und zur Unterrichtung der Verbraucher, siehe Fn 24.

26 89/45/EWG vom 21.12.1988, ABlEG Nr. L 17/51 vom 21.01.1989.

27 Vgl. die Entscheidung des Rates der Europäischen Union vom 29.06.1990 zur Änderung der Entscheidung 89/45/EWG über ein gemeinschaftliches System zum raschen Austausch von Informationen über die Gefahren bei der Verwendung von Konsumgütern (90/352/EWG, ABlEG Nr. L 173/49 vom 06.07.1990); Punkt V des Berichtes der Kommission der Europäischen Union an den Rat über ein gemeinschaftliches System zum raschen Austausch von Informationen über die Gefahren bei der Verwendung von Konsumgütern vom 07.04.1992, SEK(92)618 endg.; Art. 18 der EU-Richtlinie über die allgemeine Produktsicherheit; hierzu Fn 3.

28 Richtlinie des Rates der Europäischen Union vom 25. Juni 1987 (87/357/EWG, ABlEG Nr. L 192/49).

brauchern, insbesondere Kindern, mit Lebensmitteln verwechselt werden. Auch hier gibt es ein Schnellinformationssystem.[29] Die Richtlinie ist mit dem Ersten Gesetz zur Änderung des Lebensmittel- und Bedarfsgegenständegesetzes in deutsches Recht umgesetzt worden.[30]

Im Sinne des Art. 2 der EU-Produktsicherheits-Richtlinie[31] gilt als sicheres Produkt "jedes Produkt, das bei normaler oder vernünftigerweise vorhersehbarer Verwendung ... keine oder nur geringe, mit seiner Verwendung zu vereinbarende und unter Wahrung eines hohen Schutzniveaus für die Gemeinschaft und Sicherheit von Personen vertretbare Gefahren birgt ...".

Die Richtlinie knüpft an das in Art. 100 a und Art. 129 a EGV festgelegte Ziel des hohen Schutzniveaus an, wobei sie einen allgemeinen gemeinsamen Nenner für die Produktsicherheitsanforderung aufstellen will.[32]

Nach § 3 Abs. 1 ProdHaftG ist die Sicherheit des Produktes negativ formuliert: "Ein Produkt hat einen Fehler, wenn es nicht die Sicherheit bietet, die unter Berücksichtigung aller Umstände ... berechtigterweise erwartet werden kann." Ein bestimmter allgemeiner Sicherheitsgrad wird nicht festgelegt, vielmehr ist im Einzelfall objektiv darauf abzustellen, ob das Produkt diejenige Sicherheit bietet, die die Allgemeinheit nach der Verkehrsauffassung in dem entsprechenden Bereich für erforderlich hält. Berechtigt ist die Sicherheitserwartung nur, wenn die Berücksichtigung aller Umstände diese Erwartung im Einzelfall zuläßt. Es kann nicht von jedem Produkt in jeder Situation restlose Sicherheit erwartet werden.[33]

b. Folgerungen

Die Aufzählung der produktsicherheitsrelevanten Regelungen ist nicht abschließend. Sie zeigt aber, wie unterschiedlich die Anforderungen an die Produktsicherheit konkretisiert bzw. ausgelegt werden. Eine einheitliche Leitlinie für die gestellten Anforderungen läßt sich - bis auf das gesetzte Ziel des Verbraucherschutzes - nicht erkennen. Die genannten EU-Richtlinien zeigen allerdings die Tendenz zu behördlichen Überwachungs-, Warn- und Gefahrenabwehrmaßnahmen in allen bedeutsamen Verbraucherschutzbereichen auf.

---

29 Vgl. Art. 4 dieser Richtlinie.

30 BGBl I vom 26.01.1991.

31 Siehe Fn 3.

32 Vgl. die Erwägungsgründe des Rates zur Richtlinie 92/59/EWG über die allgemeine Produktsicherheit vom 29.06.1992, ABlEG Nr. L 228/24 vom 11.08.1992.

33 Vgl. Palandt/Thomas, ProdHaftG § 3 Rn 8.

Die Feststellung, wann ein Produkt noch und wann es nicht mehr sicher ist, kann mit der Generalklausel der Produktsicherheits-Richtlinie nicht festgelegt werden. Die Besonderheiten des jeweiligen Einzelfalls sind maßgeblich, was aber noch nicht heißt, daß bei der Berücksichtigung aller Umstände die Beurteilung eines spezifischen Sicherheitsrisikos nach speziellen Verbraucherschutzvorschriften durch die zuständigen Behörden zur Information der Öffentlichkeit berechtigt. So vertritt das OLG Stuttgart im sogenannten Birkel-Fall[34] die Ansicht, bei i.S.v. § 3 Nr. 1 TeigwarenVO mikrobiell verdorbenen Teigwaren handele es sich um zum Verzehr nicht geeignete Lebensmittel i.S.d. § 17 Abs. 1 Nr. 1 1. Alt. LMBG. Warnungen des Verbrauchers seien grundsätzlich zulässig, wenn es sich um eindeutig ekelerregende Umstände handelt, die das Lebensmittel verzehrunfähig machen.[35] Sind die Teigwaren jedoch nicht unter Verwendung von Bruteiern hergestellt worden, sondern nur aufgrund anderer Ursachen mikrobiell verdorben und sind sie weder gesundheitsschädlich noch gesundheitsgefährdend, liege in der Pressemitteilung, die die nicht gleichzusetzenden Eigenschaften "mikrobiell verdorben" und "gesundheitsschädlich" im Rahmen des "Flüssigei-Skandals" vermengt, ein rechtswidriger Eingriff in den eingerichteten und ausgeübten Gewerbebetrieb und damit eine Amtspflichtverletzung vor.[36] Das Birkel-Urteil gibt Anlaß zu der Frage, ob die so in ihren Warnmöglichkeiten eingeschränkten Behörden den ihnen mit der Produktsicherheits-Richtlinie aufzuerlegenden behördlichen Überwachungs- und Warnfunktionen nachkommen können, ohne Gefahr zu laufen, daß ihre Amtsträger durch die Warnung oder die unterlassene Warnung bei Rechtspflicht zum Handeln eine Amtspflicht verletzen.

Warnungen am Produkt, die von den Herstellern verlangt werden, wie z.B. im Milupa-Fall[37], sind auf die zuständige Überwachungsbehörde als außenstehendem Dritten nicht übertragbar. Die Behörde muß mit ihren Mitteln warnen, also durch offizielle Stellungnahmen oder sonstige Veröffentlichungen, Flugblätter, Fernseh-, Zeitungs- oder Radiointerviews, denn sie muß im Nachhinein ihr nicht bekannte potentielle Verbraucher des gefährlichen Produktes warnen.

Es fragt sich dabei, ob die zuständigen Ordnungsbehörden der unternehmerischen Entscheidung über das "Ob" und "Wie" der Warnung vorgreifen bzw. vorschreiben dürfen. Kann und will der Hersteller nach seinen Vorstellungen warnen und würde er damit seiner Warnpflicht in ausreichendem Umfang nachkommen, wäre er nicht nur aufgrund behördlicher Anordnungen hierzu nicht mehr in der Lage; die nicht so verbraucherspezifische Warnung eines Großteils der Bevölkerung

---

34 OLG Stuttgart ZIP 1990, 1209, 1211 f. - Birkel.

35 OLG Stuttgart aaO, 1211 f.

36 OLG Stuttgart aaO, 1212; vgl. auch die Vorinstanz LG Stuttgart ZIP 1989, 860, 862 ff. und die Anmerkung von Hensen, OLG Stuttgart EWiR § 839 BGB 1/90, 467 f. sowie Stillner, NJW 1991, 1340 f.

37 BGHZ 116, 60 ff. und zuletzt BGH Urt. v. 31.01.1995 - VI ZR 27/94, Pressemitteilung des BGH Nr. 3/1995 v. 01.02.1995.

könnte dem guten Ruf seines Produktes und seiner Firma mehr schaden als eigene Maßnahmen. Eine Amtshaftung hierfür will die Produktsicherheits-Richtlinie jedoch ausschließen. Damit wird einer Entscheidung über das mildeste Mittel behördlicher Maßnahmen die behördliche Verantwortung entzogen.

Die Produktsicherheits-Richtlinie läßt in Art. 13 Vorrang- bzw. Kollisionsfragen bei gleichzeitiger Einschlägigkeit zivil- und strafrechtlicher Produkthaftung offen und erklärt nur, daß die Richtlinie über die Haftung für fehlerhafte Produkte "unberührt" bleibt.

Durch die in Art. 9 und 11 der Produktsicherheits-Richtlinie vorgesehene Entscheidungsbefugnis der Kommission der Europäischen Union gegenüber den Mitgliedsstaaten des Inhalts, daß deren zuständige Behörden bestimmte Maßnahmen zur Gefahrenabwehr zu treffen haben, könnte in das den Mitgliedsstaaten zustehende Recht zum eigenverantwortlichen Vollzug des Gemeinschaftsrechts (Art. 189 EGV) eingegriffen werden.

Bund und Länder haben bei wirtschaftlichen Maßnahmen die Erfordernisse des gesamtwirtschaftlichen Gleichgewichts zu beachten (vgl. § 1 StabilitätsG). Jenes setzt eine freie Marktwirtschaft voraus. Dem wirken umfangreiche staatliche Überwachungs- und Eingriffsmaßnahmen entgegen. Solange aufgrund der Haftung der Hersteller nach öffentlichem, Privat- und Strafrecht eine Lenkung der Produktsicherheit zum Schutz der Verbraucher in ausreichendem Umfang möglich ist, verstoßen staatliche Maßnahmen auf der Grundlage einer umgesetzten Produktsicherheits-Richtlinie gegen den Grundsatz der freien Marktwirtschaft. Staatliche Maßnahmen würden den Anreizmechanismus des derzeitigen Produkthaftungsrechts - mehr Umsatz und Durchsetzung im Markt durch gesteigerte Produktsicherheit - untergraben. Dies gilt auch für das Produktsicherheitsbewußtsein der Mitarbeiter des Herstellers und dessen Produktsicherheitspolitik: Wenn der Staat aufpaßt, braucht der Einzelne sich ja um nichts mehr zu kümmern. Die Tendenz zur staatlichen Planwirtschaft wäre vorgezeichnet. Diese läßt sich aber gerade nicht aus den Grundsätzen des EGV herleiten. Art. 3 a Abs. 1 EGV spricht vom Grundsatz einer offenen Marktwirtschaft mit freiem Wettbewerb und nach Art. 3 b EGV dürfen die Maßnahmen der Union nicht über das für die Erreichung der Ziele dieses Vertrages erforderliche Maß hinausgehen. Dies hat der Rat der EU beim Erlaß der Produktsicherheits-Richtlinie offensichtlich nicht mitbedacht. Es bleibt abzuwarten, ob sich ein Mitgliedsstaat hierauf berufen und Klage gegen die Richtlinie insgesamt erheben wird.

---

[38] Rechtssache C-359/92 (92/C 288/13, ABlEG Nr. C 288/10 vom 05.11.1992, eingereicht am 14.09.1992).

3. Produkthaftung

a. Allgemeines

Produkthaftung ist die Haftung des Herstellers für Personen- und Sachschäden, die als Folge der Benutzung seines fehlerhaften Produktes ("Folgeschäden") entstanden sind.[39]

Sie umfaßt nicht nur die Haftung nach dem am 01.01.1990 in Kraft getretenen ProdHaftG, sondern stützt sich auch auf Vertrags- und Deliktsrecht insgesamt.

Mit der Umsetzung der EU-Richtlinie über die Haftung für fehlerhafte Produkte[40] in das deutsche ProdHaftG[41] ist eine verschuldensunabhängige deliktische Haftung für fehlerhafte Produkte, eine sogenannte Gefährdungshaftung, neben die bisherige Verschuldenshaftung getreten,[42] d.h. die Haftung nach dem ProdHaftG bildet nur einen Teil der Produkthaftung. Die Schadensersatzansprüche können kumulativ aus § 1 ProdHaftG und z.B. aus § 823 Abs. 1 BGB hergeleitet werden (§ 15 Abs. 2 ProdHaftG). Die nicht vom ProdHaftG erfaßten Ansprüche können wie bisher geltend gemacht werden. So können auf § 847 BGB Schmerzensgeldansprüche gestützt werden. Ansprüche auf Ersatz von Sachschäden im beruflichen, geschäftlichen und gewerblichen Bereich[43] sowie von landwirtschaftlichen Naturprodukten verursachte Schäden[44] und Schäden bis zur Höhe der Selbstbeteiligung[45] oder Schäden, die den Haftungshöchstbetrag[46] übersteigen, können aus § 823 Abs. 1 BGB, § 823 Abs. 2 BGB i.V.m. einem

---

39 Vgl. Palandt/Thomas, ProdHaftG, Einführung Rn 1.

40 Siehe Fn 1.

41 Das ProdHaftG entspricht den wesentlichen Punkten der EU-Richtlinie, ist aber nicht identisch mit den Gesetzen, die in den übrigen EU-Mitgliedsstaaten erlassen wurden.

42 Vgl. § 15 Abs. 2 ProdHaftG und Art. 13 der Richtlinie. Lediglich § 84 AMG geht § 1 ProdHaftG vor (§ 15 Abs. 1 ProdHaftG). Für die uneingeschränkte kumulative Anwendung: Palandt/Thomas, BGB § 823 Rn 201 und ProdHaftG § 15 Rn 7; Taschner/Frietsch, Produkthaftungsgesetz, § 15 Rn 62 und Einf. Rn 30 ff.; Rolland, Produkthaftungsrecht, Teil I, § 15 ProdHaftG Rn 71; v. Westphalen in: v. Westphalen, Produkthaftungshandbuch Bd. 2 , § 70 Rn 12 f., 18. Einschränkend: v. Marschall, PHI 1991, 166, 170 ff., der neben dem ProdHaftG nur die allgemeine Deliktshaftung ohne die für die Produkthaftung entwickelte Beweislastumkehr anwendbar sieht - obwohl der Gesetzgeber im Bewußtsein dieser Beweislastumkehr hierzu in § 15 Abs. 2 ProdHaftG keine Einschränkung vorgenommen, das Verhältnis zum AMG in Abs. 1 jedoch klar abgegrenzt hat.

43 Vgl. § 1 Abs. 1 S. 2 Hs. 2 ProdHaftG.

44 Hierzu Kullmann/Pfister, Produzentenhaftung 1. Bd., Nr. 1520, S. 24 f. Vgl. demgegenüber § 2 S. 2 ProdHaftG.

45 Vgl. § 11 ProdHaftG.

46 Vgl. § 10 ProdHaftG.

Schutzgesetz, § 826 BGB oder § 831 BGB begründet sein. Immaterielle Schäden können nur in den gesetzlich bestimmten Fällen (z.B. § 847 BGB, § 53 Abs. 3 LuftVG) ersetzt verlangt werden (§ 253 BGB).

Neben dem Hersteller haften nach dem ProdHaftG auch Händler und EU-Importeure bei in einer fremden Sphäre gelegenen Fehlerursache.[47]

§ 1 Abs. 1 ProdHaftG regelt die verschuldensunabhängige Gefährdungshaftung des Herstellers für Personen- und Sachschäden infolge eines Produktfehlers und ist damit Anspruchsgrundlage. Da nach § 1 ProdHaftG ein Verschulden nicht Haftungsvoraussetzung ist, hat der Hersteller hier keine Exkulpationsmöglichkeit, auch nicht bei unvermeidbaren Fabrikationsfehlern an einem Einzelstück (sog. "Ausreißer").[48] Mangels Verschuldens ist dies bei der Deliktshaftung anders.[49]

Die Verursachung eines Schadens durch den Fehler eines Produktes genügt. Dabei hat - wie schon nach bisherigem Recht - der Geschädigte den Fehler und den Schaden sowie den ursächlichen Zusammenhang zwischen Fehler und Schaden zu beweisen (§ 1 Abs. 4 S. 1 ProdHaftG).

Die Anspruchsvoraussetzungen von § 1 Abs. 1 ProdHaftG sind teilweise im ProdHaftG geregelt, ansonsten werden die zu § 823 Abs. 1 BGB entwickelten Begriffsbestimmungen übernommen.[50]

Voraussetzung für die Produkthaftung nach § 823 Abs. 1 BGB ist, daß ein durch diese Norm geschütztes Rechtsgut durch ein fehlerhaftes Produkt, das ein Hersteller in Verkehr gebracht hat, schuldhaft verletzt worden ist.

Das ProdHaftG stellt auf das fehlerhafte Produkt ab, wohingegen für die verschuldensabhängige Produkthaftung nach § 823 Abs. 1 BGB eine Verkehrssicherungspflichtverletzung des Herstellers maßgeblich ist.[51]

---

47 Vgl. § 4 ProdHaftG; hierzu näher Taschner/Frietsch, Produkthaftungsgesetz, § 4 Rn 22 ff. u. Rn 52 ff.; Palandt/Thomas, ProdHaftG, § 1 Rn 15 f. u. § 4 Rn 7 ff.; v. Westphalen, NJW 1990, 83, 89 f.; Zoller, Die Produkthaftung des Importeurs, S. 38 ff., 53 ff., 129 ff.; vgl. auch EuGH NJW 1990, 3066 - Wurmser.

48 Vgl. Palandt/Thomas, ProdHaftG Einführung Rn 5; Foerste in: v. Westphalen, Produkthaftungshandbuch Bd. 1 § 24 Rn 125 ff.; Taschner/Frietsch, Produkthaftungsgesetz, Einführung Rn 71; Schmidt-Salzer/Hollmann, EG-Richtlinie Produkthaftung Bd. 1, Art. 1 Rn 26; Rolland, Produkthaftungsrecht, Teil I § 3 ProdHaftG Rn 10; Bartl, Produkthaftung § 3 Rn 29 f.

49 Vgl. Palandt/Thomas, BGB § 823 Rn 205. Siehe auch die kritische Hinterfragung bei Adams, BB 1987, Beilage 20 zu Heft 31.

50 Vgl. Palandt/Thomas, ProdHaftG § 1 Rn 3-6, Rn 10, § 2 Rn 1.

51 Vgl. Palandt/Thomas, BGB § 823 Rn 202.

Da die berechtigte Erwartung an die Sicherheit der Produkte den Haftungsumfang bestimmt, soll zunächst dargestellt werden, welche Produkte erfaßt sind und woraus sich die berechtigte Sicherheitserwartung ergibt.

b. Produkt i.S.d. Produkthaftung nach § 2 ProdHaftG und § 823 Abs. 1 BGB

aa. Allgemeines

Die erfaßten Produktbereiche der beiden Haftungstatbestände sind nicht identisch. So erfaßt § 2 ProdHaftG auch die beweglichen Sachen, die einen Teil einer unbeweglichen Sache bilden und die Elektrizität.[52]

Ein Produkt ist gemäß § 2 ProdHaftG jede bewegliche Sache (vgl. § 90 BGB) und, wie vorstehend genannt, die Elektrizität. Kein Produkt sind die noch nicht verarbeiteten Natur- und Jagderzeugnisse (§ 2 S. 2 ProdHaftG). Durch Verbindung, Vermischung oder Verarbeitung geht die Produkteigenschaft nicht verloren (vgl. § 2 S. 1 ProdHaftG).

Bei der deliktsrechtlichen Haftung nach § 823 Abs. 1 BGB ist ein Produkt ebenfalls jede bewegliche Sache.[53] Wesentliche Bestandteile (§§ 93, 94 BGB) und Elektrizität sind es jedoch nicht.

Schiffe und Flugzeuge sind bewegliche Sachen,[54] auch wenn an ihnen eine Schiffshypothek bzw. ein Registerpfandrecht bestellt werden kann.[55]

---

[52] Zur Frage der Fehlerhaftigkeit von Elektrizität siehe unten Punkt B.II.3.c.bb., S. 29 f.

[53] Palandt/Thomas, BGB § 823 Rn 202 mit Verweis auf die Kommentierung zu § 2 ProdHaftG.

[54] Vgl. Palandt/Heinrichs, BGB vor § 90 Rn 3. Hinsichtlich der im Register eingetragenen Schiffe und für Luftfahrzeuge, die im Register für Pfandrechte an Luftfahrzeugen eingetragen sind, gelten zum Teil ähnliche Regeln wie für Grundstücke. Zur Produkthaftung bei Luftfahrzeugen vgl. Dietz in: Böckstiegel, Die Produkthaftung in der Luft- und Raumfahrt, S. 144 f.; Littbarski in: v. Westphalen, Produkthaftungshandbuch Bd. 1 § 56 Rn 55.

[55] Vgl. §§ 8, 24 SchiffsRG, §§ 435 Abs. 2, 929 a und 932 a BGB, §§ 162 ff. ZVG und §§ 1, 5, 24 ff., 98 ff. LuftfzRG; hierzu Palandt/Bassenge, BGB Einführung vor § 1204 Rn 5-8 m.w.N. Für das Produkthaftungsrecht ist nicht die Rechtssicherheit und Rechtsklarheit bei der Übertragung und Belastung des Eigentums an Schiffen und Luftfahrzeugen entscheidend, sondern - wie bei den Scheinbestandteilen nach § 95 BGB - die Verkehrsauffassung. So i.E. auch Taschner/Frietsch, Produkthaftungsgesetz § 2 Rn 34.

Nicht entscheidend ist, ob die Sache industriell in größerer Zahl oder individuell als Einzelstück gefertigt worden ist, ob sie ein Produktionsmittel oder ein Verbrauchsgut ist und ob sie an sich gefährlich ist oder nicht.[56]

Grundstücke und Gebäude als wesentliche Bestandteile eines Grundstücks (§ 94 BGB) sind keine Produkte. Als bewegliche Sachen werden auch Scheinbestandteile eines Grundstücks behandelt (§ 95 BGB[57]). Allerdings stellen die Erwägungsgründe der Produkthaftungs-Richtlinie[58] ausdrücklich nur darauf ab, daß "die in dieser Richtlinie vorzusehende Haftung ... auch für bewegliche Sachen gelten" muß, "die bei der Errichtung von Bauwerken verwendet oder in Bauwerke eingebaut werden". Das gesamte Bauwerk ist dagegen nicht beweglich, obwohl § 95 BGB die Fiktion einer beweglichen Sache ermöglicht. Die Haftung des Bauunternehmers soll nicht von dem Willen des Bauherrn (Errichtung des Bauwerks nur zu einem vorübergehenden Zweck oder auf Dauer) abhängen. Der haftungsrechtliche, nicht der sachenrechtliche Aspekt ist entscheidend.[59] Bauwerke als Scheinbestandteile sind damit keine Produkte i.S.v. § 2 ProdHaftG.

Nach § 2 S. 1 ProdHaftG ist ein Teil einer anderen beweglichen oder unbeweglichen Sache ein Produkt. Letzteres gilt nicht für die Produkthaftung nach § 823 Abs. 1 BGB, die ausschließlich bewegliche Sachen erfaßt. Werden fehlerhafte Baumaterialien in ein Gebäude eingebaut[60] und dadurch die Gesundheit der Bewohner verletzt, greift das ProdHaftG gegenüber dem Hersteller oder Lieferanten der fehlerhaften Baumaterialien. Bei Zulieferteilen kann das fehlerhafte Zulieferteil ein Pfennigartikel sein, die Verwendung einer Charge dieser Teile für eine Massenproduktion aber eine Produkthaftung in Millionenhöhe verursachen, wenn andere Teile bei der Reparatur unvermeidbar beschädigt wurden.[61]

Ob ein Einzelteil vorliegt oder nur ein "unselbständiges Teil eines Gesamtproduktes", entscheidet sich bei § 2 ProdHaftG nach der Verkehrsauffassung. Bei der Verkehrsauffassung ist wiederum § 93 BGB maßgeblich, also ob zusammengefügte Teile wesentliche oder unwesentliche Bestandteile einer Sache sind.[62] Eine

---

56 Palandt/Thomas, BGB § 823 Rn 202 mit Verweis auf die Kommentierung zu § 2 ProdHaftG, dort Rn 1.

57 Bspw. das mittels einer beschränkten persönlichen Dienstbarkeit nur zu einem vorübergehenden Zweck errichtete Bauwerk.

58 Siehe Fn 1.

59 So v. Westphalen in: v. Westphalen, Produkthaftungshandbuch Bd. 2 § 61 Rn 1 f., 4 und 25; Taschner/Frietsch, Produkthaftungsgesetz § 2 Rn 17, 43 ff.

60 Mit dem Einbau werden die Baumaterialien wesentlicher Bestandteil des Grundstücks, §§ 946, 94 Abs. 2 BGB.

61 Beispiel: Kondensatoren, die in Regler für Anti-Blockier-Systeme für Bremsen eingebaut wurden und Funktionsstörungen der Regler verursachten, BGH NJW 1992, 1225 ff. m. Anm. v. Westphalen, ZIP 1992, 532 ff. und Veltins, DB 1992, 1134.

62 Statt aller: Palandt/Heinrichs, BGB § 93 Rn 3.

Parteivereinbarung kann an dieser Aufteilung nichts ändern.[63] In der Regel ist das "komplette Endprodukt" die eine Sache.[64] Der Hersteller des fehlerhaften Teilproduktes (Zulieferer) haftet gem. §§ 1 Abs. 1, 4 Abs. 1 S. 1 ProdHaftG (vgl. § 2 S. 1 ProdHaftG " ... auch wenn sie einen Teil einer anderen ... unbeweglichen Sache bildet ..."). Der Hersteller des kompletten Endproduktes, das ein fehlerhaftes Einzelteil enthält, haftet nicht nach § 1 Abs. 1 ProdHaftG, da er mit seinem Endprodukt keine andere Sache beschädigt hat.[65]

Die Unterscheidung zwischen Einzelteil und unselbständigem Teil eines Gesamtproduktes erfolgt auch im Deliktsrecht. So kann im Einzelfall das beschädigte Bauwerk nicht als Ganzes anzusehen sein, sondern es kann davon abgetrennt beispielsweise auf die Dachtragebalken als Endprodukt abgestellt werden. Dann wären die mangelhaften Balken die Produkte i.S.d. Produkthaftungsrechts. Stürzt das Bauwerk aufgrund der zu schwachen Balken ein, haftet der Teilhersteller, also der Hersteller der Tragebalken, denn er hat den Bauherrn in dessen Eigentum verletzt (beschädigtes Gebäude).[66]

Ob eine Haftung des Endproduktherstellers (z.B. Bauunternehmer) im Hinblick auf die Rechtsprechung zu den sogenannten "weiterfressenden Mängeln"[67] bei Beschädigung der Gesamtsache (z.B. des Bauwerks) nach § 823 Abs. 1 BGB begründet sein kann, wird vom BGH nach dem Kriterium der "Stoffgleichheit" [68] beurteilt. Stoffgleichheit soll gegeben sein, wenn die Sache wegen des

---

63 Vgl. RGZ 164, 196, 200.

64 So die Begründung der Bundesregierung zum Entwurf eines Gesetzes über die Haftung für fehlerhafte Produkte vom 09.06.1988, BT-Drs. 11/2447, S. 13; anders der BGH im "Schwimmerschalter-Fall", BGHZ 67, 359 ff. und im Hinterreifen-Fall, BGH NJW 1978, 2241 ff.: Ein funktionell begrenztes Einzelteil in einer Anlage wird als von der restlichen Anlage verschiedene Sache behandelt, so daß das fehlerhafte Einzelteil die zunächst fehlerfreie restliche Anlage als andere Sache beschädigt hat. Hierzu kritisch: Reinicke/Tiedtke, NJW 1986, 10 ff.; Tiedtke, PHI 1990, 64, 67 ff., NJW 1990, 2961 ff. und ZIP 1992, 1446 ff.

65 Klein, Produkthaftung bei Baustoffen, S. 22 ff.

66 Hierzu näher Klein, Produkthaftung bei Baustoffen, S. 31 f.

67 Vgl. BGHZ 67, 359 ff. - Schwimmerschalter; BGH NJW 1978, 2241 ff. - Hinterreifen; BGHZ 86, 256 ff. - Gaszug; BGH NJW 1983, 812 ff. - Hebebühne; BGH NJW 1985, 2420 ff. - Kompressor. S. hierzu auch Palandt/Thomas, BGB § 823 Rn 212 f.; MüKo/Mertens, BGB § 823 Rn 79 ff.; eingehend zur gesamten Problematik Schmidt-Salzer, BB 1983, 534 ff.; Brüggemeier, VersR 1983, 501 ff.; Reinicke/Tiedtke, NJW 1986, 10 ff.; Tiedtke, PHI 1990, 64, 67 ff., NJW 1990, 2961 ff. und ZIP 1992, 1446 ff.; Littbarski in: FS Korbion, S. 269 ff.; ders., Haftung und Versicherungsrecht im Bauwesen, Rn 218 ff.; Littbarski in: v. Westphalen, Produkthaftungshandbuch Bd. 1 § 55 Rn 4 ff.; Foerste in: v. Westphalen, Produkthaftungshandbuch Bd. 1 § 21 Rn 15 ff.

68 Erstmals in BGHZ 86, 256, 259 ff. - Gaszug; Entscheidungskriterium bspw. auch in BGH NJW 1983, 812 ff. - Hebebühne; BGH NJW 1985, 2420 ff. - Kompressor; OLG Düsseldorf, WM 1985, 1079 ff. - Pleuelhalbschalen.

Mangels von vornherein völlig wertlos ist[69] oder das mangelhafte Einzelteil mit der gesamten Sache eine nur schwer trennbare Einheit bildet, die nur mit erheblicher Beschädigung aufgehoben werden kann[70], sowie wenn der Mangel nicht entdeckt oder nach der Entdeckung nicht in wirtschaftlich vertretbarer Weise behoben werden kann und deshalb zwangsläufig zur Zerstörung der Gesamtsache führt.[71] Im Gegensatz zum Unterscheidungskriterium des § 2 ProdHaftG, wo es auf die Verkehrsauffassung ankommt, ist die Auffassung des BGH bei der deliktsrechtlichen Produkthaftung nicht eindeutig abgrenzbar und die künftige Weiterentwicklung seiner Rechtsprechung nicht ohne weiteres voraussehbar.

So hat der BGH eine Eigentumsverletzung im Dämmelemente-Fall[72] abgelehnt, weil erst mit den Dämmelementen und weiterem Material das Dach errichtet worden und damit ein von Anfang an fehlerhaftes Dach in das Eigentum des Bauherrn übergegangen sei. Im Dachfolien-Fall[73] stellt er demgegenüber darauf ab, daß die unteren Schichten des Daches vor Anbringung der mangelhaften Dachfolie in das Eigentum des Bauherrn übergegangen seien und daß dieses Eigentum beschädigt worden sei. Demnach müßte es nach Auffassung des BGH darauf ankommen, ob die verschiedenen Teile einer Gesamtsache gleichzeitig oder nacheinander eingebaut werden. Dann wäre eine Eigentumsverletzung im Anschluß an den Einbau eines mangelhaften Teils eingebauter mangelfreier Teile nicht möglich. Nach dem Asbestzementplatten-Fall[74] kommt es aber auf diese zeitliche Reihenfolge nicht an, d.h. die Beschädigung nachträglich eingebauter Teile (hier: Fenster) durch bereits eingebaute mangelhafte Asbestzementplatten stellt eine Eigentumsverletzung dar.[75] Hierfür spricht, daß es nach der deliktsrechtlichen Produkthaftung darauf ankommt, ob die Verletzung einer dem Hersteller obliegenden Verkehrssicherungspflicht vorliegt und ob der Schaden an der Gesamtsache mit dem am Produkt stoffgleich ist, wofür eine zeitliche Reihenfolge nicht ausschlaggebend ist.

Zur "schädlichen" ersten Verarbeitung von Naturprodukten, die das ProdHaftG eingreifen läßt, gehören noch nicht Tätigkeiten wie Reinigen, Sortieren, Lagern oder Verpacken, jedoch beispielsweise die Konservierung, die Filtrierung auf eine bestimmte Konzentration, das Mahlen von Getreide, das Keltern von Trauben.[76]

---

69 BGH NJW 1985, 2420 - Kompressor.

70 Vgl. BGH NJW 1981, 2248, 2249 - Dämmelemente und NJW 1983, 810, 812 - Gaszug.

71 Vgl. BGHZ 86, 256, 259 - Gaszug; BGH NJW 1983, 812 - Hebebühne; BGH NJW 1985, 2420 - Kompressor; BGH ZIP 1992, 704 - Austauschmotor. Die Abgrenzungsschwierigkeiten aufzeigend: Littbarski in: FS Korbion, S. 269 ff.

72 BGH NJW 1981, 2248 ff.; zustimmend Littbarski, JuS 1983, 345 ff.

73 BGH VersR 1984, 1151 f.

74 BGH NJW 1981, 2250 f.

75 Zum Ganzen: Klein, Produkthaftung bei Baustoffen, S. 9-19.

76 Hierzu Palandt/Thomas, ProdHaftG § 2 Rn 5.

Die Produkthaftungs-Richtlinie hat in Art. 15 Abs. 1 lit. a den Mitgliedsstaaten die Möglichkeit eingeräumt, die Gefährdungshaftung auch auf landwirtschaftliche Naturprodukte und Jagderzeugnisse zu erstrecken, wovon in der Bundesrepublik jedoch kein Gebrauch gemacht worden ist.[77] Obwohl der Verbraucherschutz oberstes Ziel des Art. 100 a EGV ist, wurde den Interessen der Landwirtschaft Vorrang eingeräumt. Die Richtlinie sieht nicht vor, diesen Artikel nach einer Erprobungszeit evtl. aufzuheben und die Gefährdungshaftung auf landwirtschaftliche Naturprodukte und Jagderzeugnisse auszuweiten - wie es z.B. für den Ausschluß des Entwicklungsrisikos vorgesehen ist (Art. 15 Abs. 3 der Richtlinie). Die landwirtschaftlichen Großbetriebe, deren technisch durchorganisierte Produktion ebenso zur industriellen Fertigung gerechnet werden muß wie hochmoderne Fangschiffe, lassen keinen Grund für die Ausnahme ersehen.[78] Selbst die Ungleichstellung zwischen Jägern und im kleinen Umfang tätigen Landwirten einerseits und Müllern, Bäckern, Winzern, Handwerkern und sonstigen Kleinbetrieben andererseits ist anders als aus politischen Erwägungen nicht zu begründen, wenn man nur an die hormonelle Behandlung von Kälbern oder das Besprühen von Obst und Gemüse mit Chemikalien denkt.[79] Die Haftung aus Deliktsrecht wird allerdings nicht ausgeschlossen.[80]

Ob ein Produkt vorliegt, ist in den folgenden Fällen nicht immer offensichtlich:

---

77 Hierzu Kullmann/Pfister, Produzentenhaftung 1. Bd., Nr. 3603, S. 6 ff. § 3 Ziff. 1 GenTG erfaßt entgegen § 2 S. 2 ProdHaftG auch die landwirtschaftlichen Naturprodukte und Jagderzeugnisse; durch diese Sonderregelung kann der Zweck des Gentechnikgesetzes umfassend verfolgt werden, nämlich der Schutz von Menschen, Tieren, Pflanzen und der sonstigen Umwelt sowie der Sachgüter vor möglichen Gefahren gentechnischer Verfahren und Produkte und der Vorbeugung vor solchen Gefahren (siehe § 1 Ziff. 1 GenTG).

78 So auch Taschner, Produkthaftung, Art. 2 Rn 10; Foerste in: v. Westphalen, Produkthaftungshandbuch Bd. 1 § 25 Rn 19-22; Bartl, Produkthaftung § 2 Rn 4 f.("politisch motivierte" Ausnahme).

79 Demgegenüber kann der Hersteller von Sprühmitteln produkthaftungsrechtlich in Anspruch genommen werden, vgl. BGHZ 80, 186 ff. - Derosal u. BGHZ 80, 199 ff. - Benomyl.

80 Zum Ganzen Schmidt-Salzer/Hollmann, EG-Richtlinie Produkthaftung Bd. 1, Art. 2 Rn 72-79; Hahn, Deliktische Produkthaftung für landwirtschaftliche Erzeugnisse und Naturprodukte.

bb. Dienstleistungen, Reparaturen

Dienst-[81] und Reparatur-Werkleistungen[82] sind keine Produkte i.S.d. Produkthaftungsrechts, da keine Herstellung vorliegt. Werden dagegen gebrauchte Produkte generalüberholt und wieder in den Verkehr gebracht, z.B. Autoreifen, liegt produkthaftungsrechtlich eine Herstellung vor.[83]

cc. Abfall

Industrieabfälle sind in der Regel bewegliche Sachen, unterliegen aber nicht dem Produkthaftungsrecht, da sie weder für den Verkauf noch sonstigen Vertrieb bestimmt sind, d.h. es liegt keine "Herstellung" und kein "Inverkehrbringen" vor.[84] Der Hersteller der Industrieabfälle hat aber im Rahmen seiner aus § 823 Abs. 1 BGB abgeleiteten allgemeinen Verkehrssicherungspflicht für die Abwehr von Gefahren seiner bei der Produktion anfallenden Schadstoffe zu sorgen, weil er eine Gefahrenquelle geschaffen hat und sie gegenüber Dritten sichern muß, soweit möglich und zumutbar.[85] Eine Haftung für Industrieabfall kommt auch nach § 22 WHG, den Landeswassergesetzen, § 22 BImSchG, § 823 Abs. 2 BGB i.V.m. § 2 Abs. 1 AbfG und § 3 AbfallbeseitigungsG in Betracht.

---

81 Um den Verbraucherschutz auch in diesem Bereich abzudecken, hat die EU-Kommission den Vorschlag für eine Richtlinie des Rates über die Haftung bei Dienstleistungen, KOM (90) 482 endg. - SYN 308 v. 20.12.1990, BT-Drs. 12/180 vom 01.03.1991, vorgelegt. Hierzu näher Littbarski in: Littbarski (Hrsg.), Entwurf einer Richtlinie über die Haftung bei Dienstleistungen, S. 97 ff. m.w.N. in Fn 12; Frietsch in: Littbarski (Hrsg.), Entwurf einer Richtlinie über die Haftung bei Dienstleistungen, S. 57 ff.; ders., DB 1992, 929 ff.; Kretschmer, PHI 1991, 64 ff.; Heinemann, ZIP 1991, 1193 ff.; Skaupy, BB 1991, 2021 ff.

82 Vgl. Schmidt-Salzer/Hollmann, EG-Richtlinie Produkthaftung Bd. 1, Art. 2 Rn 28.

83 Vgl. Taschner/Frietsch, Produkthaftungsgesetz, § 2 Rn 36-39.

84 So Taschner/Frietsch, Produkthaftungsgesetz, § 2 Rn 25 f.; v. Westphalen in: v. Westphalen, Produkthaftungshandbuch Bd. 2 § 61 Rn 12 f.; Foerste in: v. Westphalen, Produkthaftungshandbuch Bd. 1 § 25 Rn 30 f.; Schmidt-Salzer/Hollmann, EG-Richtlinie Produkthaftung Bd. 1, Art. 2 Rn 31. Es gibt derzeit zum Abfallrecht einen geänderten Vorschlag für eine Richtlinie des Rates über die zivilrechtliche Haftung für die durch Abfälle verursachten Schäden vom 28.06.1991, (ABlEG Nr. C 192/6 vom 23.07.1991) sowie die Beseitigung gefährlicher Abfälle betreffend eine Richtlinie des Rates über gefährliche Abfälle vom 12.12.1991 (91/689/EWG, ABlEG Nr.L 377/22 vom 31.12.1991).

85 So BGH NJW 1976, 46 - Ölabfälle.

Nach § 1 ProdHaftG kommt es nicht auf die Verwendung des Produktes während dessen Lebenszyklus an, sondern auf den Produktfehler. Dieser kann unter Umständen erst bei der Produktentsorgung zu Schäden führen. Liegt ein zum Zeitpunkt des Inverkehrbringens fehlerhaftes Produkt vor, das entsorgt wird, verliert es nicht seine Eigenschaft als Produkt, d.h. der ursprüngliche Hersteller haftet weiterhin nach Produkthaftungsrecht.[86] Denkbar ist z.B. ein Konstruktionsfehler durch Verwendung schadstoffbelasteter Materialien, bei denen schon vor Inverkehrbringen für den Hersteller erkennbar war, daß bei der Produktentsorgung durch freiwerdende Gase o.ä. Dritte in ihrer Gesundheit verletzt werden können (z.B. setzt bei der Verbrennung von Kunststoffgehäusen oder Abdeckungen das flammhemmende Mittel polybromierter Diphenylether (PDBE) Furane und Dioxine frei).[87] Im Zeitpunkt der Produktentsorgung kommt dann eine Warnpflicht in Betracht.

Der Aspekt, daß der Hersteller sich mit der Entsorgung seines Produktes nicht der Produkthaftung entledigen kann, wird künftig an Bedeutung gewinnen, da der Entwurf eines "Kreislauf-Wirtschaftsgesetzes"[88] primär die Abfallvermeidung und stoffliche Wiederverwertung erstrebt. Wird Abfall als Grundstoff[89] (z.B. Schrott[90]) vertrieben, kann das Produkthaftungsrecht nach § 1 ProdHaftG und § 823 Abs. 1 BGB eingreifen, ebenso beispielsweise bei fehlerhaften Recyclingprodukten, denn bei Recycling wird eine neue Sache hergestellt. Gleiches gilt für

---

86 So v. Westphalen in: v. Westphalen, Produkthaftungshandbuch Bd. 2 , § 61 Rn 13. Zur Herstellerhaftung für die sichere Produktentsorgung: Koch, PHI 1992, 20-29.

87 Siehe zu diesem Problembereich Koch, PHI 1992, 20 ff. Zum Beispiel des PBDE siehe Böndel, Siegeszug der Elektronik schafft große Folgelasten, in: Handelsblatt vom 14.04.1993.

88 Entwurf eines Gesetzes zur Vermeidung von Rückständen, Verwertung von Sekundärrohstoffen und Entsorgung von Abfällen, BT-Drs. 12/5672.

89 Im Entwurf des Kreislauf-Wirtschaftsgesetzes auch "Sekundärrohstoff" oder "Rückstand" genannt.

90 Die geplante Elektronikschrott-Verordnung soll einen Beitrag zu der abfallarmen Kreislaufwirtschaft leisten. Hersteller und Händler sollen zur Rücknahme von Altgeräten verpflichtet werden. Die Zahl der zu entsorgenden Geräte steigt mit der Verkürzung des Lebenszyklus der Geräte (bei Personalcomputern sind es nicht einmal mehr zwei Jahre). Recycling von Elektronikschrott ist technisch teilweise noch nicht möglich und bei Kleingeräten unwirtschaftlich. Angesichts des schnellen technischen Fortschritts in der Elektrobranche lohnt sich eine Reparatur nur selten. Vgl. hierzu Riecke, Nur ein Bruchteil des High-Tech-Mülls wird heute umweltgerecht entsorgt und Böndel, Siegeszug der Elektronik schafft große Folgelasten, beides in: Handelsblatt vom 14.04.1993. Bei neuen Geräten wird bei der Herstellung eine weitgehende Wiederverwertung der Wertstoffe angestrebt und von einigen Herstellern bereits realisiert. Hierzu Weishaupt, Hersteller tun sich mit Konzepten für die Rücknahme ihrer Altgeräte schwer, in: Handelsblatt vom 14.04.1993.

überholte Produkte (z.B. runderneuerte Reifen).[91] Das Ziel der umfassenden Wiederverwertung wirft gerade bei Elektronikschrott erhebliche praktische Probleme auf. So ist es derzeit nicht möglich, Leiterplatten, bestimmte Mehrkomponentenkunststoffe, Bildröhren, Kondensatoren, Farb- und Magnetbänder sowie Batterien zu recyceln.[92]

dd. Software

Nach neuerer Rechtsprechung[93] und überwiegender Meinung in der Literatur[94] ist die auf einer Diskette gespeicherte Standardsoftware eine Sache i.S.d. § 90 BGB.

Selbst das Überspielen der Software von einer Festplatte des Händlers oder Herstellers durch Kabelverbindung auf eine Festplatte des Kunden (also ohne Diskette) ist eine Übergabe einer bewegliche Sache.[95] Wenngleich die Übertragung nur durch zwischen den Geräten fließende Ströme erfolgt, die nach allgemeiner Ansicht keine Körperlichkeit i.S.v. § 90 BGB aufweisen,[96] ist zu beachten, daß aufgrund der technischen Möglichkeiten der Übergabeakt der Software auf einer Diskette mit anschließendem Kopieren auf die Festplatte durch das direkte Kopieren verkürzt worden ist, das Ergebnis - kopierte Software auf der Festplatte des Kunden - aber gleich ist. Die Übergabe muß nicht in verkörperter Form erfolgen.[97] Die Aufgabe der Sachherrschaft durch den bisherigen Besitzer ist darin zu sehen, daß er über die übergebene Kopie nicht verfügt, vielmehr nur

---

[91] Vgl. Taschner/Frietsch, Produkthaftungsgesetz, § 2 Rn 26; v. Westphalen in: v. Westphalen, Produkthaftungshandbuch Bd. 2, § 61 Rn 13; Schmidt-Salzer/Hollmann, EG-Richtlinie Produkthaftung Bd. 1, Art. 2 Rn 29 f.

[92] Hierzu Böndel, Siegeszug der Elektronik schafft große Folgelasten, in: Handelsblatt vom 14.04.1993.

[93] Vgl. BGHZ 102, 135, 143 f. - Software: "Kaufgegenstand ist hier ein Datenträger mit dem darin verkörperten Programm, insofern also eine körperliche Sache".

[94] Vgl. Michalski, Vertrags- und schutzrechtliche Behandlung von Computerprogrammen, S. 5 ff.; Marly, Softwareüberlassungsverträge, Rn 77-83; ders., BB 1991, 432 ff.; Lehmann, NJW 1992, 1721, 1724 m.w.N. in Fn 18; ders., BB 1993, 1603, 1605 f. m.w.N. in Fn 26; Meier/Wehlau, WR 1992, 47 f.; dies., CR 1990, 95, 98 ff.; Palandt/Heinrichs, BGB § 90 Rn 2; a.A. Junker, NJW 1993, 824.

[95] Vgl. BGH NJW 1990, 320, 321 = JZ 1990, 236, 238 m. Anm. Hoeren, aaO S. 239 f.; vgl. ferner Marly, Softwareüberlassungsverträge, Rn 84 ff.; a.A. v. Westphalen, NJW 1990, 83, 87.

[96] St. Rspr. seit RGZ 86, 14 ff.; vgl. hierzu Palandt/Heinrichs, BGB § 90 Rn 2; MüKo/Holch, § 90 Rn 20; Kranz, Produkthaftung des Softwareherstellers nach § 823 Abs. 1 BGB und Produkthaftungsgesetz.

[97] Für eine weite Auslegung des Begriffs der Sachübergabe: Marly, Softwareüberlassungsverträge, Rn 85-88; König, NJW 1990, 1584, 1585 ; BGH NJW 1990, 320, 321.

über seine ursprüngliche Software.[98] Das Produkthaftungsrecht kann folglich auch beim unmittelbaren Kopieren von der Festplatte des Herstellers oder Händlers auf die Festplatte des Erwerbers Anwendung finden, so beispielsweise dann, wenn ein Virus[99] mit übertragen wird.[100]

Mängel der Software können für die Produkthaftung insbesondere relevant werden im Hinblick auf computergesteuerte medizinisch-technische Geräte, Computertomographen, Laboranalysegeräte, Verkehrssteuerungsgeräte (etwa Flugsicherungscomputer), Industrieroboter, computergesteuerte Werkzeugmaschinen, Militärtechnikgeräte etc., CAM-[101] , CAD-[102] , CAQ-[103] und CIM-[104] Systeme.[105]

ee. Menschliche Körperteile, Blut

Menschliche Körperteile wie Haare, Organe und das Blut werden mit der Trennung vom Körper bewegliche Sachen.[106] Ein Fehler an ihnen kann jedoch erst nach Verarbeitung mit dem Inverkehrbringen zur Produkthaftung führen.[107] Dies ist z.B. beim Vertrieb von kontaminiertem Blut und blutplasmabasierenden Produkten der Fall: Wird in einem Krankenhaus eine Bluttransfusion vorgenommen, ist das verwendete fremde Blut ein Produkt i.S.d. Produkthaftungsrechts. Der Hersteller des Blutserums kann bei dessen Versetzung mit Viren produkthaftungsrechtlich in Anspruch genommen werden. Entsprechendes gilt

---

98 Nicht in dieser Weise differenzierend, sondern für eine analoge Anwendung der Vorschriften über die Sachübergabe BGH NJW 1990, 320, 321; Marly, Softwareüberlassungsverträge, Rn 87 f.

99 Z.B. "Michelangelo", hierzu SZ vom 27.02. und 05. bis 09.03.1992 oder "Kopierschutz-Killer-Viren", hierzu Rombach, CR 1990, 101 ff.

100 Zur Produkthaftung im Software-Bereich: Lehmann, NJW 1992, 1721 ff.; zur Megede, NJW 1989, 2580 ff.; Junker, NJW 1990, 1575, 1581 ff.; ders., NJW 1992, 1733 ff.; ders., NJW 1993, 824 ff; Heymann, WR 1990, 176 ff.; Rombach, CR 1990, 101 ff.; BGH NJW 1990, 320, 321 m. Anm. König, NJW 1990, 1584 ff. und Hoeren, JZ 1990, 239 ff.; Meier/Wehlau, CR 1990, 95 ff.; dieselben, WR 1992, 47 ff.; Marly, BB 1991, 432 ff.; Bormann/Bormann, DB 1991, 2641 ff.

101 Computer Aided Manufatoring.

102 Computer Aided Design.

103 Computer Aided Quality Assurance.

104 Computer Integrated Manufactoring.

105 Beispiele nach Lehmann, BB 1993, 1603, 1606.

106 Vgl. Palandt/Heinrichs, BGB § 90 Rn 3; Taschner/Frietsch, Produkthaftungsgesetz, § 2 Rn 27.

107 Zur Haftung nach § 823 Abs. 1 BGB und § 84 AMG: BGHZ 8, 243 f., 247-249; OLG Hamburg, NJW 1990, 2322 ff.

beispielsweise auch für die Implantation eines Herzschrittmachers, künstlicher Herzklappen[108] oder einer Hüftgelenkprothese.[109]

Spenderblut wird vom Spender grundsätzlich nicht kommerzialisiert und ist daher kein Produkt i.S.d Produkthaftungsrechts; ein Entgelt für die Blutspende hat ausschließlich den Zweck der Kompensation für Aufwand und vermehrte Nahrungsbedürfnisse, nicht den der Befriedigung wirtschaftlichen Gewinnstrebens.[110]

Um in den USA die Versorgung mit Blutkonserven aufgrund der strengen Rechtsprechung zur Produkthaftung aufrecht zu erhalten, wurden in fast allen Bundesstaaten Gesetze ("Blood Shield Statutes") erlassen, die regeln, daß Blut und blutbasierende Produkte als Dienstleistung ("service")[111] zu bewerten und damit kein "Produkt" sind. Dies ist in der Bundesrepublik bisher nicht vorgesehen. Die Ausschaltung der Gefährdungshaftung und der Haftung für zugesicherte Eigenschaften entfällt nach den meisten Blood Shield Statutes nur dann, wenn kein geeignetes Testverfahren zur Verfügung steht, um mit Viren versetztes Blut zu erkennen.[112] Für AIDS[113] bedeutet dies, daß in solchen Staaten die strenge Haftung nur für Schäden aus Transfusionen oder Produkten ausgeschlossen ist, die vor März 1985 durchgeführt bzw. hergestellt wurden. Denn für den AIDS-Virus HIV-1 gibt es seitdem geeignete Testverfahren, den sog. ELISA- und den Western-Bio-Test, die allerdings keine 100% sicheren Tests sind. Diese Tests zeigen nicht die Verseuchung des Blutes mit dem HIV-2-Virus und weiteren Varianten an.

---

108 Hier kommt eine Haftung wegen Materialbruchs in Betracht. Z.B. warnte das Bundesgesundheitsamt vor C-C Björk Shiley-Herzklappen, SZ v. 26.03.1992.

109 Vgl. Schmidt-Salzer, EG-Richtlinie Produkthaftung Bd. 1, Art. 2 Rn 13. Zu Prothesen und künstlichen Körperteilen siehe Taschner/Frietsch, Produkthaftungsgesetz, § 2 Rn 28; v. Westphalen in: v. Westphalen, Produkthaftungshandbuch Bd. 2 , § 61 Rn 17.

110 Taschner, Produkthaftung, Art. 2 Rn 5.

111 Vgl. Giesen/Poll, NJW 1993, 265 m.w.N. in Fn 8.

112 Hierzu: Noehrbass, VW 1990, 1119 ff. Allgemein zur Haftung für infizierte Blutkonserven im amerikanischen und deutschen Recht: Giesen/Poll, RIW 1993, 265 ff. m.w.N.; Eichholz, NJW 1991, 732 ff.

113 Acquired Immune Deficiency Syndrome.

c. Produktfehler

aa. Allgemeines

Ein Produkt ist i.S.d. Legaldefinition von § 3 ProdHaftG fehlerhaft, wenn es insbesondere unter Berücksichtigung seiner Darbietung, seines Gebrauchs, mit dem billigerweise gerechnet werden kann, des Zeitpunkts des Inverkehrbringens nicht die Sicherheit bietet, die berechtigterweise erwartet werden kann (vgl. § 3 Abs. 1 ProdHaftG). Zu berücksichtigen sind alle objektiven Umstände des konkreten Schadensfalles,[114] insbesondere die aufgelisteten Kriterien.

Nach der Produkthaftung des § 823 Abs. 1 BGB ist ein Produkt mangelhaft, wenn es nicht die nach der Verkehrsanschauung erforderliche Beschaffenheit besitzt und deshalb gefährlicher ist als eine gleichartige Sache von der erforderlichen Beschaffenheit.[115] Im deliktischen Haftungsrecht wird nicht auf den bei der Gefährdungshaftung des § 1 ProdHaftG haftungsbegründenden Umstand eines Produktfehlers, sondern darauf abgestellt, ob der Produzent eine ihm obliegende Verkehrssicherungspflicht verletzt hat.[116]

Der Fehlerbegriff im Produkthaftungsrecht ist ein anderer als der des Gewährleistungsrechts in §§ 459 Abs. 1, 633 Abs. 1 BGB. Die Fehlerdefinition des § 3 ProdHaftG stellt auf mangelnde Sicherheit einer Sache anhand der berechtigten Erwartungen der Allgemeinheit und damit auf objektive Maßstäbe ab. Dies hat seinen Grund darin, daß die Produkthaftung das Integritätsinteresse jedes Benutzers und Dritten daran schützt, daß das Produkt die Sicherheit für Leben, Gesundheit und Sachwerte bietet, die allgemein berechtigterweise erwartet werden kann ("Verbraucherschutz").[117]

---

[114] Vgl. Palandt/Thomas, ProdHaftG § 3 Rn 9; v. Westphalen in: v. Westphalen, Produkthaftungshandbuch Bd. 2 § 62 Rn 38-63.

[115] Vgl. Palandt/Thomas 39. A., BGB § 823 Rn 16 D c bb; Weitnauer, NJW 1968, 1593, 1594; hierzu die Begründung der Bundesregierung zum Entwurf eines Gesetzes über die Haftung für fehlerhafte Produkte vom 09.06.1988, BT-Drs. 11/2447, S. 11.

[116] Vgl. Rolland, Produkthaftungsrecht, Teil I, § 3 ProdHaftG Rn 2; Palandt/Thomas, BGB § 823 Rn 202, 205-209.

[117] Vgl. BGH NJW 1985, 2420 f. - Kompressor; BGHZ 86, 256 ff. - Gaszug; Palandt/Thomas, ProdHaftG Einführung Rn 2 f. und § 3 Rn 1; Taschner/Frietsch, Produkthaftungsgesetz, Einführung Rn 3 und § 3 Rn 4; v. Westphalen in: v. Westphalen, Produkthaftungshandbuch Bd. 2 § 62 Rn 2. Vgl. auch die Begründung der Bundesregierung, BT-Drs. 11/2447, S. 17-19 und den Bericht der Abgeordneten Hörster und Stiegler zu diesem Gesetzesentwurf, BT-Drs. 11/5520 S. 15.

Hiervon ist der an der Gebrauchstauglichkeit orientierte subjektive Fehlerbegriff des Vertragsrechts abzugrenzen: Die Gewährleistungsvorschriften sichern das wirtschaftliche Nutzungs- und Äquivalenzinteresse des Vertragspartners daran, daß die Sache keine Mängel aufweist, die im Hinblick auf die erbrachte Gegenleistung ihren Wert und/oder ihre vertraglich vorgesehene Gebrauchsfähigkeit beeinträchtigen.[118]

In der Regel besteht zwischen dem Hersteller und dem Geschädigten als Endverbraucher keine Vertragsbeziehung. Ist dies einmal der Fall, kann der Fehler nach § 3 ProdHaftG zugleich ein Fehler i.S.d. § 459 BGB sein, z.B. wenn eine vertraglich vorausgesetzte Sicherheitseinrichtung am Produkt fehlt, die auch nach den objektiven Sicherheitsanforderungen des § 3 ProdHaftG erforderlich wäre. Wird der Käufer dieses Produkts verletzt, können vertragliche Ansprüche mit denen des Produkthaftungsrechts konkurrieren. Bei dieser echten Anspruchskonkurrenz werden die Ansprüche bis hin zu den Verjährungsvorschriften streng getrennt.[119]

Rechtsprechung[120] und Schrifttum[121] unterscheiden bei der deliktsrechtlichen Produkthaftung und der Haftung nach § 1 ProdHaftG drei Fehlerkategorien:

---

118 Vgl. Palandt/Thomas, ProdHaftG § 3 Rn 1 und BGB § 823 Rn 212 f.; Palandt/Putzo, BGB § 459 Rn 8; Soergel/Huber, § 459 Rn 12, 20; v. Westphalen in: v. Westphalen, Produkthaftungshandbuch Bd. 1 § 1 Rn 2 f., 38, § 2 Rn 1; BGHZ 16, 54, 55 - Ultraschall; BGHZ 59, 51, 54 - Hasenfleisch; BGHZ 90, 198, 202 - Typ-Prüfung; BGHZ 98, 100, 104 m.w.N. - Gewährleistungsausschluß.

119 Vgl. Palandt/Thomas, BGB § 823 Rn 202; Rolland, Produkthaftungsrecht, Teil I, § 3 ProdHaftG Rn 5; Foerste in: v. Westphalen, Produkthaftungshandbuch Bd. 1 § 20 Rn 2-5, § 21 Rn 16 ff.; vgl. auch BGHZ 67, 359, 362 f. - Schwimmerschalter.

120 Beispielhaft für Konstruktionsfehler: BGH BB 1984, 2150 - Maschinen-Garantie-Versicherung; BGHZ 104, 323 ff. - Limonadenflasche; OLG Frankfurt VersR 1990, 981, 982 - Industriefilter; OLG München VersR 1990, 791, 792 - Holzschutzmittel; für Fabrikationsfehler: RGZ 87, 1 ff. - Brunnensalz; BGHZ 51, 91, 97, 102-107 - Hühnerpest; BGHZ 86, 256 ff. - Gaszug; BGH VersR 1956, 410 ff. - Materialfehler von Fahrradgabel; BGH VersR 1959, 104 ff. - Materialriß in Seilschloß; BGH NJW 1968, 247 ff. - Schubstrebe; BGH NJW 1975, 1827, 1828 f. - Spannkupplung; BGH NJW 1992, 41 ff. - Baustromverteiler; BGHZ 116, 104 ff. - Salmonellen; für Instruktionsfehler: BGHZ 80, 186, 191, 197 ff. - Derosal; BGHZ 80, 199, 203 ff. - Benomyl; BGH NJW 1975, 824 - Haartonikum; BGH NJW 1987, 372 ff. - Zink-Spraydose; BGHZ 106, 273, 283 - Asthma-Spray; BGHZ 116, 60, 65 ff. - Milupa-Kindertee; LG Aachen JZ 1971, 507, 516 - Contergan.

121 Vgl. etwa Lorenz/Kruse, Die Haftung des Warenherstellers, S. 7 ff. und 47 ff.; Diederichsen, NJW 1978, 1281, 1284; Palandt/Thomas, ProdHaftG § 3 Rn 2-5 und Rn 13-15; Emmerich, JuS 1981, 685 f.; Taschner/Frietsch, Produkthaftungsgesetz, Einführung Rn 57 ff., 67 ff., 73 ff., § 3 Rn 67-70; Pott/Frieling, Produkthaftung, § 15 Rn 52-60 mit Beispielen aus der Rechtsprechung; s. auch Foerste in: v. Westphalen, Produkthaftungshandbuch Bd. 1 § 24 Rn 60 f.; Borer, Produkthaftung, S. 13 ff.; Bartl, Produkthaftung § 3 Rn 25 f.;

Konstruktions-, Fabrikations- und Instruktionsfehler, wobei diese Einteilung für die Haftung unerheblich ist. Einzelne Vorschriften passen jedoch nur für bestimmte Kategorien. So kann nur ein Fabrikationsfehler[122] erst nach dem haftungsentscheidenden Zeitpunkt des Inverkehrbringens des Produktes entstehen.[123] Ferner wird nach deliktsrechtlichen Produkthaftungsgrundsätzen nicht für "Ausreißer"[124] als spezielle Fabrikationsfehler gehaftet, da bei diesen Fabrikationsfehlern kein Verschulden vorliegt. Nach § 1 Abs. 2 Nr. 4 ProdHaftG ist die Ersatzpflicht ausgeschlossen, wenn der Fehler auf der Herstellung nach zwingenden Rechtsvorschriften beruht, was praktisch nur für Konstruktionsfehler bedeutsam ist.

(1). Konstruktionsfehler

Ein Konstruktionsfehler liegt vor, wenn jedes Produkt einer Serie an einem Fehler leidet, weil die ganze Serie unter Verstoß gegen die neuesten wissenschaftlichen und technischen Erkenntnisse und Anforderungen, wie sie zur Herstellungszeit bestanden, erdacht und gefertigt worden ist. Maßstab sind insbesondere Unfallverhütungsvorschriften, DIN- und VDE-Bestimmungen.[125] Entspricht die Herstellung dem aktuellen Stand von Wissenschaft und Technik,[126] scheidet die Annahme eines Konstruktionsfehlers aus, d.h. für sogenannte "Entwicklungsfehler" wird nicht gehaftet.[127]

---

kritisch zur Klassifizierung: Schmidt-Salzer/Hollmann, EG-Richtlinie Produkthaftung Bd. 1, Art. 6 Rn 107 ff. Der teilweise zusätzlich genannte Produktbeobachtungsfehler ist kein Fehler des Produktes, hier geht es um die Produktbeobachtungspflicht als eine der dem Hersteller obliegenden Verkehrssicherungspflichten, siehe hierzu unten Punkt B.II.3.h.cc., S. 75 ff.

122 Siehe hierzu unten Punkt B.II.3.c.aa.(2)., S. 28.

123 Vgl. Palandt/Thomas, ProdHaftG § 1 Rn 17.

124 Siehe hierzu unten Punkt B.II.3.c.aa.(2)., S. 28 mit Fn 132.

125 Vgl. BGH BB 1972, 13, 14 - Kiesförderband. Die Einhaltung dieser Vorschriften entläßt den Hersteller nicht aus seiner Pflicht, nach Gefahren zu forschen und die noch nicht in den technischen Normen enthaltenen fortgeschrittenen Erkenntnisse zu berücksichtigen, BGHZ 48, 310, 312 f. - Flachdach.

126 Siehe hierzu unten Punkt B.II.3.c.cc.(4)., S. 40 ff.

127 Vgl. zum Konstruktionsfehler oben Fn 120; Palandt/Thomas, ProdHaftG § 3 Rn 3 und 13; Foerste in: v. Westphalen, Produkthaftungshandbuch Bd. 1 § 24 Rn 62 ff.; v. Westphalen in: v. Westphalen, Produkthaftungshandbuch Bd. 2 § 62 Rn 32-35; Taschner/Frietsch, Produkthaftungsgesetz, Einführung Rn 57 ff. und § 3 Rn 69; Schmidt-Salzer/Hollmann, EG-Richtlinie Produkthaftung Bd. 1, Art. 6 Rn 242-245; Rolland, Produkthaftungsrecht, Teil I, § 3 ProdHaftG Rn 9; Bartl, Produkthaftung § 3 Rn 27 f. Eine Ausnahmeregelung besteht in § 84 Nr. 1 AMG, wonach die Haftung für Entwicklungsfehler teilweise nicht ausgeschlossen ist; vgl. ferner § 4 UmweltHG und § 32 GenTG, die ebenfalls eine Haftung

Nicht auf dem letzten Stand von Wissenschaft und Technik waren z.B. die Stifte in den Flugzeugmotoren Marke Pratt & Whitney an F16-Kampfflugzeugen. Der Konstruktionsfehler führte in einem Fall zum Bruch des Stiftes und anschließenden Absturz des Kampfflugzeugs in ein Wohngebiet.[128] Auf dem neuesten Stand von Wissenschaft und Technik war dagegen beispielsweise das Medikament Diethylstilbesterol (DES), bei dem aufgrund der Langzeitwirkung erst später die krebserregende Nebenwirkung erkannt werden konnte.[129]

Wird der Fehler nach Inverkehrbringen erkennbar, können den Hersteller Produktbeobachtungs- und Warnpflichten treffen.[130]

(2). Fabrikationsfehler

Ein Fabrikationsfehler ist gegeben, wenn die Produktserie insgesamt den neuesten technischen Anforderungen entsprechend fehlerfrei konzipiert worden ist, jedoch einzelne Produkte fehlerhaft sind, z.B. aufgrund fehlerhafter Montage (menschliches Versagen) oder eines Materialfehlers (technisches Versagen).[131]

Sogenannte "Ausreißer" sind solche Fabrikationsfehler, die trotz aller zumutbaren Vorkehrungen unvermeidbar sind.[132] Mangels Verschuldens greift die deliktsrechtliche Produkthaftung nicht.[133] Der Hersteller muß allerdings beweisen, daß es sich um einen Ausreißer handelt und nicht um einen vermeidbaren Fehler bei der Produktkontrolle.[134] Beim Ausreißer kommt eine Haftung nach § 1 Abs. 1 ProdHaftG in Betracht.

---

für das Entwicklungsrisiko statuieren; hierzu näher Landsberg/Lülling, Umwelthaftungsrecht, § 4 UmweltHG Rn 3 und § 32 GenTG Rn 2.

128 Flugzeugabsturz vom 11.02.1992 in Hengelo, Niederlande. Zum Untersuchungsbericht: SZ vom 10.02.1993.

129 Dazu Hoechst, Die US-amerikanische Produzentenhaftung, S. 93 ff.

130 Siehe hierzu unten Punkt B.II.3.h.cc., S. 75 ff.

131 Beispiele: siehe oben Fn 120 und Palandt/Thomas, ProdHaftG § 3 Rn 5 und 15; Foerste in: v. Westphalen, Produkthaftungshandbuch Bd. 1 § 24 Rn 124 ff.; v. Westphalen in: v. Westphalen, Produkthaftungshandbuch Bd. 2 § 62 Rn 36; Taschner/Frietsch, Produkthaftungsgesetz, Einführung Rn 67 ff. und § 3 Rn 69.

132 Siehe hierzu Foerste in: v. Westphalen, Produkthaftungshandbuch Bd. 1 § 24 Rn 125 ff.; Taschner/Frietsch, Produkthaftungsgesetz, Einführung Rn 71; Schmidt-Salzer/Hollmann, EG-Richtlinie Produkthaftung Bd. 1, Art. 1 Rn 26; Rolland, Produkthaftungsrecht, Teil I, § 3 ProdHaftG Rn 10; Bartl, Produkthaftung § 3 Rn 29 f.

133 Siehe hierzu Weitnauer, NJW 1968, 1593, 1599.

134 Vgl. BGH NJW 1975, 1827, 1828 - Spannkupplung.

(3). Instruktionsfehler

Von einem Instruktionsfehler wird gesprochen, wenn das Produkt an sich dem Standard entspricht, ihm aber eine notwendige Gebrauchsanweisung nicht beigefügt worden ist oder eine Warnung vor Gefahren beim Umgang mit dem als solchem fehlerfreien Produkt fehlt bzw. nicht ausreichend ist (Beispiel: Unverträglichkeit und Nebenwirkungen von Arzneimitteln).[135] Die Instruktionen müssen deutlich und umfassend sein.[136] Der Benutzer muß ihnen entnehmen können, wie er das Produkt gefahrfrei verwenden kann. Gewarnt werden muß vor den Gefahren im Zusammenhang mit der Produktbenutzung[137] bis hin zu einem naheliegenden Mißbrauch.[138] Drohen bei einer Fehlanwendung des Produkts erhebliche Körper- oder Gesundheitsschäden, muß der Warnhinweis die Funktionszusammenhänge darstellen, die erkennen lassen, warum das Produkt gefährlich werden kann.[139]

bb. Berechtigte Erwartung an die Sicherheit eines Produktes

Wie sich aus der Formulierung "erwartet werden kann" ergibt, ist bei § 3 Abs. 1 ProdHaftG objektiv auf den Maßstab für die berechtigte Sicherheitserwartung hinsichtlich aller Umstände im Zeitpunkt des Inverkehrbringens abzustellen. Das Gesetz gibt keinen Hinweis darauf, um wessen Erwartungen es sich handeln soll. Dasselbe gilt in bezug auf Art. 6 Abs. 1 der EU-Richtlinie über die Haftung für fehlerhafte Produkte[140], wo von der Sicherheit gesprochen wird, die "man ... zu erwarten berechtigt ist". Da der Kreis derjenigen, deren Sicherheitserwartungen maßgeblich sein sollen, nicht eingegrenzt ist, sind es die Sicherheitsbedürfnisse

---

135 Weitere Beispiele hierzu oben Fn 120. Allgemein zum Instruktionsfehler: Palandt/Thomas, ProdHaftG § 3 Rn 4 und 14; Foerste in: v. Westphalen, Produkthaftungshandbuch Bd. 1 § 24 Rn 161 ff.; v. Westphalen in: v. Westphalen, Produkthaftungshandbuch Bd. 2 § 62 Rn 37; Rolland, Produkthaftungsrecht, Teil I, § 3 ProdHaftG Rn 11; Taschner/Frietsch, Produkthaftungsgesetz, Einführung Rn 73 ff. und § 3 Rn 70; Bartl, Produkthaftung § 3 Rn 32 ff.

136 Vgl. BGH VersR 1960, 342, 344 - Klebemittel; BGHZ 99, 167, 180 f. - Honda m. Anm. Pfister, BGH EWiR § 823 BGB 1/87, 235 f. Vgl. ferner Ulmer, ZHR 152 (1988), 564 ff.; Hollmann, PHI 1990, 38 ff.

137 BGH NJW 1986, 1863 f. - Überrollbügel.

138 Vgl. BGHZ 106, 273, 283 - Asthma-Spray m. Anm. Deutsch, JZ 1989, 855 f. Siehe hierzu Foerste in: v. Westphalen, Produkthaftungshandbuch Bd. 1 § 24 Rn 161 ff.

139 BGHZ 116, 60, 65 ff. - Milupa-Kindertee. Einzelheiten zu Warnhinweisen unten Punkt B.II.3.c.cc.(1).(c)., S. 33 ff. und zur Warnpflicht als Verkehrssicherungspflicht unten Punkt B.II.3.h.cc.(2)., S. 76 ff.

140 Siehe Fn 1.

der Allgemeinheit, die in Frage stehen. Damit entscheidet die Verkehrsauffassung, ob das Produkt die Sicherheit bietet, die die Allgemeinheit in dem entsprechenden Bereich für erforderlich hält. Beispiel: Klebt auf der Zapfsäule die Plakette: "Dieser Kraftstoff entspricht DIN 51 600 Super verbleit", so müssen die DIN-Anforderungen erfüllt sein.[141]

Elektrizität (Produkt gem. § 2 S. 1 ProdHaftG) und andere Energieträger wie Gas oder Fernwärme (Sachen i.S.v. § 90 BGB[142]) können bei Schwankungen der Stromstärke, der Spannung oder des Drucks Schäden an elektrischen Geräten verursachen. Dabei stellt sich die Frage, welche Konstanz die Allgemeinheit von der Energielieferung erwarten darf. Die "Nichtlieferung" von Energie ist jedenfalls kein Produkt; hier kommt eine Haftung wegen Unmöglichkeit (§ 325 BGB) in Betracht.

Bei der Frage, welche Erwartung an die Sicherheit eines Produktes berechtigt ist, handelt sich um eine durch den Richter zu entscheidende Wertungsfrage, für die § 3 Abs. 1 ProdHaftG die maßgeblichen Wertungskriterien aufstellt.[143] Bei Vorlage des Gesetzesentwurfs des ProdHaftG war sich die Bundesregierung mit der Verwendung der unbestimmten Rechtsbegriffe wie "Berücksichtigung aller Umstände" und "berechtigterweise" der erforderlichen Einzelfallentscheidung bewußt; sie sah es als unmöglich an, im voraus für alle in Frage kommenden Produkte das Maß an Sicherheit zu bestimmen, das die Verbraucher in ihrer Gesamtheit zu erwarten berechtigt sind.[144]

Da die Sicherheitserwartung "berechtigt" sein muß, kann die Allgemeinheit nicht von jedem Produkt in jeder Situation völlige Sicherheit erwarten. Dem stehen beispielsweise Warnhinweise bei der Darbietung und der Unterschied zwischen Billig- und Qualitätsprodukten entgegen. Die Preisgestaltung kann auf die Verkehrserwartung Einfluß haben, da die erhöhte Sicherheit ihren Preis hat und oft nicht Standardausrüstung ist (z.B. ABS-Bremssystem, Airbag).[145] Mit seiner

---

141 Allgemein zu den Sicherheitserwartungen: Rolland, Produkthaftungsrecht, Teil I, § 3 ProdHaftG Rn 13-20.

142 Auf den Aggregatzustand kommt es nicht an. Vgl. hierzu Palandt/Heinrichs, BGB § 90 Rn 2.

143 Vgl. Palandt/Thomas, ProdHaftG § 3 Rn 8; Bartl, Produkthaftung § 3 Rn 15-19; v. Westphalen in: v. Westphalen, Produkthaftungshandbuch Bd. 2 § 62 Rn 9-12; vgl. auch die Begründung der Bundesregierung, BT-Drs. 11/2447, S. 18.

144 Siehe die Begründung der Bundesregierung, BT-Drs. 11/2447, S. 18 f. Vgl. hierzu Schmidt-Salzer/Hollmann, EG-Richtlinie Produkthaftung Bd. 1, Art. 6 Rn 46-49.

145 Vgl. hierzu die Begründung der Bundesregierung, BT-Drs. 11/2447, S. 18 f.; Palandt/Thomas, ProdHaftG § 3 Rn 9.

Kaufwahl entscheidet der Käufer auch über seine berechtigte Sicherheitserwartung.[146]

Der Mindeststandard ("Basissicherheit") muß aber auch bei Dumpingpreisen eingehalten werden; mit niedrigen Preisen und einfachster Ausführung seiner Produkte kann sich der Hersteller nie von seiner Haftung befreien (vgl. § 1 Abs. 2 Ziff. 5 ProdHaftG).[147]

Absolute Sicherheit wird bei einigen Produkten wie Bremsen, Alarm- und Sprinkleranlagen oder Schwimmwesten ausnahmsweise von jedermann erwartet.[148]

cc. Berücksichtigung aller Umstände

Die berechtigte Sicherheitserwartung der Allgemeinheit ist "insbesondere" an den in § 3 Abs. 1 lit. a bis c ProdHaftG bezeichneten, darüber hinaus an den gesamten Umständen des konkreten Schadensfalles zu messen.

(1). Darbietung des Produktes

Unter der "Darbietung des Produktes" sind alle Tätigkeiten zu verstehen, mit denen das Produkt durch den Hersteller (i.S.v. § 4 ProdHaftG) der Allgemeinheit oder dem konkreten Benutzer im Einzelfall vorgestellt wird.[149] Die Darbietung umfaßt u.a. die Produktbeschreibung, Verpackung, Gebrauchs- und Wartungsanweisung, Hinweise auf gefährliche Eigenschaften und - unter Abzug gewisser Übertreibungen - die Werbung. In diesem Bereich kommen Instruktionsfehler[150] in Betracht.

---

146 Vgl. die Begründung der Bundesregierung, BT-Drs. 11/2447, S. 18 f.; v. Westphalen in: v. Westphalen, Produkthaftungshandbuch Bd. 2 § 62 Rn 21; Rolland, Produkthaftungsrecht, § 3 Rn 44; Taschner/Frietsch, Produkthaftungsgesetz, § 3 Rn 55; Borer, Produkthaftung, S. 273.

147 Vgl. hierzu v. Westphalen in: v. Westphalen, Produkthaftungshandbuch Bd. 2 § 62 Rn 22; Taschner/Frietsch, Produkthaftungsgesetz, § 3 Rn 56.

148 Beispiele aus Taschner/Frietsch, Produkthaftungsgesetz, § 3 Rn 13.

149 Vgl. Taschner/Frietsch, Produkthaftungsgesetz, § 3 Rn 31 f.; v. Westphalen in: v. Westphalen, Produkthaftungshandbuch Bd. 2 § 62 Rn 39; Schmidt-Salzer/Hollmann, EG-Richtlinie Produkthaftung Bd. 1, Art. 6 Rn 202; Palandt/Thomas, ProdHaftG § 3 Rn 10.

150 Siehe hierzu oben Punkt B.II.3.c.aa.(3)., S. 29.

(a). Produktbeschreibung, Gebrauchsanleitung, Wartungshinweise

Die Produktbeschreibung läßt erkennen, welche Funktionsweise dem Produkt eigen ist und für welchen Zweck es produziert wurde (z.B. Kleber für Holz oder Styropor).

Die Gebrauchsanleitung schränkt die Gebrauchsmöglichkeiten, mit denen billigerweise zu rechnen ist, und damit den Fehlerbegriff des § 3 ProdHaftG ein.

Die richtige Handhabung und Wartung des Produktes muß beschrieben werden. Die Erklärungen müssen für den Durchschnittsverbraucher dieses Produkts leicht verständlich und möglichst mehrsprachig sein.[151] Es ist auf die Gefahren durch den drohenden Verschleiß hinzuweisen. Es ist nicht erforderlich und nicht sinnvoll, das Produkt mit Produktinformationen, Hinweisen, Instruktionen etc. zu überfrachten. Die Durcharbeitung der Gebrauchsanweisung muß für den Verbraucher vom Umfang her noch zumutbar sein, damit er jene auch liest. Oft ist ein Wartungsheft als Dokumentationsunterlage angebracht. Gibt es für das Produkt einen Kundendienst, sollte auf dessen Existenz aufmerksam gemacht werden.

Wartungshinweise als weitere präventive Maßnahmen können bei Mißachtung ein Mitverschulden des Verbrauchers bei einem Haftpflichtfall begründen (vgl. § 6 ProdHaftG, § 254 BGB).

(b). Werbung

Überzogene Werbung kann teuer werden, denn sie bestimmt - unter Abzug der üblichen Übertreibungen - u.a. die berechtigten Erwartungen, die an die Sicherheit des Produktes gestellt werden können.[152] So z.B. die Erwartung an die Haftfähigkeit von Reifen bei Nässe, wo trotz dynamischer Fahrweise im Werbespot die berechtigte Sicherheitserwartung nicht so weit reicht, daß mit diesen Reifen ein Schleudern in jeder Situation ausgeschlossen sein muß. Anders eine Reklame der Porsche AG, bei der der Slogan "Wie man die Nordschleife in 8:58 schafft, ohne einmal zu schalten" zum Fahren wie ein Rennfahrer animierte.

---

151 Zum Beispiel enthalten Gebrauchsanleitungen bei Haushaltsgeräten neben der textlichen Erläuterung oft dazugehörige Zeichnungen und sind für Ausländer sowie wegen der Möglichkeit des Exports meist in mehreren Sprachen abgefaßt.

152 Vgl. BGH NJW 1975, 1827 ff. - Spannkupplung.

Das Produkt sollte bei einer Werbekampagne nicht zweckentfremdet werden. Vorsorgehalber werden aus diesem Grund zum Beispiel bestimmte Werbespots nicht mehr gezeigt:

So derjenige, in dem ein Audi eine verschneite Sprungschanze hinauffährt und demonstriert, was der Allrad-Antrieb möglich macht. Ein Audi-Fahrer könnte sein Fahrzeug im Hinblick auf diese Werbung überschätzen. Zur Durchsetzung eines Schadensersatzanspruchs nach § 1 ProdHaftG könnte er sich auf die Werbung berufen.

Aus Furcht vor Produkthaftungs-Klagen stellte Coca Cola eine Gewinnspiel-Werbekampagne ein, bei der Cola-Dosen statt mit Cola mit Dollarnoten oder Gewinngutscheinen bestückt und mit einer übel riechenden Flüssigkeit (unschädlich) gefüllt waren, die vom Trinken abhalten sollte.[153]

Schon im Nottestamentsmappen-Fall wurde die Werbung herangezogen, um eine zugesicherte Eigenschaft i.S.d. § 459 Abs. 2 BGB zu bekräftigen.[154]

Allgemeine Aussagen in der Werbung beeinflussen dagegen berechtigte Sicherheitserwartungen nicht.[155]

(c). Warnhinweise

Warnungen müssen die Gefahr und die Folgen bei Nichtbeachtung der Anweisungen klar und deutlich beschreiben.[156] Sie sollen auch vor denkbarem gefährlichen Mißbrauch warnen.[157] Ferner sollen sie über die Gefahren bei bestim-

---

[153] Siehe FAZ v. 09.06.1990.

[154] BGH NJW 1973, 843, 845. In seinen Anzeigen hatte der Beklagte darauf hingewiesen, die Nottestamentsmappe nehme dem Bürgermeister "jede Sorge von Irrtümern und unabsehbaren Haftungskosten", sichere ihn bzw. die Gemeinde "vor der Gefahr empfindlicher Schadensersatzansprüche" und stelle ein "einfaches, erschöpfendes, klares und zuverlässiges" Hilfsmittel dar, auf das er sich verlassen könne.

[155] Vgl. Taschner/Frietsch, Produkthaftungsgesetz, § 3 Rn 34; Schmidt-Salzer/Hollmann, EG-Richtlinie Produkthaftung Bd. 1, Art. 6 Rn 209.

[156] Vgl. BGH VersR 1960, 342, 343 f. - Klebemittel; BGHZ 59, 172 ff. - Estil; BGHZ 99, 167, 180 f. - Honda; BGH NJW 1986, 1863 f. - Überrollbügel.

[157] Vgl. BGHZ 106, 273, 283 - Asthma-Spray und BGHZ 116, 60, 65 ff. - Milupa-Kindertee. Extreme Beispiele aus den USA: Trocknen einer Katze in der Mikrowelle; auf kalifornischen Champagnerflaschen findet man die Warnung, keinen Korkenzieher zu benutzen.

mungsgemäßem Gebrauch aufklären.[158] Die Pflicht des Herstellers zur Warnung entfällt nur, wenn und soweit er davon ausgehen kann, daß sein Produkt nur in die Hand von Personen gelangt, die mit den Produktgefahren vertraut sind.[159] Dies gilt auch für die Warnungen vor unsachgemäßem Gebrauch.[160]

Warnungen gehören nicht nur auf die Verpackung, die meist schnell weggeworfen wird, sondern vor allem auffällig plaziert, graphisch und drucktechnisch hervorgehoben[161] und - je nach Abnehmerkreis - mehrsprachig[162] auf das Produkt selbst, soweit dies möglich ist. Sie dürfen sich nicht zwischen Werbung, Anwendungsvorschlägen, Serviceangeboten, Garantieerklärungen o.ä. befinden, um nicht die Warnwirkung erheblich herabzusetzen.[163] Deutliche Warnungen sind insbesondere dann erforderlich, wenn durch die Werbung der Vorstellung, das Produkt könne in dieser Weise gefährlich werden, entgegengewirkt wird.[164] Die Warnhinweise reduzieren die berechtigte Erwartung an die Sicherheit des Produktes (vgl. § 3 Abs. 1 lit. a ProdHaftG).

Der Hersteller hat insoweit die Möglichkeit, mit Warnhinweisen das Mitverschulden des Verbrauchers bei Nichtbeachtung zu vergrößern; auf diese Weise kann er aber nicht sämtliche Sicherheitserwartungen an sein Produkt herabschrauben. Ausstattungsmängel können nicht durch darauf hinweisende Warnungen kompensiert werden.[165] Freizeichnungen vor einem Schadensfall sind nach § 14 ProdHaftG unzulässig. Diese Vorschrift gilt allerdings nicht für Ansprüche aufgrund anderer Anspruchsgrundlagen (§ 15 ProdHaftG). Vereinbarungen über Beschränkungen oder Ausschluß der Ersatzpflicht nach Eintritt des Schadensfalls, etwa im Wege eines Vergleichs, sind zulässig.

---

158 Vgl. BGH BB 1955, 1109 - Insektenvertilgungsmittel; BGH VersR 1960, 342, 343 f. - Fußbodenklebemittel; BGH NJW 1975, 824 - Haartonikum; BGH NJW 1975, 1827, 1829 - Spannkupplung; BGH NJW 1981, 2514, 2515 - Kältemittel; BGH NJW 1987, 372 ff. - Zink-Spraydose; OLG Koblenz VersR 1981, 740 - Grillgerät; OLG Hamm VersR 1984, 243 - Reinigungsmittel; OLG Celle VersR 1985, 148 - Gichtmittel. Hierzu Foerste in: v. Westphalen, Produkthaftungshandbuch Bd. 1 § 24 Rn 165-205 m.w.N.

159 Vgl. BGH NJW 1986, 1863 f. - Überrollbügel.

160 Vgl. BGH VersR 1957, 584, 585 - Gelenkwellenschutz. Vor dem Anbringen nicht passender und damit fehlerhafter Verkleidungen muß der Motorradhersteller seine Kunden sogar dann warnen, wenn das Zubehör von einem anderen Unternehmen geliefert und angebracht wird, BGHZ 99, 167, 172 ff. - Honda. Die wettbewerbsrechtliche Problematik aus §§ 1, 3, 4 und insbesondere aus § 14 UWG berücksichtigt dieses Urteil nicht.

161 Vgl. BGHZ 116, 60, 67 ff. - Milupa-Kindertee.

162 Vgl. Foerste in: v. Westphalen, Produkthaftungshandbuch Bd. 1 § 24 Rn 192 f.

163 Vgl. BGH VersR 1960, 342, 343 f. - Fußbodenklebemittel; BGHZ 99, 167 ff. - Honda; Foerste in: v. Westphalen, Produkthaftungshandbuch Bd. 1 § 24 Rn 189.

164 Siehe BGHZ 116, 60, 68 - Milupa-Kindertee.

165 Borer, Produkthaftung, S. 287.

Anläßlich eines Seminars der Audi AG schätzten die Referenten, daß heute rund 50% aller Haftungsfälle aus fehlerhaften und unvollständigen Warnungen und Beschreibungen herrühren.[166]

Das Milupa-Urteil[167] zeigt auf, daß der Hersteller nicht nur Warnhinweise vor Selbstverständlichkeiten am Produkt anbringen muß, sondern die Anforderungen an die Art und Weise der Warnung vergleichbar sind mit solchen vor schweren Nebenwirkungen von Arzneimitteln oder einer giftigen Wirkung bei Überdosierung. Mit welcher Berechtigung aber soll der Verbraucher auf Selbstverständlichkeiten hingewiesen werden wie jene, daß übermäßiger Konsum von zuckerhaltigen Produkten Karies verursachen kann, zumal gerade bei der Ernährung von Kindern festzustellen ist, daß die Eltern europaweit immer ernährungsbewußter werden.[168]

Sind diese weitgehenden Anforderungen der Rechtsprechung zur Produkthaftung aus § 823 Abs. 1 BGB noch von dem Schutzzweck der Produkthaftung umfaßt? Dienen diese verlangten Warnhinweise tatsächlich dem immer wieder als Argument vorgeschobenen Verbraucherschutz?

Der Zweck der Warnpflicht besteht darin, dem Verbraucher die Möglichkeit zu geben, sich auch vor solchen Gefahren zu schützen, mit denen er nicht rechnet.[169]

§ 3 Abs. 1 ProdHaftG stellt für die gebotene Sicherheit darauf ab, ob sie unter Berücksichtigung aller Umstände berechtigterweise erwartet werden kann. Danach gibt es keinen einheitlichen Sicherheitsstandard für alle Produkte, sondern der Grad der Gefährlichkeit des Produktes ist ebenso maßgebend wie seine Nützlichkeit nach den Vorstellungen der Allgemeinheit. Für wie gefährlich bewertet die Allgemeinheit Produkte, die aufgrund der Natur der Sache zum alltäglichen Gebrauch gehören und bei denen jedem klar ist, daß bei einseitigem, übermäßigem Konsum Schäden auftreten können, Schäden, die das allgemeine Lebensrisiko einer Konsumgesellschaft darstellen? Es ist nicht nur auf den durchschnittlichen Benutzerkreis an sich abzustellen, sondern auf einen objektivierten und

166 Huff, Die Katze in der Mikrowelle, in: FAZ v. 20.01.1992.

167 BGHZ 116, 60 ff. - Milupa-Kindertee; hierzu Cahn, BGH EWiR § 823 BGB 2/92, 35 f.; Damm, JZ 1992, 637 ff; Emmerich, JuS 1992, 520 f.; v. Westphalen, ZIP 1992, 18 ff.; zur Vorinstanz OLG Frankfurt a.M., ZIP 1991, 374 ff.: Brüggemeier, ZIP 1991, 379 f.; Foerste, OLG Frankfurt EWiR § 823 BGB 4/91, 565 f.; zu der gegenteiligen Entscheidung des OLG Stuttgart, ZIP 1991, 380 f. - Milupa: Pietzko, OLG Stuttgart EWiR § 823 BGB 3/91, 563 f. S. auch BGH DB 1994, 526 f. sowie BGH NJW 1994, 932 ff. - gesüßter Kindertee. Kritisch zur Herstellerhaftung bei den Kindertee-Fällen: Littbarski, NJW 1994, 217 ff.

168 Vgl. Einecke, Kalorienbomben sind schon für die Babys out, in: SZ vom 19.04.1993.

169 Vgl. Foerste in: v. Westphalen, Produkthaftungshandbuch Bd. 1 § 24 Rn 162.

verständigen Benutzer mit durchschnittlichem allgemeinen Erfahrungswissen.[170] Zu diesem zählt die allgemeine Lebenserfahrung. Kommt es aufgrund unterdurchschnittlichen Erfahrungswissens zu einem fernliegenden Fehl- oder Mißbrauch (z.B. Mutproben), liegt kein Instruktionsfehler vor, wenn hiervor nicht gewarnt wurde.[171]

Weder die deliktsrechtliche Produkthaftung noch die Haftung nach § 1 ProdHaftG bezwecken, den Verbraucher vor sich selbst zu schützen. Für das allgemeine Lebensrisiko und die Vor- und Nachteile des Lebens in einer Konsumgesellschaft ist jeder selbst verantwortlich. Das Leitbild des mündigen Verbrauchers findet sich auch in EuGH-Entscheidungen wieder.[172] Es kann nicht im Bereich des Produkthaftungsrechts von den Herstellern erwartet werden, die Verbraucher mit Warnungen vor Selbstverständlichkeiten im Umgang mit einem Produkt zu bevormunden. Die Allgemeinheit erwartet in diesem Bereich gerade keine Verantwortung der Hersteller, sondern eigenverantwortliches Handeln von jedem selbst. Die Rechtsordnung verbietet Selbstgefährdung und Selbstschädigung nicht. Läßt der Verbraucher aber die Sorgfalt außer acht, die nach Lage der Sache erforderlich erscheint, um sich selbst vor Schaden zu bewahren, muß er die Kürzung oder sogar den Verlust seines Schadensersatzanspruchs hinnehmen.[173]

Ansonsten müßte bei allen Lebensmitteln vor übermäßigem einseitigen Konsum gewarnt werden. Sämtliche Süßigkeiten dürften nur noch mit Warnung vor Karies auf den Markt gebracht werden. Entsprechendes würde für den Alkohol gelten, der doch als klassisches Beispiel für die nach der Natur der Sache gerade erwartete Gefahr genommen wird.[174]

Überdies weiß der Verbraucher vor lauter Warnungen dann nicht mehr, was nun wirklich gefährlich und zu beachten ist. Dann verlieren die auffälligsten Warnun-

---

170 Vgl. hierzu BGH BB 1955, 1109 - Insektenvertilgungsmittel; BGH NJW 1986, 1863, 1864 - Überrollbügel; BGH NJW 1987, 372, 374 - Zink-Spraydose; OLG Koblenz VersR 1981, 740 - Grillgerät; OLG Köln VersR 1987, 573 f. - Schreckschußpistole; Taschner/Frietsch, Produkthaftungsgesetz, § 3 Rn 22-25; Taschner, NJW 1986, 611, 614; Brüggemeier/Reich, WM 1986, 149, 150; Hollmann, DB 1985, 2389, 2392; Schmidt-Salzer/Hollmann, EG-Richtlinie Produkthaftung Bd. 1, Art. 6 Rn 116 ff.

171 Beispiel: Zugießen von Brennspiritus auf einen bereits angezündeten Holzkohlegrill, OLG Koblenz VersR 1981, 740. Vgl. Foerste in: v. Westphalen, Produkthaftungshandbuch Bd. 1 § 24 Rn 207-216.

172 Vgl. z.B. EuGH Slg. 1979, 649, 664 = NJW 1979, 649 - Rewe; EuGH Slg. 1980, 2071, 2078 = NJW 1980, 2630 - Gilli; EuGH Slg. 1087, 1228 = NJW 1987, 1133 - Reinheitsgebot; siehe auch Müller-Graff, NJW 1993, 13, 19 f.

173 Vgl. Palandt/Heinrichs, BGB § 254 Rn 1.

174 Siehe hierzu unten Punkt B.II.3.c.cc.(4)., S. 39. Vgl. hierzu die Begründung der Bundesregierung, BT-Drs. 11/2447, S. 18. Das Problem im Ansatz erkennend: v. Westphalen, ZIP 1992, 18, 24.

gen ihre Wirkung und werden nicht mehr beachtet. Dies will die Allgemeinheit gerade nicht, denn im Endeffekt dient das Ausufern von Warnungen nicht dem Verbraucherschutz. Sicherheit muß also nicht gleichgesetzt werden mit allumfassenden Warnungen, die die Allgemeinheit gar nicht erwartet. So war bisher anerkannt, daß es eines Hinweises auf allgemein bekannte Gefahren nicht bedarf.[175]

Bei einem Produktfehlgebrauch durch einen einseitigen, übermäßigen Konsum eines Lebensmittels bei einer angenommenen Warnpflicht des Herstellers ist zu prüfen ob mißbräuchliches widersprüchliches Verhalten (venire contra factum proprium, § 242 BGB[176] oder ein Mitverschulden des Verbrauchers vorliegt, § 6 Abs. 1 ProdHaftG, § 254 BGB.[177] Dies gilt auch, wenn der Verbraucher eine Grenze oder Grauzone der Produkteignung vernachlässigt hat.[178]

Mit der Unvorsicht von Kindern, alten, kranken und gebrechlichen Personen ist bei für diesen speziellen Benutzerkreis gedachten oder von ihnen mit verwendeten Produkten zu rechnen. Sie stellen hier den bzw. einen Teil des typischen Benutzerkreises dar. Dies ist bei der berechtigten Sicherheitserwartung an diese Produkte zu berücksichtigen.

(2). Gebrauch des Produktes, mit dem billigerweise gerechnet werden kann

Der Gebrauch, mit dem billigerweise gerechnet werden kann, ist zum einen der bestimmungsgemäße Gebrauch[179], zum anderen der über die Zweckbestimmung hinausgehende übliche Gebrauch und eine nicht fernliegende versehentliche Fehlanwendung.[180] Mit einem Mißbrauch ist billigerweise nicht zu rechnen; vor ihm ist aber zu warnen.[181]

---

175 BGH NJW 1975, 1827, 1829 m.w.N. - Spannkupplung. Dazu Anm. Schmidt-Salzer, BB 1975, 1032; Anm. v. Westphalen, BB 1975, 1033; BGH NJW 1986, 1863 f. - Überrollbügel.

176 Vgl. Palandt/Heinrichs, BGB § 242 Rn 55.

177 Vgl. Foerste, Kommentar zu OLG Frankfurt ZIP 1991, 374 - Milupa-Kindertee, OLG Frankfurt EWiR § 823 BGB 4/91, 565 f. Siehe hierzu unten Punkt B.II.3.k., S. 87.

178 Vgl. z.B. OLG Köln VersR 1987, 573, 574 - Schreckschußpistole; Foerste in: v. Westphalen, Produkthaftungshandbuch Bd. 1 § 24 Rn 170.

179 Also der Verwendungszweck, der grundsätzlich vom Hersteller vorgegeben wird, vgl. die Begründung der Bundesregierung, BT-Drs. 11/2447, S. 17.

180 Vgl. BGHZ 59, 172 ff. - Estil.

181 Vgl. BGHZ 106, 273, 283 - Asthma-Spray; BGHZ 116, 60, 65 ff. - Milupa-Kindertee; siehe oben B.II.3.c.cc.(1).(c)., S. 33 ff. und unten Punkt B.II.3.h.cc.(2)., S. 76 ff.

Da der Fehlerbegriff sehr weit gefaßt wird, hat der Hersteller auch für Schäden aus dem vorhersehbaren oder üblichen Fehlgebrauch seines Produktes einzustehen, wie folgende Beispiele zeigen:

Kinder nehmen Spielzeug hin und wieder in den Mund; das verwendete Material des Spielzeugs muß ungiftig sein. Was nicht zum Verzehr bestimmt ist, sollte auch nicht so aussehen (Radiergummis in der Form von Gummibärchen u.ä.).

Werkzeug wird auch von Linkshändern benutzt; der Sicherheitsschutz muß dies berücksichtigen. So gibt es inzwischen das Schweizer Offiziersmesser für Linkshänder.

Den Maßstab für die Sicherheitserwartungen an das Produkt setzt die Allgemeinheit nach der Verkehrsauffassung in dem entsprechenden Bereich.[182]

Wird ein Produkt ganz allgemein als gefährlich eingestuft, kommt dem Benutzer ein beachtenswerter Rest an Eigenverantwortung zu. Dies hat eine Haftungsminderung beim Hersteller wegen Mitverschuldens des Verbrauchers nach § 6 ProdHaftG, § 254 BGB zur Konsequenz. Der Hersteller darf dann damit rechnen, daß nur solche Personen dieses Produkt benutzen, die um seine Gefährlichkeit wissen. Haftungsausschluß oder -beschränkungen sind im voraus nicht zulässig, § 14 ProdHaftG.

(3). Zeitpunkt des Inverkehrbringens und spätere Produktverbesserung

Maßgebender Zeitpunkt, in dem das Produkt den berechtigten Sicherheitserwartungen entsprechen muß, ist das Inverkehrbringen. Dies ist der Fall, sobald der Hersteller sich willentlich der tatsächlichen Herrschaftsgewalt über das Produkt begibt. Dies geschieht dadurch, daß er es ausliefert, in den Vertrieb oder in die Verteilerkette gibt. Beim Hersteller eines Teilprodukts oder Grundstoffes wird das Produkt mit der Lieferung an den End- oder anderen Teilhersteller in Verkehr gebracht. Wird das Produkt dem Hersteller ohne dessen Willen entzogen (z.B. durch Diebstahl oder Unterschlagung), hat er es nicht in Verkehr gebracht.[183]

Da der maßgebende Zeitpunkt das Inverkehrbringen des Produktes ist, führt eine spätere Produktverbesserung nicht zur Fehlerhaftigkeit des früher in Verkehr gebrachten Produktes, was ausdrücklich in § 3 Abs. 2 ProdHaftG geregelt ist. Der Hersteller braucht also nicht wegen der Gefahr der Produkthaftung darauf zu verzichten, eine verbesserte Ausführung eines Produktes auf den Markt zu bringen.

---

182 Vgl. Palandt/Thomas, ProdHaftG § 3 Rn 8.

183 Vgl. Palandt/Thomas, ProdHaftG § 1 Rn 14 f.

Dies entbindet ihn jedoch nicht von seiner Produktbeobachtungspflicht[184] und der verbesserten Herstellung nach berechtigten Reklamationen.

(4). Sonstige Umstände

Neben den in § 3 Abs. 1 ProdHaftG beispielhaft aufgeführten Umständen sind alle sonstigen Umstände für die berechtigte Sicherheitserwartung zu berücksichtigen.

Eine Gefährlichkeit, die sich bereits aus der Natur des Produktes ergibt, läßt es noch nicht fehlerhaft erscheinen. Beispielsweise kann man sich an einem scharfen Messer bei Benutzung verletzen; es gibt aber kein Mittel, diese generelle Gefahr abzuwenden, ohne das Messer letztlich unbrauchbar zu machen. Alkohol kann gesundheitsschädlich sein; die Allgemeinheit erwartet aber von Spirituosen einen Alkoholgehalt.[185] Eine Personenverletzung durch einen Pistolenschuß beruht grundsätzlich nicht auf einem Sicherheitsmangel der verwendeten Pistole, denn der Schaden ist gerade dadurch eingetreten, daß die Waffe funktioniert hat. Dann kann die Pistole aber nicht zugleich haftungsrechtlich fehlerhaft sein. Die gefährliche Funktion des Produkts selbst ist kein Fehler.[186] Eine andere Beurteilung kann sich dann ergeben, wenn durch die Konstruktion der Drucksicherung an der Pistole unbeabsichtigte Schußabgaben möglich sind - wie dies bei einer in Bayern verwendeten Polizeipistole der Fall ist[187] - und intensives Training mit der Waffe diese Gefahr nicht mindern kann. Somit läßt die Natur der Sache Rückschlüsse auf den Erwartungshorizont zu.[188]

Ist die Lebensdauer bzw. Haltbarkeit des Produktes allgemein bekannt oder an dem Produkt angegeben, liegt kein Produktfehler vor, wenn das ansonsten fehlerfreie Produkt nach diesem Zeitpunkt wegen der Abnutzung oder Materialermüdung schadensverursachend wirkt.[189]

---

184 Siehe hierzu Palandt/Thomas, ProdHaftG § 3 Rn 9 und unten Punkt B.II.3.h.cc., S. 75 ff.

185 Vgl. hierzu die Begründung der Bundesregierung, BT-Drs. 11/2447, S. 18.

186 Vgl. Schmidt-Salzer/Hollmann, EG-Richtlinie Produkthaftung Bd. 1, Art. 6 Rn 76 mit Beispiel 4.

187 Pistole Marke Heckler & Koch P 7, Kaliber 9 mm. Aus Sicht der Firma ist kein Grund ersichtlich, die Waffe zu überarbeiten. Siehe Hummel, Ein doppelt gefährliches Schießeisen, in: SZ vom 12.02.1993. Die bayerische Polizei sieht die Pistole als technisch sicher an, will aber die Ausbildung an dieser Waffe verbessern, hierzu Mittler, Polizei hält an Dienstpistole fest, in: SZ vom 30.06.1994.

188 Vgl. Kullmann, NJW 1991, 675, 677 f. und Palandt/Thomas, ProdHaftG § 3 Rn 9.

189 Hierzu Taschner/Frietsch, Produkthaftungsgesetz, § 3 Rn 57. Zu beachten ist eine eventuelle abfallrechtliche Haftung.

Ein zu berücksichtigender Umstand ist auch der objektiv erkennbare und ermittelbare Stand von Wissenschaft und Technik zur Zeit des Inverkehrbringens.[190] Unter dem "Stand von Wissenschaft und Technik" sind die neuesten wissenschaftlichen Erkenntnisse einzuordnen, auch wenn sie in die betriebliche Praxis noch keinen Eingang gefunden haben.[191]

Technische Normen, VDE-Bestimmungen und DIN-Vorschriften sind zwar keine Schutzgesetze, halten aber den üblichen Sicherheitsstandard fest.[192] Ihre Einhaltung ist allerdings noch kein zwingendes Indiz für die Fehlerfreiheit eines Produktes, zumal sie nicht immer auf dem aktuellen Stand der Wissenschaft und Technik stehen.[193]

Es heißt zwar, daß der Hersteller nur solche Erkenntnisse zu berücksichtigen brauche, von denen er sich in zumutbarer Weise Kenntnis verschaffen kann. Die Zumutbarkeit ist aber durch die Rechtsprechung immer weiter ausgedehnt worden: Von jedem Hersteller wird verlangt, daß er sich nach dem aktuellen Stand von Wissenschaft und Technik erkundigt und diesen bei der Produktion berücksichtigt. Für die Erkundung wird es nicht als ausreichend angesehen, wenn der Hersteller sich über die Tageszeitung, IHK, Industrieverbände und die gängigen Fachzeitschriften über Neuerungen informiert.[194] Vielmehr muß er alle Quellen, die ihm theoretisch zugänglich sind, auch wenn er sie für die allgemeine Brancheninformation nicht benötigt, auswerten. Hierzu gehören auch Besuche von Fachtagungen,[195] unter Umständen Korrespondenz mit wissenschaftlichen Instituten,[196] Aufsätze in Verbraucher- und Fachzeitschriften,[197] gegebenenfalls ausländische Publikationen[198] und die Beobachtung von Eigenschaften und

---

190 Vgl. BGHZ 80, 186, 191 ff. - Derosal; Palandt/Thomas, ProdHaftG § 3 Rn 9.

191 Zur sog. Dreistufentheorie mit den Unterteilungen "allgemein anerkannte Regeln der Technik", "Stand der Technik" und "Stand von Wissenschaft und Technik" im Rahmen von § 7 Abs. 2 Nr. 3 AtomG siehe BVerfG NJW 1979, 359, 362 und NJW 1980, 759, 761 f. - Kalkar. S. auch Schmidt-Salzer/Hollmann, EG-Richtlinie Produkthaftung Bd. 1, Art. 7 Rn 107 ff.

192 Vgl. Palandt/Thomas, ProdHaftG § 3 Rn 9.

193 Vgl. BVerfGE 49, 89, 135; BGHZ 48, 310, 312 f. - Flachdach; BGH NJW 1987, 372 ff. - Zink-Spraydose; Borer, Produkthaftung, S. 272; Taschner/Frietsch, Produkthaftungsgesetz, § 3 Rn 16.

194 Hierzu Schmidt-Salzer/Hollmann, EG-Richtlinie Produkthaftung Bd. 1, Art. 7 Rn 137.

195 Vgl. BGHZ 80, 199, 203 ff. - Benomyl.

196 Vgl. BGH VersR 1960, 1095 f. - Kühlanlage.

197 Vgl. BGHZ 80, 186, 194 f. - Derosal; BGHZ 80, 199, 203 ff. - Benomyl.

198 In BGHZ 116, 60, 70 f. (Milupa-Kindertee) bzgl. einer schweizerischen Ärztezeitung offengelassen. Dazu Foerste in: v. Westphalen, Produkthaftungshandbuch Bd. 1 § 24 Rn 26; Schmidt-Salzer/Hollmann, EG-Richtlinie Produkthaftung Bd. 1, Art. 7 Rn 136 ff.; zur Auswertung des gesamten internationalen Fachschrifttums BGHZ 80, 199, 203 - Benomyl.

Neuerungen ähnlicher Konkurrenzprodukte[199] und fremder Zubehörteile.[200] Mithin muß selbst der kleinste Betrieb wissenschaftlich forschend tätig werden, auch wenn dies aufgrund der Schwerpunkte bei der eigentlichen Produktion und dem Vertrieb ökonomisch nicht vertretbar sein sollte. Damit käme es aber nicht mehr auf die berechtigte Sicherheitserwartung der Allgemeinheit an, die nicht zwingend identisch ist mit dem irgendwo auf der Welt erreichten Stand von Wissenschaft und Technik. Gegen eine derart weitgehende Forschungspflicht des Herstellers spricht die auf den Einzelfall abstellende Fehlerdefinition des § 3 Abs. 1 ProdHaftG, insbesondere lit. a und b sowie in Abgrenzung hierzu der Haftungsausschluß von § 1 Abs. 2 Ziff. 5 ProdHaftG, nach dem begrifflich ein Fehler vorausgesetzt wird. Im Ergebnis kommt es auf die Berücksichtigung aller Umstände an, ein Anhaltspunkt kann der Stand von Wissenschaft und Technik sein, der im Einzelfall berechtigterweise erwartet werden kann. Starre Bewertungs- oder Abwägungsgewichte gibt es für die Fehlerqualifizierung nicht.[201]

Eine nach dem Inverkehrbringen des Produktes erfolgende Anhebung des Standes von Wissenschaft und Technik oder dann gegebene anderweitige Erkenntnisse können nicht das zunächst fehlerfreie Produkt mit einem Fehler belegen, d.h. sogenannte Entwicklungsfehler sind keine Fehler i.S.d. ProdHaftG (vgl. § 1 Abs. 2 Nr. 5 ProdHaftG.[202] Jedoch befreit dies den Hersteller nicht von der ihm obliegenden Produktbeobachtung und sich daraus ergebender Warn-, Rückruf- und Produktverbesserungspflichten.[203]

Die berechtigte Sicherheitserwartung muß auch nicht mit den von den zuständigen Behörden festgesetzten Grenz- oder Richtwerten identisch sein. Wenn es im Einzelfall auf erlaubte oder derzeit von den zuständigen Behörden als unschädlich angesehene Mengen von Strahlenbelastungen oder Verunreinigungen u.ä. ankommt, andererseits Wissenschaftler bereits weltweit Gesundheitsschäden mit niedrigerer Dosierung bei Untersuchungen festgestellt haben, der sichere Nachweis aber derzeit nicht möglich ist, kann die berechtigte Sicherheitserwartung der Allgemeinheit mit den bisherigen Grenzwerten übereinstimmen oder aber entsprechend den Angaben der Wissenschaftler weiter reichen. Letzteres wird dann anzunehmen sein, wenn über die neuesten Forschungserkenntnisse ausführlich in den Medien berichtet wird. Häufig jedoch werden diese Berichte als aktuelle "Skandale" in einer Kurzreportage im Fernsehen gezeigt, erscheinen am nächsten Tag in der Zeitung und werden dann nicht mehr weiter verfolgt. Die kurzfristige

---

199 Vgl. BGH VersR 1960, 1095 f. - Kühlanlage; BGH NJW 1990, 906, 907 f. - Pferdebox m. Anm. Emmerich, JuS 1990, 413 f. So weitgehend auch Taschner, NJW 1986, 611, 615.

200 Vgl. BGHZ 99, 167, 174 - Honda.

201 Vgl. Taschner/Frietsch, Produkthaftungsgesetz, § 3 Rn 11.

202 Hierzu Foerste in: v. Westphalen, Produkthaftungshandbuch Bd. 1 § 24 Rn 19 und 83 ff.; Palandt/Thomas, ProdHaftG § 1 Rn 21.

203 Siehe hierzu näher unten Punkt B.II.3.h.cc., S. 75 ff.

Aufmerksamkeit der Allgemeinheit auf das Gesundheitsrisiko muß daher nicht zwingend zu einer gesteigerten Sicherheitserwartung führen. Wie auch sonst kommt es auf den Einzelfall an.

Beispielsweise wurde in einem Fernsehmagazin[204] berichtet, daß Wissenschaftler in zwei weitverbreiteten Injektionslösungen, die Neugeborenen unmittelbar nach der Geburt als Vorbeugung gegen Hirnblutung verabreicht werden, Asbestfasern gefunden hätten. Laut Bundesgesundheitsamt dürften solche Medikamente kein Asbest enthalten. "Experten" zufolge könnten bereits minimale Mengen Asbestfasern Krebs auslösen. Nach dem weltweit maßgebenden Arzneibuch der USA dürften, so der Bundesverband der Pharmazeutischen Industrie, bis zu 10.000 Fremdpartikel in einer Injektionslösung sein.[205] Der Hersteller teilte mit, sich hieran zu halten.[206] Der Ausschluß von Asbest wird demnach nicht angestrebt. Spätere Berichte zu diesem Thema gab es auch von Seiten des seit Oktober 1993 in Auflösung befindlichen Bundesgesundheitsamtes nicht.

Abgesehen von Asbest[207] ist die berechtigte Sicherheitserwartung bei sämtlichen weiteren künstlich hergestellten Faserstoffen zur Zeit noch nicht einzustufen, seitdem erstmals über ausführliche Zeitungsberichte[208] bekannt wurde, daß alle lungengängigen Fasern, die hinreichend lang und dünn sind und nicht schnell im Körper abgebaut werden, hochgradig krebserregend sind (in etwa wie das Asbest). Zu diesen Fasern zählen die künstlichen Mineralfasern,[209] die sich vor allem in Dämmstoffen für die Wärme- und Schallisolierung befinden und oft als Ersatzstoffe für den Naturfaserstoff Asbest eingesetzt werden. Der Verdacht bestand beim Umweltbundesamt seit 1980. Zu diesem Zeitpunkt waren sich die Wissenschaftler über die Einstufung als krebserregend noch nicht einig, dies ist erst seit Mitte 1992 der Fall. Trotzdem wurden glasartige künstliche Mineralfasern unter 1/1000 Millimeter (1 µm) Durchmesser in die Liste der Stoffe mit begründetem

---

204 "Report" des Südwestfunk in Baden-Baden vom 18.01.1993.

205 Vgl. SZ vom 19.01.1993.

206 SZ vom 20.01.1993.

207 Asbest besteht aus faserförmigen Kristallen, die bei mechanischer Belastung nachträglich in dünne Fasern aufspalten. Seit mehr als 50 Jahren ist bekannt, daß eingeatmete Asbestfasern nach teilweise mehr als 30 Jahren Lungenkrebs oder Geschwüre am Rippen- und Bauchfell verursachen können. Die Maßgeblichkeit der Fasergestalt und der hohen Beständigkeit der Faser im Gewebe (Biobeständigkeit) für die asbestbedingten Krebserkrankungen wurde in den siebziger Jahren nachgewiesen, Bundesanstalt für Arbeitsschutz, Künstliche Mineralfasern am Arbeitsplatz, S.12 und 31. Die Gefahrstoffverordnung beinhaltet ein annähernd vollständiges Herstellungs- und Verwendungsverbot für Asbest und asbesthaltige Produkte.

208 SZ vom 08.09.1993; Westhoff, Asbestgefahr durch Wärme- und Schalldämmung, in: SZ vom 07.09.1993; ders., Nachgefragt: Wie gefährlich sind Mineralfasern?, in: SZ vom 09.09.1993.

209 Z.B. Keramik-, Glaswoll-, Steinwollfasern. Jährlich werden rund 14 Millionen Tonnen an Mineralwollen produziert.

Verdacht auf ein krebserzeugendes Potential[210] aufgenommen.[211] Können im Umgang mit künstlichen Mineralfaserprodukten solche Fasern freigesetzt werden, müssen die Schutzmaßnahmen nach der Verordnung über gefährliche Stoffe eingehalten werden. Da unbekannt ist, wann in abgedämmten Innenräumen bedenkliche Fasermengen eingeatmet werden und es hierfür noch keine Richtwerte gibt,[212] ist noch unklar, wann eine Sanierung wie bei den Asbestfällen zwingend erforderlich ist. Keramikfasern werden nun als "nachweislich beim Menschen krebserregend" in der MAK-Liste[213] aufgenommen. Die Senatskommission der Deutschen Forschungsgemeinschaft zur Prüfung gesundheitsschädlicher Arbeitsstoffe berät derzeit, welche weiteren Fasern als krebserzeugend eingestuft werden sollen.[214]

Betroffen sein werden insbesondere Kaufhäuser, Verwaltungsgebäude und private Dachausbauten.

Sobald die Dämmstoffe als fehlerhaft angesehen werden, können die sie dennoch in Verkehr bringenden Hersteller[215] (z.B. Baustoffproduzenten und Bauunternehmer) produkthaftungsrechtlich in Anspruch genommen werden.

In anderen Fällen kann die berechtigte Sicherheitserwartung klar eingestuft werden: So ist immer wieder über die verschiedensten Erkrankungen berichtet worden, die angeblich auf die früher in Holzschutzmitteln enthaltenen Stoffe Pentachlorphenol (PCP), Lindan oder Dioxin sowie das in Holzimprägniermitteln enthaltene Formaldehyd beruhen sollen.[216] Hier ist die Empfindlichkeit und damit die Sicherheitserwartung der Allgemeinheit bereits vor konkretem Nachweis des Kausalzusammenhangs zwischen den Mitteln und den Gesundheitsschäden aufgrund der Vielzahl der bekannt gewordenen Verdachtsfälle,[217] aber auch

---

210 Sogenannte MAK-Liste der Deutschen Forschungsgemeinschaft zur Prüfung gesundheitsschädlicher Arbeitsstoffe.

211 Vgl. Bundesanstalt für Arbeitsschutz, Künstliche Mineralfasern am Arbeitsplatz, S. 12. Nach § 3a Abs. 3 ChemG gehören die glasartigen künstlichen Mineralfasern damit zu den gefährlichen Stoffen.

212 Richtwerte gibt es zur Zeit nur für das Produktionsverfahren mit glasartigen künstlichen Mineralfasern, vgl. Bundesanstalt für Arbeitsschutz, Künstliche Mineralfasern am Arbeitsplatz, S. 18.

213 Siehe Fn 210.

214 Vgl. zum Beratungsstand Bundesanstalt für Arbeitsschutz, Künstliche Mineralfasern am Arbeitsplatz, S.13.

215 Siehe zum Begriff Hersteller Punkt B.II.3.e., S. 52 ff.

216 Zum Stand der Rechtsprechung in den Holzschutzmittelprozessen Micklitz, NJW 1989, 1076 ff. m.w.N.; Nasemann, Wenn das Traumhaus zum Alptraum wird, in: SZ vom 04.04.1992; Anders, Nach einem Freispruch eine Prozeßlawine, in: SZ vom 16.12.1992; vgl. auch SZ vom 14.05.1993.

217 In letzter Zeit z.B. die IKEA-Regale "Billy" und "Boj", SZ vom 28.10.1992 und 03.12.1992.

im Zusammenhang mit dem allgemeinen Trend zum gesunden, umweltbewußten Leben gestiegen. Die Herausisolierung der tatsächlichen Gefahrenquelle bei gerade in Wohnungen auftauchenden vielfältigen anderen potentiellen Gefahrenquellen ist das praktische Problem, das der gezielten behördlichen Gefahrenabwehr vorangehen muß und ist Voraussetzung für die Durchsetzung von Produkthaftpflichtansprüchen. Soweit Grenzwerte existieren, wie etwa für Formaldehyd, können sie eine gewisse Indizwirkung entfalten. Ihre Einhaltung befreit den Hersteller aber nicht von einem möglichen Schadensersatzanspruch.[218]

Es stellt sich damit auch die Frage, ob die Auffassung nicht mittlerweile überholt ist, der Großstadtbewohner, der ohnehin schon durch die sogenannte Hintergrundbelastung[219] mehr Schadstoffe als ein Landbewohner aufnimmt, müsse auch dementsprechend mehr Schadstoffe in der Wohnung als für ihn nicht gesundeitsgefährlich akzeptieren.[220]

Bei dieser Argumentation werden dem durch hohe Schadstoffbelastung „abgehärteten" Stadtbewohner aufgrund der Tatsache, daß er in ungesunder Umgebung wohnt, weitere Schadstoffe zugemutet, die, anders als die städtische Hintergrundbelastung, eher vermeidbar sind.
Schon die obigen Beispiele zeigen auf, daß die mit der Produktsicherheits-Richtlinie angestrebte öffentlich-rechtliche Überwachung und Gefahrabwendung in Qualität und Quantität Anforderungen an die Kenntnisse der zuständigen Behörden gestellt werden, die diese nur mit Gutachten von nicht vorhandenen oder in diesem Umfang nicht bezahlbaren Spezialisten und Wissenschaftlern erfüllen können.

---

218 Vgl. BGH NJW 1987, 372 ff. - Zink-Spraydose; Micklitz, NJW 1989, 1076, 1077.

219 Die Schadstoffe und sonstigen Belastungen, die sich im Freien befinden.

220 So bspw. LG Berlin, Urteil vom 20.06.1986, AZ: 62 S 49/86 zur geringfügigen Überschreitung des Bleigrenzwertes in Leitungsrohren; a.A. LG Hamburg, Urteil vom 05.02.1991, AZ: 16 S 33/88, zitiert in Nasemann, Asbestgefahr durch defekte Heizungen, in: SZ vom 15.04.1992.

dd. Einzelne Problemfälle zur Frage der Fehlerhaftigkeit

In einigen Fällen ist nicht unvermittelt ersichtlich, ob ein Fehler vorliegt.

(1). Druckwerke

Druckwerke sind Produkte. Fraglich ist, inwieweit bei der Beurteilung der Fehlerhaftigkeit auf den Inhalt und die Richtigkeit abgestellt werden kann. Bei Berücksichtigung sämtlicher Druck-[221] und Inhaltsfehler[222] von Presseprodukten könnte die Haftung nach dem ProdHaftG das Grundrecht der Pressefreiheit nach Art. 5 Abs. 1 S. 2, Abs. 2 GG unzulässig beschränken.

Die Pressefreiheit beschränkende Regelungen sind nur im Rahmen des Art. 5 Abs. 2 GG zulässig, wobei es sich um allgemeine Gesetze handeln muß, die dem Schutz eines anderen Rechtsgutes dienen. Die beschränkenden Regelungen müssen zudem verhältnismäßig sein.[223] Liegt kein Verstoß gegen Vorschriften der Landespressegesetze vor, ist zu prüfen, ob die Anwendung des Produkthaftungsrechtes noch verhältnismäßig ist im Hinblick auf Art. 5 GG.[224] Zu beachten ist auch, daß nicht jeder Druckfehler ein Produktfehler ist, sondern erst dann, wenn das Maß an Sicherheit unterschritten wird, das unter Berücksichtigung aller Umstände erwartet werden kann.[225]

---

221 Vgl. BGH JZ 1971, 63 ff. - Druckfehler.

222 Vgl. BGH NJW 1973, 843 ff. - Nottestamentmappe; BGH NJW 1978, 997 ff. - Börseninformationsdienst. Zu Druck- und Inhaltsfehlern vor/nach der Imprimatur (Bestätigung der Druckreife durch den Autor) Foerste in: v. Westphalen, Produkthaftungshandbuch Bd. 1 § 25 Rn 105-107.

223 St. Rspr. des BVerfG, vgl. zuletzt BVerfGE 74, 297 ff.

224 Zur Auffassung der eingeschränkten Anwendbarkeit des ProdHaftG: Berger-Delhey, BB 1990, 1501, 1503 f.

225 Z.B. bei einer fehlerhaften Flugnavigationskarte, medizinischen oder technischen Fachzeitschriften, Anweisungen und Arbeitsanleitungen. Allg. zu Fehlern bei Druckwerken: Röhl, JZ 1979, 369, 377 f.; Foerste, NJW 1991, 1433 ff.

(2). Elektrosmog

Unter Elektrosmog ist eine elektromagnetische Strahlung zu verstehen. Sie existiert bei allen Stromarten, geht also ebenso von einer Starkstromleitung (z.B. S-Bahn-Stromleitung) aus wie von Sendeanlagen für Richt- und Mobilfunk, elektrischen Leitungen im Haus und allen Elektrogeräten (Mikrowelle, Funktelefon, Rasierapparat, Quirl, Heizkissen, Bohrmaschine, Computer u.s.w.).

Ob elektrische Produkte aufgrund des Elektrosmogs nicht die berechtigterweise erwartete Sicherheit bieten und damit fehlerhaft i.S.v. § 3 ProdHaftG sind, hängt von der sich derzeit formierenden Sicherheitserwartung der Allgemeinheit ab aufgrund von Berichten über mögliche Einwirkungen auf das Immunsystem des Körpers. Eine Gesundheitsgefährdung ist wissenschaftlich noch nicht erwiesen. In Pressemitteilungen und Fernsehsendungen wird jedoch immer wieder auf Studien verwiesen, die einen Zusammenhang mit dem erhöhten Auftreten von Leukämieerkrankungen ergaben.[226] Die Strahlenschutzkommission des Bundesumweltministeriums äußerte in Empfehlungen vom 18./19.04.1991, daß "wegen der großen statistischen Streubreite" in keiner der Untersuchungen ein "eindeutiger Zusammenhang" zwischen Krebs und elektromagnetischer Strahlung abgeleitet werden könne.[227] Das OVG Münster hat wegen fehlender Erkenntnisse über die Gesundheitsgefährdung die Untersagung des Betriebs eines Funkmastes für das "D-Netz" der Telekom abgelehnt, jedoch betont, daß die Gesundheitsgefährdung nicht abschließend verneint werden könne.[228]

Da bislang grundlegende Kenntnisse fehlen, hat die Forschungsgemeinschaft Funk e.V., Bonn,[229] mehrere Studien zur Untersuchung der Wirkung von elektromagnetischen Wellen auf den Menschen in Auftrag gegeben.[230]

---

226 Hierzu Schirrmann, Klage gegen Elektrosmog abgewiesen, in: SZ vom 10.03.1993 und die ZDF-Sendung "Umwelt" vom 24.01.1993.

227 Zitiert nach Schirrmann, Klage gegen Elektrosmog abgewiesen, in: SZ vom 10.03.1993; vgl. den Beschluß des OVG Lüneburg, NVwZ 1992, 993 - Sendeanlage. Es gibt Grenzwerte nach der DIN VDE 0848, Teil 2 über den Schutz von Personen bei unmittelbarer und mittelbarer Einwirkung elektrischer, magnetischer und elektromagnetischer Felder. Siehe zum Thema Gesundheitsgefährdung durch Elektrosmog die Antwort der Bundesregierung vom 03.03.1993, BT-Drs. 12/4458 zur Kleinen Anfrage von Bundestagsabgeordneten, BT-Drs. 12/4282; ferner Teubert, Gerät das Gehirn aus dem Takt?, in: SZ vom 30.09.1993.

228 OVG Münster AZ: 7 B 2917/92, zitiert in SZ vom 10.12.1992.

229 Ein Zusammenschluß von Behörden, Rundfunkanstalten, Unternehmen, Universitäten und Vereinen, die sich die Erforschung der Wirkung elektromagnetischer Wellen zum Ziel gesetzt haben.

230 Hierzu Kesberg, Wissenschaftler sollen Unsicherheit über Verträglichkeit von Funkwellen beseitigen, in: Handelsblatt vom 04.11.1993.

In den USA sind vier Klagen gegen Hersteller von Funktelefonen bekannt geworden, in denen behauptet wird, die Funktelefone hätten einen tödlichen Gehirntumor beim verstorbenen Ehepartner verursacht. Das nationale Krebsinstitut der USA warnte vor zu langem Telefonieren mit dem Funktelefon. Die US-Regierung und sechs amerikanische Wisssenschaftler haben ebenfalls für Zurückhaltung im Umgang mit Funktelefonen plädiert.[231] Ähnliche offizielle Stellungnahmen oder Warnungen des Bundesgesundheitsamtes wurden bisher nicht abgegeben.[232]

Elektromagnetische Felder wirken sich auch als Störquellen auf Herzschrittmacher aus, was zu lebensbedrohlichem Kammerflimmern führen kann, so beispielsweise bei der Personenkontrolle am Flughafen oder der Diebstahlsicherung im Kaufhaus. Hier ist jedoch nicht die elektromagnetische Quelle primäre Ursache der Gesundheitsgefährdung, sondern die Störanfälligkeit der Herzschrittmacher (Konstruktionsfehler). Demzufolge verlangt § 4 Abs. 1 des Gesetzes über die elektromagnetische Verträglichkeit von Geräten (EMVG)[233], daß die Geräte eine angemessene Festigkeit gegen elektromagnetische Störungen aufweisen und solche Störungen selbst nicht erzeugen, so daß ein bestimmungsgemäßer Betrieb möglich ist.[234]

231 Vgl. WZ vom 04.02.1993. Vgl. auch Ludsteck, Elektrosmog lastet auf Mobilfunk, in: SZ vom 02.02.1993.

232 Mit der noch offenen Problematik beschäftigen sich u.a. die TÜV Rheinland Sicherheit und Umweltschutz GmbH, Köln, das Institut für Physiologie der Universität Witten-Herdecke, die Klinisch-Experimentelle Forschungseinrichtung der Medizinischen Universität zu Lübeck, das Institut für medizinische Technik der Justus-Liebig-Universität Gießen, das Institut für Strahlenhygiene des Bundesamtes für Strahlenschutz, das Referat "Biologische und medizinische Fragen des Strahlenschutzes" im Bundesministerium für Umwelt, Naturschutz und Reaktorsicherheit, Bonn, die Forschungsgemeinschaft Funk e.V., Bonn, das Forschungs- und Technologie-Zentrum der Telekom, Darmstadt und die Mannesmann Mobilfunk GmbH, Düsseldorf.

233 Vom 09.11.1992, BGBl. I 1992, 1864.

234 Hierzu Brüser, Fallstricke für das kranke Herz, in: SZ vom 28.01.1993. Das EMVG erfaßt alle Störungen von elektrischen Geräten, beispielsweise Radiosender und Kirchenorgel, Sendemast und Rechner im Kampfflugzeug, Blinker und Autoradio, CB-Funkgerät und ABS-Bremsen, Beispiele von Walberer, Aus der Kirchenorgel tönt Radio Free Europe, in: SZ vom 12.11.1992.

(3). Photosensibilität

Photosensibilität ist eine hochempfindliche Reaktion auf blinkende Lichter der Videospiele, die bis hin zu epileptischen Anfällen reichen kann.

Die Photosensibilität trat in den bekannt gewordenen Fällen erst nach längerem pausenlosen Spiel mit den Videospielen, die nur einen einige Zentimeter großen Bildschirm haben, auf. Die Hersteller hatten zwar mit einem stundenlangen und ununterbrochenen, also übermäßigen Gebrauch ihrer Produkte nicht gerechnet, empfahlen jedoch nach dessen Bekanntwerden im Rahmen ihrer Produktbeobachtungs- und Warnpflicht, regelmäßige Pausen beim Spielen einzulegen und die Augen nicht zu dicht am Bildschirm zu halten.[235]

(4). Produktsabotage

Die gesundheitsgefährdende Vergiftung von Lebensmittel- und Arzneimittelprodukten ist in vielen Fällen ein Racheakt eines Angestellten gegenüber seinem Arbeitgeber. Sie wird auch benutzt, um den Produzenten mit der Drohung, die Vergiftung der Öffentlichkeit anzuzeigen, zu erpressen. Arznei- und Nahrungsmittelhersteller sind die Hauptbetroffenen.

Zu der Gefahr des Absatzrückgangs bei Bekanntwerden solcher Aktionen kommt das Risiko, daß Konsumenten die Situation ausnutzen und Schadensersatz wegen vorübergehender Gesundheitsstörungen nach Genuß des Produktes anmelden, obwohl das Produkt in Ordnung war.[236]

Zur Abwehr des ungerechtfertigten Anspruchs muß der Produzent Verteiler- und Belieferungsnachweise vorlegen können. Oft muß er erhebliche Mittel für eine Public-Relations-Kampagne zur Wiederherstellung seines guten Rufes aufwenden. Auch das Vertrauen in das Produkt und die verlorenen Marktanteile müssen auf diese Weise zurückgewonnen werden.

Meist ist nicht bekannt, ob und wieviele Produkte vergiftet worden sind und in welchen Verkaufsstellen sie sich befinden. Die Produkthaftung greift hier nur, wenn das Produkt als fehlerhaft angesehen werden kann.

---

235 Hierzu Garrus, "Gameboy" ein Gesundheitsrisiko? in: SZ vom 12.01.1993.

236 Siehe zu diesem Problem: Klingmüller, VersR 1989, 1226 ff.

Tatsächlich vergiftete Nahrungs- und Arzneimittel bieten nicht die berechtigterweise erwartete Sicherheit. Eine nur behauptete Vergiftung läßt die fehlerfreien Produkte nicht fehlerhaft werden.

Die Vergiftung des Produkts muß zudem schon im Zeitpunkt des Inverkehrbringens vorgelegen haben. Dies wäre bei einem Sabotageakt eines Mitarbeiters des Unternehmens denkbar, würde aber für den Fall ausscheiden, daß die Vergiftung erst im Verkaufsgeschäft vorgenommen wird.[237]

In den USA haftet der Produzent auch dann, wenn die Vergiftung seines Produktes nach Auslieferung aus seinem Geschäftsbereich erfolgt ist, da dort verrlangt wird, daß die Art der Verpackung eine nachträgliche unauffällige Kontaminierung verhindern muß. Dort können der auf diese Weise bewirkte Absatzverlust für einen festgelegten Zeitraum sowie die Kosten für eine entsprechende Public-Relations-Aktion durch besonders ausgestaltete Policen gedeckt werden.[238]

Es erhebt sich die Frage, ob auch Schockwirkungen unter den Fehlerbegriff des § 3 ProdHaftG fallen und damit die Haftung auslösen, wenn das Produkt zwar unvergiftet war, aber der Verbraucher nach dem Genuß des Produktes aus der Presse erfährt, daß dieses Nahrungsmittel vergiftet worden sei. Der Konsument lebt zumindest für einige Zeit in der Befürchtung, sich vergiftet zu haben. Maßgeblich ist ein objektiv vorliegender Fehler. Soweit es sich um ein Produkt handelt, dem innerhalb des Geschäftsbereichs des Produzenten tatsächlich derartige gesundheitsschädigende Stoffe hinzugefügt worden sind, haftet der Produzent nach § 1 ProdHaftG, ansonsten nicht.

Ist die ausgelieferte Ware einwandfrei, ist das Produkt nur Mittel zum Zweck. Ein Schock durch die falsche Nachricht über eine Vergiftung des Produkts ist ein Gesundheitsschaden, der nicht mehr im Schutzbereich des ProdHaftG liegt.

Die in engen Grenzen ersatzfähigen Schockschäden naher Angehöriger beziehen sich immer auf solche Schockschäden, die durch Personenschäden anderer Personen verursacht worden sind.[239]

---

237 Eine Verpackung, bei der eine unauffällige Vergiftung möglich ist, macht das Produkt, das ohne Vergiftung in Verkehr gebracht worden ist, nicht fehlerhaft. Hierin kann man keine Verkehrssicherungspflichtverletzung des Produzenten gem. § 823 Abs. 1 BGB sehen.

238 Siehe Klingmüller, VersR 1989, 1226, 1228 und Palm-Risse, PHI 1990, 18 ff., insbesondere zu den Tylenol-Schmerzmittel-Vergiftungsfällen bei Johnson & Johnson m.w.N.

239 Vgl. Palandt/Heinrichs, BGB Vorbem. V. § 249 Rn 71.

(5). Wirkungslose Produkte

Die Wirkungslosigkeit eines Produkts ist grundsätzlich kein Fehler, da das Produkt nicht in die geschützten Rechtsgüter eingreift. Denkbar sind hier Ansprüche aus §§ 462, 463, 634, 635 BGB, aber auch aus § 823 Abs. 1 BGB wegen Verletzung von Warn- und Hinweispflichten.[240] Ausnahmsweise kann jedoch aufgrund der objektiven Funktionsbestimmung des Produktes bei dessen Wirkungslosigkeit der gewährleistungsrechtliche Fehlerbegriff mit dem produkthaftungsrechtlichen identisch sein: Die Wirkungslosigkeit eines Produktes führt zu einem Schaden an den durch das ProdHaftG bzw. § 823 Abs. 1 BGB geschützten Rechtsgütern, weil der Geschädigte es mit Rücksicht auf die Darbietung der Produktwirkungen unterlassen hat, ein anderes wirkungsvolles Produkt einzusetzen oder andere schadensverhütende Maßnahmen zu treffen.[241]

d. Einzelheiten zur Verletzung der in § 1 Abs. 1 S. 1 ProdHaftG und § 823 Abs. 1 BGB geschützten Rechtsgüter

Die durch § 1 Abs. 1 S. 1 ProdHaftG und § 823 Abs. 1 BGB geschützten Rechtsgüter sind zum einen Leben, Körper und Gesundheit, zum anderen die Sachen (§ 90 BGB) des Geschädigten.

Bei der Tötung sowie der Körper- und Gesundheitsverletzung durch ein fehlerhaftes Produkt ist es gleichgültig, ob dieser Schaden beim gewerblichen Käufer, dem Endverbraucher oder einem Dritten eingetreten ist.[242] Neben dem unmittelbar Geschädigten sind auch mittelbar Geschädigte anspruchsberechtigt, §§ 7 f. ProdHaftG, §§ 844 f. BGB. Das ProdHaftG sieht bei Personenschäden in § 10 einen Haftungshöchstbetrag von DM 160 Millionen vor.[243] Diese Obergrenze gilt bei Einzel- wie bei Serienschadensfällen.[244]

---

240 Zu den Warn- und Hinweispflichten siehe unten Punkt B.II.3.h.cc.(2)., S. 76 ff.

241 Vgl. BGHZ 80, 186 ff. - Derosal und BGHZ 80, 199 ff. - Benomyl (Wirkungslosigkeit der Fungizide bei ausschließlicher Verwendung) mit Anm. Emmerich, JuS 1981, 685 f.; Rolland, Produkthaftungsrecht, § 3 Rn 23-15; Taschner/Frietsch, Produkthaftungsgesetz, § 3 Rn 20 sowie die Begründung der Bundesregierung, BT-Drs. 11/2447, S. 18.

242 Vgl. die Begründung der Bundesregierung, BT-Drs. 11/2447, S. 13.

243 Höchstgrenzen für Personenschäden finden sich auch in § 15 UmweltHG, § 12 StVG, § 9 HPflG, § 37 LuftVG, § 88 AMG und § 33 GenTG.

244 Vgl. Palandt/Thomas, ProdHaftG § 10 Rn 2 f. Zum Umfang und Parallelen des ProdHaftG im BGB, AMG und StVG v. Westphalen, NJW 1990, 83, 92. Der Annahme, die Haftungshöchstgrenze könne in der Praxis kaum einmal erreicht werden, steht als Beispiel das Ausmaß des Contergan-Falles entgegen: LG Aachen JZ 1971, 507 ff., vor allem,

Der entstandene Schaden muß adäquat kausal[245] durch den Produktfehler verursacht worden sein.

Der Umfang des Schadensersatzanspruchs bei Sachschäden ist nach § 1 Abs. 1 S. 2 ProdHaftG auf den Bereich des privaten Ge- oder Verbrauchs begrenzt. Durch diese Regelung wird der verbraucherschützende Charakter des ProdHaftG bestätigt.[246] Sachschäden im beruflichen, geschäftlichen oder gewerblichen Bereich sind gegebenenfalls nach § 823 Abs. 1 BGB ersetzbar. Für die jeweilige Zuordnung kommt es auf die Zweckbestimmung nach der Verkehrsauffassung an.[247] Es muß eine andere Sache als das fehlerhafte Produkt selbst beschädigt worden sein.[248] Sogenannte Bagatellschäden können wegen des Selbstbehalts von DM 1.125,-- in § 11 ProdHaftG nur aus unerlaubter Handlung ersetzt verlangt werden, § 15 Abs. 2 ProdHaftG, § 823 Abs. 1 BGB.

Hinsichtlich des Umfangs des Schadensersatzanspruchs gegen den Hersteller hat der BGH ferner klargestellt,[249] daß der Schadensersatzanspruch auch solche Kosten umfaßt, die durch den Austausch des gelieferten fehlerhaften Produktes notwendig sind, auch wenn durch die Verbindung des mangelhaften mit den einwandfreien Teilen zu einer neuen Sache diese nicht zerstört oder beschädigt worden, sondern lediglich funktionsuntüchtig ist und bisher unversehrte Teile erst durch den Ausbau unvermeidbar beschädigt werden müssen. Hierin liege die Eigentumsverletzung. Der zu ersetzende Schaden umfasse den Sachschaden infolge der Zerstörung oder Beschädigung von bis dahin einwandfreien Teilen durch den Ausbau sowie die Lohnkosten der Demontage.[250]

Der reine Vermögensschaden und der immaterielle Schaden fallen nicht unter das ProdHaftG. § 15 ProdHaftG legt in Abs. 2 fest, daß Ersatzansprüche aus anderen Rechtsgründen unberührt bleiben und regelt in Abs. 1 das Verhältnis zum AMG. Daraus folgt: Schmerzensgeld kann aus § 847 BGB verlangt werden. Arzneimittelschäden sind nach §§ 84 ff. AMG zu ersetzen, Nuklearschäden nach §§ 25, 25 a AtomG sowie den Bestimmungen des Pariser Atomhaftungs-Übereinkommens[251] und Gentechnikschäden nach § 32 GenTG.

---

wenn ein solches Medikament - obschon in diesem Fall außerhalb der EU - weiter in Verkehr gebracht wird, siehe SZ vom 05./06.06.1993.

245 Zur adäquaten Kausalität Palandt/Heinrichs, BGB Vorbemerkung vor § 249 Rn 58 ff.

246 Vgl. Art. 9 lit. b der Richtlinie über die Haftung für fehlerhafte Produkte und die Begründung der Bundesregierung vom 09.06.1988, BT-Drs. 11/2447, S. 13.

247 So die Begründung der Bundesregierung vom 09.06.1988, BT-Drs. 11/2447, S. 13.

248 Zur Abgrenzung siehe oben Punkt B.II.3.b.aa., S. 16 ff.

249 BGH NJW 1992, 1225 ff. - Kondensator.

250 BGH NJW 1992, 1225, 1227.

251 Übereinkommen vom 29.07.1960 über die Haftung gegenüber Dritten auf dem Gebiet der Kernenergie in der Fassung des Zusatzprotokolls vom 28.01.1964 und des Protokolls

e. Ersatzpflichtiger

aa. Allgemeines

Anspruchsgegner ist der von § 4 ProdHaftG und von der Produkthaftung nach § 823 Abs. 1 BGB erfaßte Hersteller.

Neben den natürlichen Personen kommen Unternehmen in sämtlichen Gesellschaftsformen als Ersatzpflichtige in Betracht. Für zum Schadensersatz verpflichtende Handlungen ihrer Vertreter haftet die jeweilige Gesellschaft, d.h. die GmbH nach § 13 GmbHG, die AG nach § 1 AktG, die oHG nach § 124 HGB und die KG nach §§ 161 Abs. 2, 124 HGB, jeweils aus § 823 Abs. 1 BGB i.V.m. § 31 BGB analog.[252] Für die Schadensersatzverbindlichkeiten der Gesellschaft haften die Gesellschafter der oHG nach § 128 HGB, der Komplementär der KG nach §§ 161 Abs. 2, 128 HGB und der Kommanditist beschränkt unter den Voraussetzungen der §§ 171 ff., 161 Abs. 2, 128 HGB. Das Gesetz sieht keine weitergehende Durchgriffshaftung vor, die Rechtsprechung und h.M. in der Literatur bejahen sie nur in engen Grenzen bei Mißbrauch der Gesellschaftsform.[253]

Die Herstellerhaftung wird nicht dadurch beendet, daß der Ersterwerber das Produkt weiterveräußert. Wird der Fehlernachweis erbracht, kann der Hersteller auch für Produkte haften, die durch viele Hände gegangen sind.[254]

---

vom 16.11.1982 im Wortlaut der Bekanntmachung vom 15.07.1985, BGBl. II 1985, 963. Vgl. auch § 2 Abs. 4 und 5 AtomG. Auch Kullmann/Pfister, Produzentenhaftung 1. Bd., Nr. 3612, S. 4 sieht §§ 25, 25a AtomG als Spezialgesetz an.

252 Hierzu Foerste in: v. Westphalen, Produkthaftungshandbuch Bd. 1 § 25 Rn 179 f.; Palandt/Heinrichs, BGB § 31 Rn 2 f.; Kullmann/Pfister, Produzentenhaftung 1. Bd., Nr. 3210, S. 11 ff.

253 Zur Durchgriffshaftung auf die GmbH-Gesellschafter: BGHZ 20, 4, 5 ff.; BGHZ 22, 226, 230 ff.; BGHZ 54, 222, 224; BGHZ 61, 380, 383; BGHZ 68, 312, 314 ff.; BGHZ 115, 187, 189 ff.; BAG GmbHR 1993, 218; BGH NJW 1993, 1200 - TBB-Urteil m. Anm. Kübler in NJW 1993, 1204 f. und Anm. Emmerich in JuS 1993, 695 f.; Kaufmann, NWB 1993, 2515 ff.; BVerfG Beschluß, NJW 1993, 2600 f. - Video; Scholz/Emmerich, GmbHG § 13 Rn 57; Baumbach/Hueck, GmbH-Gesetz, § 13 Rn 10 ff.; Hübner, Managerhaftung, S. 41 ff.

254 Siehe zum ProdHaftG Schmidt-Salzer/Hollmann, EG-Richtlinie Produkthaftung Bd. 1, Art. 2 Rn 26 f.

bb. Hersteller nach § 4 ProdHaftG

Als Hersteller haftet gemäß § 4 ProdHaftG

- der Produzent eines Grundstoffs, Teil- oder Endprodukts; hierunter fällt auch der "Assembler", der die von anderen Teilherstellern gefertigten Produkte zusammensetzt, um sie sodann zu vermarkten;[255]

- wer sich als Hersteller durch Anbringung seines Namens, seines Waren- oder sonstigen Erkennungszeichens ausgibt (meist große Handelshäuser und -ketten wie Großversand- und Möbelhäuser), auch "Quasihersteller" genannt;

- der Importeur, der Waren aus Drittländern in ein Land der Europäischen Union einführt. Der Importeur, der Produkte aus einem EU-Land in ein anderes EU-Land einführt, fällt nicht hierunter und haftet nur subsidiär als Lieferant;

- jeder Lieferant, wenn der Hersteller nicht festgestellt werden kann, es sei denn, er benennt dem Geschädigten innerhalb eines Monats nach Aufforderung den Hersteller oder Vorlieferanten, bei eingeführten Waren den Importeur von Produkten aus einem Nicht-EU-Land, auch wenn der Name des Herstellers bekannt ist. Die Mitteilung muß alle für die Rechtsverfolgung erforderlichen Angaben enthalten.

§ 4 Abs. 2 und 3 ProdHaftG sollen den Verbraucher vor der Notwendigkeit schützen, einen Prozeß in einem Nicht-EU-Land führen zu müssen. Innerhalb der EU ist die Rechtsverfolgung länderübergreifend zum einen erleichtert durch die umzusetzenden Vorgaben der Produkthaftungs-Richtlinie und zum anderen, weil Produkthaftungsansprüche in aller Regel nach Art. 5 Nr. 3 des Übereinkommens über die gerichtliche Zuständigkeit und die Vollstreckung gerichtlicher Entscheidungen in Zivil- und Handelssachen (GVÜ)[256] vor dem Gericht des Ortes eingeklagt werden können, an dem das schädigende Ereignis eingetreten ist. Künftig wird sich dies durch Anwendung der Art. 13 - 15 GVÜ in der Fassung des Ersten Beitrittsübereinkommens,[257] die den Verbraucherwohnsitz als direkte Gerichtszuständigkeit für eine Vielzahl von Verbrauchersachen vorsieht, weiter verbessern. Ein in diesen GVÜ-Gerichtsständen ergangenes Urteil kann in dem Mitgliedsstaat vollstreckt werden, in dem der Hersteller seine Niederlassung hat, Art. 31 ff. GVÜ.[258]

---

[255] Vgl. die Begründung der Bundesregierung, BT-Dr 11/2447, S. 19.
[256] Vom 27.09.1968, BGBl 1972 II S. 774.
[257] Erstes Beitrittsübereinkommen zum GVÜ, BGBl 1983 II S. 802.
[258] Vgl. die Begründung der Bundesregierung, BT-Drs. 11/2447, S. 20 f.

(1). Hersteller im engeren Sinn

(a). Allgemeines

Tatsächlicher Hersteller ist derjenige oder das Unternehmen, der bzw. das eigenverantwortlich ein Produkt erzeugt oder gewonnen hat.[259] Somit ist auch der Lizenznehmer, der aufgrund einer ihm gewährten Fertigungslizenz Produkte herstellt, Hersteller i.S.v. § 4 Abs. 1 S. 1 ProdHaftG.[260] Er haftet für konstruktiv bedingte Herstellungsfehler, auch wenn diese ihre Ursache in dem lizenzierten Know-how oder in dem lizenzierten Patent haben. Der Lizenzgeber haftet nicht als Hersteller, es sei denn, er tritt als Quasihersteller auf.[261]

(b). Nicht gewerbliche Produktion

Selbst der Privatmann, der nicht gewerblich etwas herstellt, ist Hersteller, denn das ProdHaftG unterscheidet nicht zwischen industrieller, handwerklicher oder künstlerischer Fertigung. Es ist auch ohne Bedeutung, ob es sich um eine Serien- oder Sonderanfertigung handelt.[262]

(c). Dienstleistender

Die Abgrenzung der Dienstleistung zur Güterherstellung ist nicht immer offensichtlich. So ist es fraglich, wer Hersteller ist, wenn der Arzt nach eigenem Rezept eine Medizin verschreibt, die der Apotheker dementsprechend ansetzt. Ist beispielsweise das zahntechnische Labor, das nach den Angaben eines Zahnarztes Prothesen anfertigt, Hersteller? Oder ist der Konstrukteur eines mobilen Hochregallagers, der die Vorgaben des Architekten zu beachten hat, unter Umständen als Hersteller anzusehen?

---

259 Vgl. Taschner/Frietsch, Produkthaftungsgesetz, § 4 Rn 12; v. Westphalen in: v. Westphalen, Produkthaftungshandbuch Bd. 2 § 63 Rn 2-4.

260 Vgl. die Begründung der Bundesregierung, BT-Drs. 11/2447, S. 20. So auch v. Westphalen in: v. Westphalen, Produkthaftungshandbuch Bd. 2 § 63 Rn 48; Taschner/Frietsch, Produkthaftungsgesetz, § 4 Rn 51.

261 Vgl. die Begründung der Bundesregierung, BT-Drs. 11/2447, S. 20; Ann, Die Produkthaftung des Lizenzgebers, S. 75-84 und 103 ff.; Schmidt-Salzer/Hollmann, EG-Richtlinie Produkthaftung Bd. 1, Art. 3 Rn 139; v. Westphalen in: v. Westphalen, Produkthaftungshandbuch Bd. 2 § 63 Rn 48; Brüggemeier, WM 1982, 1294, 1306.

262 Vgl. Taschner/Frietsch, Produkthaftungsgesetz, § 2 Rn 15.

Nach Ansicht von Schmidt-Salzer[263] ist bei der soeben beschriebenen Produktherstellung mehr auf die Dienstleistung aller Beteiligten und deren Arbeitsteilung abzustellen, so daß sich für keinen eine verschuldensunabhängige Herstellerhaftung ergeben würde.

Ist jedoch außer der reinen Dienstleistung ein Erfolg geschuldet, liegt der Schwerpunkt unter Umständen nicht mehr bei der Dienstleistung, sondern bei der, wenn auch arbeitsteiligen, Produktion. So haben Architekt und Konstrukteur jeder für sich Stabilität und Standfestigkeit des Hochregallagers bei ihrer Arbeit mitzuberücksichtigen. Zahnarzt und Zahntechniker haben passende und verträgliche Prothesen herzustellen. Die Abgrenzung der Dienstleistung zur Produktion ist daher vom jeweiligen Einzelfall abhängig. Soweit die Dienstleistung im Vordergrund steht, greift die Produkthaftung nicht ein.[264]

Angemerkt sei, daß der Entwurf einer Richtlinie des Rates über die Haftung bei Dienstleistungen[265] u.a. eine Verschuldenshaftung mit Beweislastumkehr zu Lasten des Dienstleistenden enthält.[266] Damit wird unter Umständen künftig der Verbraucherschutz im Dienstleistungsbereich - als Parallele zum deliktsrechtlichen Produkthaftungsrecht - erweitert werden. Der Entwurf sieht vor, daß der Dienstleistende eine unabhängige Tätigkeit verrichten muß, so daß der Arbeitnehmer nicht haften würde, sondern sein Arbeitgeber einstünde.[267]

Der wegen unerlaubter Handlung auf Schadensersatz in Anspruch genommene Arbeitnehmer kann sich vom Arbeitgeber freistellen lassen, jedoch wird für die Gewichtung der Abwägungsfaktoren - des Verschuldens auf der einen und des Betriebsrisikos auf der anderen Seite - im Rahmen einer Abwägung nach § 254 BGB die Gefahrgeneigtheit der Arbeit von Bedeutung bleiben.[268]

---

263 Schmidt-Salzer, EG-Richtlinie Produkthaftung Bd. 1, Art. 2 Rn 14.

264 Vgl. zum Bestehen einer Parallele zwischen der Haftung für Dienstleistungen und der Produkthaftung Littbarski in: Littbarski (Hrsg.), Entwurf einer Richtlinie über die Haftung bei Dienstleistungen, S. 103.

265 Vorschlag für eine Richtlinie des Rates über die Haftung bei Dienstleistungen, KOM (90) 482 endg. - SYN 308 v. 20.12.1990, BT-Drs. 12/180 vom 01.03.1991.

266 Die eigentliche Gefährdungshaftung aufzeigend: Littbarski in: Littbarski (Hrsg.), Entwurf einer Richtlinie über die Haftung bei Dienstleistungen, S. 99.

267 Art. 3 des Vorschlags für eine Dienstleistungsrichtlinie enthält eine Begriffsbestimmung des Dienstleistenden.

268 BGH, Beschl. vom. 21.09.1993, NJW 1994, 856 und Anrufungsbeschluß des BAG vom 12.10.1994 - GS 1/89 (A), BB 1994, 2000. Der Große Senat des BAG war der Ansicht, die Haftungsbeschränkung müsse auf sämtliche betrieblich veranlaßten Tätigkeiten anwendbar sein und hat einen entsprechenden Beschluß dem Gemeinsamen Senat der Obersten Gerichtshöfe des Bundes zur Entscheidung vorgelegt, BAG NJW 1993, 1732 ff. Vgl. zu den nun überholten Grundsätzen der gefahrgeneigten Arbeit BAGE 5, 1, 7 ff.; BAGE 7, 290, 294 ff.; BAG AP § 611 BGB - Haftung des Arbeitnehmers - Nr. 33; BGHZ

(2). Quasihersteller

Beim Quasihersteller fallen unter den Begriff "Namen, Warenzeichen, unterscheidungsfähiges Kennzeichen" (§ 4 Abs. 1 S. 2 ProdHaftG) alle im geschäftlichen Verkehr verwendeten, unterscheidungsfähigen Kennzeichen, wie z.B. der Name des Kaufmanns, die Firma, die Unternehmensbezeichnung i.S.v. § 16 UWG, eingetragene Warenzeichen einschließlich der Ausstattung gemäß § 25 WZG.[269] Wenn durch die Verwendung dieser Kennzeichen die Herstellereigenschaft suggeriert wird, so ist der Verwender Quasihersteller.[270] Hierbei entscheidet die Verkehrsauffassung.[271]

Erfaßt werden sollen vornehmlich Warenhäuser und Handelsketten, die das Produkt unter eigenem Namen und ohne Hinweis auf den tatsächlichen Hersteller veräußern.[272] Veräußert beispielsweise ein Versandhaus ein Fernsehgerät "made in Taiwan" mit dem eigenen Firmen-, Warenzeichen o.ä., so gibt es sich als Hersteller aus.[273] Es kommt letztlich nur auf den objektiven Eindruck der Produktaufmachung an.[274]
Der Händler kann durch einen klaren Hinweis die Quasihersteller-Eigenschaft vermeiden, z.B. "abgefüllt durch..." oder "für X hergestellt von Hersteller H".[275] Ob dies für den Händler im Endeffekt vorteilhaft ist, ist eine Frage der Abwägung zwischen seinen Marketinginteressen und der Risikovermeidung einer Inanspruchnahme als Quasihersteller.

27, 62, 65; BGH NJW 1970, 34 f.; BGH NJW 1972, 440 ff.; BGHZ 66, 1, 2 ff. Vgl. ferner Palandt/Putzo, BGB § 611 Rn 158 ff.

269 So die Begründung der Bundesregierung, BT-Drs. 11/2447, S. 19.

270 Vgl. die Begründung der Bundesregierung, BT-Drs. 11/2447, S. 19.

271 Vgl. die Begründung der Bundesregierung, BT-Drs. 11/2447, S. 19.

272 Vgl. die Begründung der Bundesregierung, BT-Drs. 11/2447, S. 19.

273 So auch Taschner/Frietsch, Produkthaftungsgesetz, § 4 Rn 48.

274 Vgl. Schmidt-Salzer/Hollmann, EG-Richtlinie Produkthaftung Bd. 1, Art. 3 Rn 138.

275 Vgl. hierzu Taschner/Frietsch, Produkthaftungsgesetz, § 4 Rn 49.

(3). Importeur

Nur der Importeur von Produkten aus einem Nicht-EU-Land haftet. Der Importeur, der ein Produkt von einem Mitgliedsstaat der EU in einen anderen Mitgliedsstaat einführt, wird grundsätzlich nicht wie ein Hersteller behandelt, kann jedoch unter den Voraussetzungen der Lieferantenhaftung des § 4 Abs. 3 ProdHaftG in Anspruch genommen werden.

Auch der Re-Importeur haftet bei Wiedereinfuhr des Produktes in die EU gem. § 4 Abs. 2 ProdHaftG, da die Haftung des Importeurs eine originäre Haftung ist.[276]

Der Importeur von Produkten aus einem Nicht-EU-Land wird in der Praxis vom Hersteller eine Haftungsübernahme durch eine Freistellungserklärung verlangen. Die eigene Inanspruchnahme durch den Geschädigten kann er hiermit allerdings nicht ausschließen. Sie ist nicht im voraus abdingbar, § 14 ProdHaftG.

Bei Franchisesystemen[277] kommt es auf die tatsächliche Lage an, d.h. ob eine reine Verteilungs- oder Vertriebsfunktion vorliegt oder eine eigenständige Herstellung erfolgt. Grundsätzlich wird der Franchisenehmer als Hersteller zu betrachten sein, eine Haftung des Franchisegebers kommt als Quasihersteller in Betracht.[278]

Ein Leasinggeber haftet dann als Importeur und damit "Hersteller" i.S.d. ProdHaftG, wenn er im Rahmen seiner geschäftlichen Tätigkeit ein Produkt einführt, um es dem Leasingnehmer zur Nutzung zu überlassen, sofern er es vom Hersteller aus einem Nicht-EU-Staat bezieht. Denn der Leasinggeber führt zumindest eine "andere Form des Vertriebs mit wirtschaftlichem Zweck" (§ 4 Abs. 2 ProdHaftG) durch.[279] Dageförde[280] will den Leasinggeber beim Finan-

---

276 Vgl. die Begründung der Bundesregierung, BT-Drs. 11/2447, S. 20. Allgemein zur Produkthaftung des Importeurs: Zoller, Die Produkthaftung des Importeurs.

277 Zum Franchising: Skaupy, Franchising; Tietz/Mathieu, Franchising als Kooperationsmodell; Vortmann, Franchiseverträge; Ekkenga, Die Inhaltskontrolle von Franchise-Verträgen.

278 Vgl. Bartl, Produkthaftung § 4 Rn 10; Schmidt-Salzer/Hollmann, EG-Richtlinie Produkthaftung Bd. 1, Art. 3 Rn 139; v. Westphalen in: v. Westphalen, Produkthaftungshandbuch Bd. 2 § 63 Rn 60.

279 So auch Taschner/Frietsch, Produkthaftungsgesetz, § 4 Rn 61, 72; Dageförde, Internationales Finanzierungsleasing, S. 23.

280 Dageförde, Internationales Finanzierungsleasing, S. 24 ff.

zierungsleasing[281] nicht haften lassen, da Mängel der Leasingsache nicht in den Risikobereich des Leasinggebers fallen würden. Zwar wird der Leasinggeber hier nur zur Finanzierung zwischengeschaltet und hat in der Praxis keinen Einfluß auf die Beschaffenheit der Leasingsache, da Prüfung und Ab- bzw. Übernahme dem Leasingnehmer obliegen und der Leasinggeber dem Leasingnehmer sämtliche Gewährleistungs- und Schadensersatzansprüche gegen den Lieferanten oder Hersteller und sonstige Dritte abtritt. Jedoch differenziert § 4 ProdHaftG insoweit nicht. Wären Ausnahmen gewollt gewesen, wären diese, wie bei den landwirtschaftlichen Naturprodukten, genannt worden. Eine Gesetzeslücke ist aufgrund des mit dem ProdHaftG erstrebten umfassenden Verbraucherschutzes ebenfalls nicht ersichtlich.

(4). Lieferant

Der Händler eines fehlerhaften Produkts wird vom ProdHaftG grundsätzlich nicht erfaßt, da das ProdHaftG an die Herstellung und nicht an den Vertrieb anknüpft.

Nach § 4 Abs. 3 ProdHaftG haftet allerdings jeder Lieferant ersatzweise, wenn der Hersteller des Produkts nicht festgestellt werden kann. Der Herstellerhaftung kann der Lieferant dann entgehen, wenn er dem Geschädigten den Vorlieferanten, den Hersteller oder den Importeur von Produkten aus einem Nicht-EU-Land nennen kann. Hierfür muß er sich eine entsprechende Dokumentation anlegen und zehn Jahre aufbewahren (vgl. § 13 ProdHaftG). Das Konkursrisiko des Vorlieferanten oder Herstellers trägt dann der Geschädigte.[282]

(5). Mehrere Ersatzpflichtige

Soweit mehrere Hersteller, und zwar Teil- und Endprodukt- sowie Quasihersteller, EU-Importeur und Lieferant, als Gesamtschuldner nach § 5 ProdHaftG für den Schaden in Anspruch genommen werden können, richtet sich der Ausgleich im Innenverhältnis nach den besonderen Vereinbarungen zwischen diesen Haftenden, ansonsten nach § 5 S. 2 erster Halbsatz ProdHaftG: Danach hängt intern die Verpflichtung zur Schadensersatzleistung und deren Höhe von den Umständen des Einzelfalls ab, insbesondere vom Verursachungsanteil. Der Ausgleich findet also

---

281 Zum Finanzierungsleasing: Grunsky/Lieb/Medicus (Hrsg.), Grundfragen des Finanzierungsleasing; Hagenmüller/Eckstein, Leasing-Handbuch; Runge/Bremser/Zöller, Leasing.

282 Zur Händler- bzw. Lieferantenhaftung: v. Westphalen in: v. Westphalen, Produkthaftungshandbuch Bd. 2 § 63 Rn 70 ff.; Taschner/Frietsch, Produkthaftungsgesetz, § 4 Rn 63 ff.; Kossmann, NJW 1984, 1664 ff.

in der Regel entgegen § 426 Abs. 1 S. 1 BGB nicht nach gleichen Anteilen statt, sondern richtet sich nach dem Grundgedanken des § 254 Abs. 1 BGB.[283] Dem Ersatz verlangenden Geschädigten kann die interne Ausgleichsverpflichtung nicht vorgehalten werden.

cc. Hersteller nach § 823 Abs. 1 BGB

(1). Hersteller im engeren Sinn; Quasihersteller

Bei der deliktsrechtlichen Produkthaftung haftet derjenige als Hersteller, der das Produkt herstellt und in Verkehr bringt. Hersteller ist ferner, wer für das von ihm hergestellte Endprodukt vorgefertigte Einbauteile[284] oder zugelieferte Teile[285] verwendet. Der Zulieferer ist ebenfalls Hersteller.[286] Für die Fehler, die beim Zulieferer verursacht worden sind, haftet der Endhersteller nur dann, wenn diese Fehler trotz berechtigten Vertrauens in den Zulieferer, in dessen Qualifikation sowie in dessen Zuverlässigkeit und trotz eigener Kontrolle und Überwachung mit zumutbaren und vertretbaren Mitteln des Endherstellers (wie einer Wareneingangskontrolle) vermeidbar waren.[287] Bei der nach dem jeweiligen Bedarf abgestimmten Vorverlagerung des logistischen Prozesses auf den Zulieferer nach dem Prinzip "Just-in-time"[288] muß der Hersteller sicherstellen, daß der Zulieferer die Produktkontrolle wie vereinbart durchführt. Auch wenn der Unternehmer seine Verkehrssicherungspflichten auf sonstige Dritte, z.B. Prüfunternehmen überträgt, muß der Unternehmer überprüfen, ob der Dritte Gewähr für die Beachtung der erforderlichen Sicherungsvorkehrungen bietet.[289]

---

283 Siehe zum Haftungsausgleich die Begründung der Bundesregierung, BT-Drs. 11/ 2447, S. 21; v. Westphalen, NJW 1990, 83, 90 f. Die Zurechnung des Verursachungsanteils erfolgt nach der Adäquanztheorie, BGHZ 3, 46, 47 und BGHZ 61, 144, 147; vgl. auch Palandt/Heinrichs, BGB § 254 Rn 14 und Vorbem. vor § 249 Rn 58.

284 Vgl. BGH NJW 1975, 1827, 1828 f. - Spannkupplung.

285 Vgl. OLG Celle, VersR 1978, 258 f. - Klapphocker.

286 Vgl. BGH NJW 1968, 247 - Schubstrebe.

287 Vgl. Taschner/Frietsch, Produkthaftungsgesetz, § 4 Rn 85; Foerste in: v. Westphalen, Produkthaftungshandbuch Bd. 1 § 25 Rn 35 ff.

288 Zur Just-in-time-Produktion: Wildemann, Das Just-in-Time-Konzept, S. 11 ff.; Steinmann, Qualitätssicherungsvereinbarungen, S. 15 ff. m.w.N.

289 Vgl. BGH VersR 1972, 559 ff. - Förderkorb. Zu den Qualitätssicherungsvereinbarungen siehe unten Punkt B.V.3.b., S. 123 ff.

Des weiteren ist der sogenannte Quasihersteller, der von anderen in seinem Auftrag gefertigte Waren unter eigener Handelsmarke in Verkehr bringt (z.B. ein Versandhaus), Hersteller, da er sich daran festhalten lassen muß, auf dem Markt als Hersteller aufgetreten zu sein.[290]

(2). Kleinbetriebe

Der Handwerker, der ein Produkt herstellt, und der Gastronom haften ebenfalls nach Deliktsrecht.[291] Abgrenzungsschwierigkeiten ergeben sich bei der insbesondere im Handwerk auftretenden Kombination von Produktherstellung und Dienstleistung.[292] So ist der vom Handwerker angerührte und verputzte Mörtel ein Produkt, nicht aber die an einer Hauswand zur Abdichtung eines feuchten Kellers nachträglich aufgetragene Bitumenschicht (Reparaturleistung). Die Produkthaftungsgrundsätze gelten nicht nur für die industrielle Fertigung, sondern sind darüber hinaus auf sämtliche Kleinbetriebe anzuwenden.[293] Die Existenzbedrohung für die Gewerbetreibenden wird seit dem Salmonellen-Urteil des BGH[294] nicht mehr dadurch "begrenzt", daß viele Haftungsfälle bei Sachschäden unter dem Selbstbeteiligungsbetrag von DM 1.125,-- liegen, da eine Inanspruchnahme auf Schadensersatz und Schmerzensgeld wegen der Regelung des § 15 Abs. 2 ProdHaftG aus deliktsrechtlicher Haftung (§§ 823 Abs. 1 und 847 BGB) mit Beweislastumkehr möglich ist.

Den Handwerkskammern und Branchenverbänden obliegt die Aufgabe,[295] ihre Mitglieder auf diese Haftungserweiterung mit Rundschreiben, Broschüren, Merkblättern u.ä. hinzuweisen.

---

290 Vgl. BGH NJW 1980, 1219 ff. - Klapprad; Palandt/Thomas, BGB § 823 Rn 216.

291 Das servierte Essen ist ein Produkt, der Gaststättenbetreiber der Hersteller. Vgl. zur deliktsrechtlichen Haftung: BGH NJW 1982, 2447 ff. - Muscheln; BGHZ 116, 104 ff. - Salmonellen m. Anm. Brüggemeier, ZIP 1992,415 ff.; OLG Frankfurt VersR 1982, 151 f. - Zigeunersalat.

292 Siehe zur Abgrenzung Hersteller - Dienstleistender oben Punkt B.II.3.e.bb.(1).(c)., S. 54 f.

293 Vgl. BGHZ 116, 104 ff. - Salmonellen. § 4 ProdHaftG unterscheidet nicht zwischen Groß- und Kleinbetrieben; siehe hierzu unten Punkt B.II.3.e.bb., S. 53 ff.

294 BGHZ 116, 104 ff.

295 Gemäß dem in §§ 81 Abs. 1, 91 Abs. 1 Ziff. 7 und 9 festgelegten Förderauftrag der Kammern und Verbände zur Selbsthilfe.

(3). Importeure, Vertriebshändler, Lieferanten

Importeure, Vertriebshändler und Lieferanten sind nicht Hersteller[296] und haften grundsätzlich nicht nach deliktsrechtlichem Produkthaftungsrecht, es sei denn, bestimmte Gründe geben Anlaß zur Überprüfung der Ware auf Gefahren.[297] Gleiches gilt für die ausgegliederte Vertriebsgesellschaft.[298] Eine inländische Vertriebsgesellschaft treffen eigene Instruktionspflichten, wenn der ausländische Hersteller sie mit der Produktinformation gegenüber den Erwerbern und Vertriebshändlern beauftragt hat. Ihr obliegt ferner eine eigene Produktbeobachtungspflicht, wenn sie als einziger Repräsentant des ausländischen Herstellers auf dem deutschen Markt auftritt.[299]

(4). Mitarbeiter

Die Rechtsprechung hat mittlerweile bei Fabrikationsfehlern den "verantwortlichen Geschäftsleiter für die Produktion" bzw. den "Produktionsleiter" [300] und bei Konstruktions- und Fabrikationsfehlern den Labor- und Herstellungsleiter[301] dem Hersteller gleichgestellt.[302] Diese haften allerdings nicht nach dem ProdHaftG. Der Geschädigte kann demnach aus § 823 Abs. 1 BGB wegen Verletzung der Organisationspflicht gegen den Hersteller und ebenfalls gegen den verantwortlichen Produktionsleiter oder Labor- bzw. Herstellungsleiter[303] vorgehen, jeweils mit Beweislastumkehr beim Verschulden.

---

[296] Vgl. BGH NJW 1980, 1219 ff. - Klapprad. Soweit § 4 Abs. 2 und 3 ProdHaftG greifen, werden Importeure, Vertriebshändler und Lieferanten jedoch nach dem ProdHaftG wie ein Hersteller behandelt.

[297] Vgl. Palandt/Thomas, BGB § 823 Rn 216.

[298] Vgl. BGH NJW 1981, 2250 f. - Asbestzementplatten.

[299] Vgl. BGHZ 99, 167, 170 f. - Honda. Zur Produktbeobachtungspflicht siehe unten Punkt B.II.3.h.cc., S. 75 ff.

[300] Vgl. BGH NJW 1975, 1827, 1828 f. - Spannkupplung, und zwar wegen seiner "herausgehobenen und verantwortlichen Stellung im Produktionsbereich", weil "die schutzbedürftigen Interessen des Geschädigten " die Beweislastumkehr gebieten und es ihm "aufgrund seiner Stellung im Betrieb" zugemutet werden kann und muß, "das Risiko zu übernehmen, seine Schuldlosigkeit nicht beweisen zu können".

[301] Vgl. BGH NJW 1987, 372, 374 - Zink-Spraydose.

[302] Zustimmend: Schmidt-Salzer u. v. Westphalen, Anmerkungen zur Spannkupplungs-Entscheidung in NJW 1975, 1827, 1828 f. und Schmidt-Salzer, NJW 1992, 2871 f.; ablehnend: Marschall v. Bieberstein, VersR 1976, 411, 413 f.; Brüggemeier, WM 1982, 1294, 1297; Prey, Das Produkthaftungsgesetz, S. 20 f.; kritisch: Diederichsen, NJW 1978, 1281, 1287.

[303] Bei Weisungsabhängigkeit sind Produktionsleiter oder Labor- bzw. Herstellungsleiter Verrichtungsgehilfen des Produzenten i.S.v. § 831 BGB, hierzu Palandt/Thomas, BGB

Nach Ansicht von Foerste[304] soll die Beweislastumkehr außer bei Geschäftsführern und leitenden Angestellten auch bei den sonstigen Mitarbeitern angewendet werden. Foerste begründet seine Auffassung, bei Vorstand und Geschäftsführern[305], bei leitenden Angestellten[306] und sonstigen Mitarbeitern[307] greife die deliktsrechtliche Produkthaftung mit Beweislastumkehr mit dem nicht überzeugenden Argument, der Arbeitnehmer könne sich ja wegen gefahrgeneigter Arbeit[308] vom Arbeitgeber freistellen lassen.[309] Dies hilft ihm nur bei leichtester Fahrlässigkeit und Solvenz des Arbeitgebers, gibt ihm aber keinen Einwand gegenüber dem Geschädigten.

Außerdem sind die Grundsätze zur Arbeitnehmerhaftung nicht dazu eingeführt worden, um Argument für die Neueinführung einer bislang nicht gegebenen Arbeitnehmerhaftung zu sein. Im übrigen muß die getätigte Arbeit, bei der der Produktfehler entstanden ist, nicht gefahrgeneigt sein. Dies erscheint umso wichtiger, als die Gefahrgeneigtheit der Arbeit Abwägungsfaktor bei der Gewichtung des Mitverschuldens ist.[310]

Auch das Argument, das Konkursrisiko des Arbeitgebers könne eher dem Abteilungsleiter als dem Geschädigten auferlegt werden,[311] steht im Widerspruch zum grundsätzlich gegebenen Risiko des Schadensersatz Verlangenden, daß sein Anspruchsgegner insolvent ist. Im übrigen ist der Arbeitgeber nicht dazu verpflichtet, in die das Produkthaftungsrisiko einschließende Betriebshaftpflichtversicherung seine Mitarbeiter als sogenannte Mitversicherte mitzuversichern,[312] auch wenn dies für leitende Mitarbeiter gängige Praxis ist. Die AHB der Privat-

---

§ 831 Rn 6-8. Bei Weisungsunabhängigkeit hat der Unternehmensinhaber gemäß weiter Auslegung von § 31 BGB oder analog § 31 BGB ohne Entlastungsmöglichkeit einzustehen, hierzu Palandt/Heinrichs, BGB § 31 Rn 5-9; siehe ferner Foerste in: v. Westphalen, Produkthaftungshandbuch Bd. 1 § 37 Rn 3.

304 Foerste in: v. Westphalen, Produkthaftungshandbuch Bd. 1 § 25 Rn 184 ff., 200 ff., 204 ff.

305 Foerste in: v. Westphalen, Produkthaftungshandbuch Bd. 1 § 25 Rn 184 ff.

306 Foerste in: v. Westphalen, Produkthaftungshandbuch Bd. 1 § 25 Rn 200 ff.

307 Foerste in: v. Westphalen, Produkthaftungshandbuch Bd. 1 § 25 Rn 204 ff.

308 Siehe hierzu bereits oben Punkt B.II.3.e.bb.(1).(c)., S. 55. Vgl. zu den nun überholten Grundsätzen zur gefahrgeneigten Arbeit BAGE 5, 1, 2 ff.; BAGE 7, 290, 294 ff.; BAG AP § 611 BGB - Haftung des Arbeitnehmers - Nr. 33; BGHZ 27, 62, 65; BGH NJW 1970, 34 f.; BGH NJW 1972, 440 ff.; BGHZ 66, 1, 2 ff. Vgl. ferner Palandt/Putzo, BGB § 611 Rn 158 ff.

309 Foerste in: v. Westphalen, Produkthaftungshandbuch Bd. 1 § 25 Rn 201 und 204. So auch schon die Anmerkungen zur Spannkupplung-Entscheidung von Schmidt-Salzer, BB 1975, 1032, 1033 und v. Westphalen, BB 1975, 1033, 1034.

310 Siehe hierzu bereits oben Punkt B.II.3.e.bb.(1).(c)., S. 55.

311 Foerste in: v. Westphalen, Produkthaftungshandbuch Bd. 1 § 25 Rn 201 und 204.

312 v. Westphalen sieht dies allerdings als Fürsorgepflicht des Arbeitgebers an, BB 1975, 1033, 1035.

haftpflichtversicherung des Geschäftsführers oder des Arbeitnehmers schließen den Versicherungsschutz im beruflichen Bereich gerade aus. Zumindest erkennt Foerste, daß die Treuepflicht des Arbeitnehmers seinen Verkehrssicherungspflichten Grenzen setzt.[313]

Die Anwendung der Regeln zur Beweislastumkehr auf Angestellte in herausgehobener und verantwortlicher Stellung und sogar auf die sonstigen Mitarbeiter ist nicht vereinbar mit deren trotz aller Entscheidungsbefugnisse gegebenen Abhängigkeit vom Arbeitgeber und Hersteller. Der Hersteller hat seinen Betrieb so zu organisieren, daß er seine ihm obliegenden Verkehrssicherungspflichten selbst oder durch Delegation erfüllt. Eine Delegierung auf Mitarbeiter des Unternehmens ist zulässig.[314] Die Übertragung der Verkehrssicherungspflichten bedarf der klaren Absprache über die zuverlässige Sicherung der Gefahrenstelle.[315] Mit der Übernahme wird der Übernehmende selbst deliktsrechtlich verantwortlich.[316] Dies heißt aber nicht, daß damit gleichzeitig die Regeln der Beweislastumkehr auch auf ihn anzuwenden sind, zumal der Hersteller sich seiner Verkehrssicherungspflicht mit der Delegation nicht entledigt hat. Die Verkehrssicherungspflicht des Herstellers wandelt sich um in eine Kontroll- und Überwachungspflicht.[317] Die übergeordnete Verkehrssicherungspflicht bleibt damit beim Hersteller. Seinen Arbeitnehmern obliegt eine solche Pflicht nicht, denn sie sind nicht Hersteller im deliktsrechtlichen Sinn.[318] Sie können sich auch nicht der Möglichkeiten bedienen, die dem Hersteller zur Führung des Entlastungsbeweises zur Verfügung stehen: Beispielsweise sind die Dokumentation des Produktionsablaufs und die Testergebnisse sowie die Muster einer Serie Eigentum des Herstellers. Die Arbeitnehmer können im übrigen sich auf die Produktsicherheit auswirkende unternehmerische Entscheidungen nicht selbst treffen, sie können allenfalls mitwirken, ohne jedoch einen Anspruch hierauf zu haben. Dies verkennt v. Westphalen, wenn er von der "unternehmerischen Kompetenz" als Abgrenzungskriterium für den "Leitenden" (Mitarbeiter) spricht.[319]

Würde man die Produkthaftungsgrundsätze auf weitere Personen eines Unternehmens erstrecken, müßte insoweit eine gleichgeartete Verletzung der Verkehrssicherungspflicht (z.B. der Organisations- und Überwachungspflicht) beim Her-

---

313 Foerste in: v. Westphalen, Produkthaftungshandbuch Bd. 1 § 25 Rn 207.

314 Vgl. Palandt/Thomas, BGB § 823 Rn 206.

315 Vgl. BGH NJW-RR 1988, 471 f. - Lichtschacht.

316 Siehe zur Delegierung Palandt/Thomas, BGB § 823 Rn 58.

317 Vgl. BGH NJW-RR 1989, 394 f. - Wegereinigung.

318 Vgl. BGH NJW 1987, 2510 f. - Wachmann; BGHZ 116, 104, 113 f. - Salmonellen. Ebenfalls gegen eine Ausweitung der Grundsätze der Beweislastumkehr auf die Arbeitnehmer: Marschall v. Bieberstein, VersR 1976, 411 ff.; Brüggemeier, WM 1982, 1294, 1297 f. Zum deliktsrechtlichen Herstellerbegriff siehe oben Punkt B.II.3.e.cc., S. 59 ff.

319 BB 1975, 1033, 1034.

steller entfallen. Dies ist aber, wie zuvor dargelegt, nicht der Fall.[320] Es handelt sich demzufolge nicht um eine Haftungsverlagerung, sondern um eine Haftungserweiterung zugunsten des Geschädigten. Da aber der Hersteller als Anspruchsgegner nicht wegfällt und schon bei seinem Verschulden die Beweislast umgekehrt wird, ist dies als ausreichend anzusehen. Sämtliche leitenden und sonstige Mitarbeiter haften dem Geschädigten zusätzlich nach § 823 Abs. 1 BGB bei Verschulden ohne Beweislastumkehr.[321]

Begründen läßt sich die soeben vertretene Auffassung auch damit, daß der Mitarbeiter, der eine schädliche Umwelteinwirkung einer Anlage verursacht hat, nicht nach § 1 UmweltHG haftet, sondern nur das Unternehmen als Inhaber.[322] Ähnliches sieht Art. 3 des Entwurfs einer Richtlinie des Rates über die Haftung bei Dienstleistungen[323] vor, wonach nicht der Arbeitnehmer, sondern nur der Arbeitgeber haften soll.[324] § 3 Nr. 10 GenTG grenzt die Definition des Projektleiters deutlich von der in Nr. 9 enthaltenen Definition des nach § 32 Abs. 1 GenTG haftenden Betreibers ab.

Diese Parallelen lassen sich ziehen, da mit allen vorgenannten Gesetzen und dem Richtlinien-Entwurf ein umfassender Verbraucher- und Umweltschutz erzielt werden soll. Dann aber sollten die Haftungstatbestände wie in einem Gesamtwerk von Verbraucher- und Umweltschutzgesetzen aufeinander abgestimmt sein.

Von der auf den Herstellerkreis begrenzten zivilrechtlichen Produkthaftung ist die jede Person treffende strafrechtliche Verantwortlichkeit für eigenes Fehlverhalten zu unterscheiden.[325] Eine Vermengung würde den mit dem Herstellerbegriff erreichten Schutz der Arbeitnehmer unterlaufen.

---

320 Siehe oben; vgl. BGH NJW-RR 1989, 394 f. - Wegereinigung.

321 Warum diese verschuldensabhängige Inanspruchnahmemöglichkeit eines jeden Mitarbeiters nicht ausreichen soll, lassen die Entscheidungen BGH NJW 1975, 1827 ff. - Spannkupplung und BGH NJW 1987, 372 ff. - Zink-Spraydose im Ergebnis offen.

322 Vgl. Schmidt-Salzer, Umwelthaftungsrecht, § 1 Rn 312 und 317.

323 Vorschlag für eine Richtlinie des Rates über die Haftung bei Dienstleistungen, KOM (90) 482 endg. - SYN 308 v. 20.12.1990, BT-Drs. 12/180 vom 01.03.1991.

324 Hierzu schon oben Punkt B.II.3.e.bb.(1).(c)., S. 55.

325 A.A. Foerste in: v. Westphalen, Produkthaftungshandbuch Bd. 1 § 25 Rn 185. Zur strafrechtlichen Produktverantwortung siehe unten Punkt B.III., S. 89 f.

(5). Mehrere Ersatzpflichtige

Sind mehrere Hersteller für denselben Schaden nebeneinander zum Schadensersatz verpflichtet, haften sie als Gesamtschuldner (§§ 840 Abs. 1, 421 BGB), gegebenenfalls mit Ausgleichsansprüchen im Innenverhältnis (§ 426 Abs. 1 S. 2 und Abs. 2 BGB). Die Gesamtschuldnerhaftung tritt vor allem bei der arbeitsteiligen Produktion auf, beispielsweise, wenn der Zulieferer und der Endhersteller für einen Konstruktionsfehler verantwortlich sind und beide die ihnen obliegende Verkehrssicherungspflichten verletzt haben.[326]

dd. Die Differenzierung zwischen den jeweiligen Anspruchsgegnern und ihre praktischen Auswirkungen

Mit dem ProdHaftG ist der Kreis der Haftenden erweitert worden: Für den Händler und den EU-Importeur ist es ein tiefgreifender Einschnitt, da sie nicht nur für Vertriebsfehler (falsche Lagerung, falsches Abfüllen, Verwechslung der Ware u.s.w.) haften, sondern auch für in einer fremden Sphäre gelegene Fehlerursachen einzutreten haben. Die ausschließlich von § 4 ProdHaftG erfaßten "Hersteller" können in der Praxis höchstens vom Selbstbehalt bei Sachschäden profitieren. Hersteller, Quasihersteller und EU-Importeur können sich hingegen nicht durch Verweisung auf einen anderen Hersteller i.S.d. ProdHaftG entlasten. § 4 ProdHaftG definiert nicht den unter die deliktsrechtliche Produkthaftung fallenden Hersteller, so daß bei der Prüfung der Haftung nach § 1 Abs. 1 ProdHaftG und nach § 823 Abs. 1 BGB unabhängig voneinander zu untersuchen ist, ob der Anspruchsgegner unter den jeweiligen Herstellerbegriff fällt.

Hierzu folgender Überblick:

326 Näher hierzu Foerste in: v. Westphalen, Produkthaftungshandbuch Bd. 1 §§ 42 und 43.

haftender Hersteller nach § 4 ProdHaftG:

(Grundstoff-/Teil-/End-/Quasi-)
Hersteller

Drittstaatenimporteur (Import von außerhalb der EU in die EU)

Lieferant (wenn Hersteller/Importeur nicht festzustellen ist; entfällt, wenn er einen Vorlieferanten/Hersteller oder einen Drittstaaten-Importeur benennt)

Entlastungsmöglichkeiten für alle Hersteller nach § 1 Abs. 2 u. 3 ProdHaftG

haftender Hersteller nach § 823 Abs. 1 BGB:

Endhersteller; Quasihersteller

Zulieferer (Teilhersteller)

verantwortlicher Produktionsleiter (so der BGH, str. in Lit.)

Labor- und Herstellungsleiter (so der BGH,str. in Lit.)

alle weiteren an der Produktion beteiligten Mitarbeiter (Mindermeinung [Foerste])

Entlastungsmöglichkeit durch Beweis des Nichtverschuldens

Die praktische Relevanz der Unterscheidungen beim Herstellerbegriff nach § 4 ProdHaftG und nach der deliktsrechtlichen Produkthaftung läßt sich am Beispiel des internationalen Finanzierungsleasing[327] im Flugzeugbereich[328] darstellen.

Ein Flugzeug wird in den USA hergestellt, von einer deutschen Gesellschaft erworben und an eine inländische Luftfahrtgesellschaft im Rahmen eines Finanzierungsleasingengagements vermietet. Die Luftfahrtgesellschaft als Leasingnehmer schließt die erforderlichen ausreichenden Versicherungen im eigenen Namen für sich als Halter des Flugzeugs und für den Leasinggeber als Mitversicherten ab und stellt den Leasinggeber von sämtlichen Schadensersatzansprüchen Dritter frei. Der unwahrscheinliche Extremfall tritt ein und das Flugzeug stürzt aufgrund eines Fehlers im Bordcomputersystem über einem Chemiewerk ab.[329] Folgende Schäden sind entstanden: Personenschäden bei den Flugzeuginsassen und den Mitarbeitern des Chemiewerks, Sachschäden am Gepäck, Frachtgut und sonstigen Sachen der beschädigten Personen, Sachschäden an PKW's und Privathäusern im Gebiet der Absturzstelle, Sachschäden am zerstörten Chemiewerk mit allen Folgeschäden (z.B. Räumungs- und Deponiekosten) sowie Produktionsausfallschäden, weitere Personen- und Sachschäden aufgrund von Vergiftungen und Verätzungen durch entwichene Chemikalien.

Der Leasinggeber prüft, für welche Schäden er haftet, ob die Versicherung die Schäden deckt, ob ansonsten die Freistellung durch den Leasingnehmer greift und ob dieser noch solvent ist.

Der Leasinggeber hat ein fehlerhaftes Produkt aus einem Nicht-EU-Land zum Zwecke der Vermietung im Rahmen einer Leasingfinanzierung an eine Luftfahrtgesellschaft eingeführt, ist EU-Importeur und haftet damit als Hersteller für die kausalen Personen- und Sachschäden inklusive der daraus resultierenden Folgeschäden. Sachschäden an gewerblich genutzten Sachen - vom Firmenfahrzeug bis zum Verwaltungsgebäude werden allerdings von § 1 Abs. 1 ProdHaftG nicht erfaßt. Diese Sachschäden können auch nicht aus der deliktsrechtlichen Produkthaftung nach § 823 Abs. 1 BGB gegen den Leasinggeber geltend gemacht werden, da er bei der deliktsrechtlichen Produkthaftung mangels produzierender Tätigkeit nicht als Hersteller angesehen wird. Für einen Schadensersatzanspruch aus § 823 Abs. 1 BGB und einen Schmerzensgeldanspruch aus § 847 BGB muß

---

327 Zum internationalen Finanzierungsleasing: Dageförde, Internationales Finanzierungsleasing; zum Finanzierungsleasing allgemein: Grunsky/Lieb/Medicus (Hrsg.), Grundfragen des Finanzierungsleasing; Hagenmüller/Eckstein, Leasing-Handbuch; Runge/Bremser/Zöller, Leasing.

328 Siehe zur dortigen Produkthaftung die Dokumentation eines Internationalen Kolloquiums in Köln 1977 über die Produkthaftung in der Luft- und Raumfahrt von Böckstiegel (Hrsg.).

329 Beim Absturz auf ein Atomkraftwerk greift das ProdHaftG nicht, da §§ 25, 25 a AtomG vorrangige Spezialregeln sind, siehe oben Punkt B.II.3.d, S. 51 mit Fn 251.

der Geschädigte den Verschuldensbeweis führen. Reine Vermögensschäden wie Betriebsausfallschäden können nicht nach Produkthaftungsrecht ersetzt verlangt werden. Erst wenn die verbleibenden Schäden die Versicherungssumme übersteigen und der Leasingnehmer mangels Zahlungsfähigkeit die verbleibenden Summe nicht begleichen kann, muß der Leasinggeber selbst zahlen.

Dageförde stellt nicht auf die Haftung als Importeur aus einem Nicht-EU-Land ab, sondern prüft die Haftung als Quasihersteller, die er im Ergebnis ablehnt.[330] Jedoch tritt der Leasinggeber beim Finanzierungsleasing nicht wie ein Hersteller auf, so daß die Quasiherstellereigenschaft offensichtlich ausscheidet.

Parallelen zum Herstellerbegriff des § 4 ProdHaftG lassen sich in anderweitigen Verbraucher-, Umwelt- und Gesundheitsschutzvorschriften bzw. Richtlinienentwürfen ziehen:

ee. Hersteller nach Art. 2 der Produktsicherheits-Richtlinie

Der Hersteller- und Händlerbegriff taucht auch in Art. 2 lit. d) und e) der Produktsicherheits-Richtlinie[331] auf. Sie geht über die Begriffsbestimmung der zivilrechtlichen Produkthaftung hinaus und erfaßt im Endeffekt sämtliche Gewerbetreibende der Absatzkette, wobei die Hersteller die Sicherheitseigenschaften mit ihrer Tätigkeit beeinflussen, die Händler dies gerade nicht können. Diese Hersteller und Händler haften nicht gegenüber den zuständigen Behörden, vielmehr richten sich gegen sie die von den Behörden angeordneten Maßnahmen zur Gefahrenabwehr.

ff. Inhaber nach § 1 UmweltHG

Nach § 1 UmweltHG haftet nicht der Hersteller oder der Betreiber, sondern der Inhaber der Anlage. Wer unter diesen Begriff fallen soll, ist weder im UmweltHG noch im Anhang 1 zu § 1 UmweltHG definiert. Da auf die tatsächliche Herrschaft über die Anlage abgestellt wird, ist nicht der juristische oder wirtschaftliche Eigentümer (Verpächter, Leasinggeber) "Inhaber" der Anlage, sondern derjenige, der die tatsächliche Verfügungsgewalt über die Anlage und ihren Betrieb hat, also die Betriebsgesellschaft, der Pächter oder der Leasingnehmer.[332]

---

330 Internationales Finanzierungsleasing, S. 22-28. Die einschlägige EU-Importeurhaftung hat Dageförde nur beiläufig auf S. 83 f. erwähnt.

331 Siehe Fn 3.

332 Vgl. Landsberg/Lülling, Umwelthaftungsrecht, § 1 UmweltHG Rn 58; Schmidt-Salzer, Umwelthaftungsrecht, § 1 Rn 309.

gg. Inhaber nach §§ 25, 25 a AtomG

Nach §§ 25, 25a AtomG haftet der Inhaber der Kernanlage. Hier ist der Inhaber-Begriff in Ziff. 6 der Anlage 1 zum AtomG definiert als derjenige, der von der zuständigen Behörde als Inhaber einer solchen bezeichnet oder angesehen wird.

hh. Betreiber nach § 32 Abs. 1 GenTG

Der Ersatzpflichtige nach § 32 Abs. 1 GenTG ist der in § 3 Nr. 9 GenTG definierte Betreiber, d.h. die natürliche oder juristische Person oder Personenvereinigung, die unter ihrem Namen gentechnische Anlagen errichtet, betreibt oder gentechische Arbeiten durchführt. Von dieser Begriffsbestimmung wurde der Projektleiter in § 3 Nr. 10 GenTG ausdrücklich abgegrenzt.[333]

ii. Abfallerzeuger

Der geänderte Richtlinienvorschlag der EU-Kommission über die zivilrechtliche Haftung für die durch Abfälle verursachten Schäden[334] sieht in Art. 3 Abs. 1 vor, daß der Abfallerzeuger verschuldensunabhängig für die durch Abfälle entstandenen Schäden und Umweltbeeinträchtigungen haftet.[335] Parallelen zur Produkthaftung nach § 1 Abs. 1 ProdHaftG[336] ergeben sich bei der verschuldensunabhängigen Haftung, der Mitverursachung, der Verjährung und der Schädigermehrheit. Statt des Herstellers haftet der Abfallerzeuger. Neben dem tatsächlichen Abfallerzeuger sollen nach dem Richtlinienvorschlag, wenn der Erzeuger nicht feststellbar ist, der Importeur, der Abfallbesitzer und der Abfallbeseitiger haften (vgl. Art. 2 Abs. 1 lit. a und Abs. 2 des Richtlinienvorschlags). Die Auswahl des Abfallerzeugers begründet sich daraus, daß er nicht nur am ehesten Abfall vermeiden kann, sondern auch die besten Kenntnisse über die Gefährlichkeit seines Abfalls hat.[337]

---

[333] Allgemein zur Haftung nach dem GenTG Kullmann/Pfister, Produzentenhaftung 1. Bd., Nr. 3500, S. 4 f. Zur deliktsrechtlichen Haftung des Produktionsleiters siehe oben Punkt B.II.3.e.cc.(4)., S. 61 ff.

[334] Geänderter Vorschlag für eine Richtlinie des Rates über die zivilrechtliche Haftung für die durch Abfälle verursachten Schäden vom 28.06.1991, ABlEG Nr. C 192/6 vom 23.07.1991.

[335] Zur Präventivwirkung des Richtlinienentwurfs Nicklisch, BB Beilage Nr. 10/1993, S. 55 ff. Zur ersten Fassung des Richtlinien-Entwurfs Salje, DB 1990, 2053, 2054.

[336] Hierzu Salje, DB 1990, 2057.

[337] Vgl. hierzu Salje, DB 1990, 2053.

f. Stellungnahme

Die Grundsätze der weiterentwickelten Rechtsprechung zur deliksrechtlichen Produkthaftung, das ProdHaftG und die zusätzlich umgesetzten, noch umzusetzenden oder sogar erst noch zu schaffenden EU-Richtlinien im Verbraucher- und Umweltschutzbereich können nur dann von den Herstellern effektiv im Rahmen der Produktion und des Vertriebs durch präventiv wirkende Produktsicherheitsmaßnahmen verwirklicht werden, wenn klar ist, wer für was gegenüber wem woraus haftet. Die vorstehenden, ausführlichen Erläuterungen zu den Bereichen Produkt/Fehler/Hersteller und die Schwierigkeit, die deliktsrechtliche Produkthaftung und die Gefährdungshaftung kombiniert darzustellen und nicht nur nacheinander zu erörtern, zeigt, daß dies nicht ohne weiteres möglich ist.

Durch die Vielzahl der EU-Sonderrichtlinien neben nationalen Regelungen entsteht eine erhebliche Rechtszersplitterung. Schon jetzt treten bei Überschneidungen von umgesetzten Richtlinien untereinander und mit nationalen Gesetzen Abgrenzungsschwierigkeiten auf, die nicht nur zur Unübersichtlichkeit der Rechtslage und damit Rechtsunsicherheit führen, sondern vor allem auch zu unterschiedlichen Haftungsregeln, so daß die Parteien selbst bei unstreitigem Sachverhalt alleine wegen des Haftungsumfangs die Frage des anzuwendenden Gesetzes gerichtlich klären lassen werden. Die Aufhebung der Abgrenzungsschwierigkeiten durch Zusammenfassung der Verbraucher- und Umweltschutzgesetze und Vereinheitlichung der Haftungsregeln würde zur angestrebten EU-weiten Rechtssicherheit und Rechtsklarheit führen und damit Rechtsstreit vermeiden helfen. Der mit der Produkthaftungs-Richtlinie angestrebte Erfolg einer Angleichung der Wettbewerbsbedingungen[338] erscheint durch parallele Geltung von nationalem Recht und umgesetztem EU-Recht zweifelhaft.

Als negatives Beispiel sei nur genannt, daß der Vorschlag für eine Richtlinie des Rates über die Haftung bei Dienstleistungen[339] keinen Selbstbehalt des Geschädigten und keine Haftungshöchstgrenze vorsieht. Hiernach müßte der Geschädigte nur den Kausalzusammenhang zwischen Dienstleistung und Schaden, aber keinen Fehler der Dienstleistung beweisen (Art. 1, 5 des Richtlinienvorschlags). Kann nicht klar abgegrenzt werden, ob eine Dienstleistung oder eine Herstellung vorliegt oder ist eine Kombination aus beiden gegeben, wird sich, sollte sich beim eventuellen Erlaß der Richtlinie in diesen Punkten nichts geändert haben, der Geschädigte auf die Dienstleistungshaftung zu stützen suchen und der in Anspruch Genommene auf die Produkthaftung.

---

338 Präambel der Richtlinie des Rates der Europäischen Union vom 25. 07.1985 zur Angleichung der Rechts- und Verwaltungsvorschriften der Mitgliedsstaaten über die Haftung für fehlerhafte Produkte (85/374/EWG, ABlEG Nr. L 210/29 vom 07.08.1985).

339 KOM (90) 482 endg. - SYN 308 v. 20.12.1990, BT-Drs. 12/180 vom 01.03.1991.

Es wird sich mit der weiter zunehmenden Umsetzung von EU-Richtlinien nicht vermeiden lassen, den gesamten Bereich Verbraucher- und Umweltschutz komprimiert, vereinfacht, verkürzt und übersichtlich und nicht in immer neuen Einzelgesetzen zu regeln.[340] So sei angeregt, die deliktsrechtliche Produkthaftung aufzugeben und deren Vorzüge in das ProdHaftG einzubauen. Das ProdHaftG soll dadurch nicht aufgebläht werden. Lediglich die Aspekte, die bei der ausschließlichen Anwendung des ProdHaftG als für den Verbraucherschutz nicht ausreichend angesehen werden, sollten in das ProdHaftG eingearbeitet werden, als da z.B. wären: Schmerzensgeld, Regelung zur Produktbeobachtung, der Höhe nach unbeschränkte Haftung. Der langwierige Streit um die weiterfressenden Mängel wäre dann im Sinne von § 1 Abs. 1 S. 2 ProdHaftG geklärt. Von Vorteil wäre dann auch die Eingrenzung der gemäß § 4 ProdHaftG Haftenden, d.h. die Auffassung einer gerechtfertigten Arbeitnehmer-Haftung[341] mit Beweislastumkehr wäre aufzugeben. Eine Haftung des Herstellers nach § 823 Abs. 1 BGB käme dann nur noch bei Verschuldensnachweis durch den Geschädigten in Betracht. Das ProdHaftG, das derzeit so gut wie gar nicht zur Anspruchsdurchsetzung benötigt wird, würde dann die Bedeutung erlangen, die von der Produkthaftungs-Richtlinie für die EU-weite Rechtsvereinheitlichung beabsichtigt war.

g. Rechtswidrigkeit

Bei der Gefährdungshaftung nach § 1 ProdHaftG kommt es auf die Rechtswidrigkeit nicht an. Bei der Produkthaftung im Rahmen von § 823 Abs. 1 BGB begründet der Verstoß gegen die dem Hersteller obliegende Verkehrssicherungspflicht die Rechtswidrigkeit.[342]

h. Verschulden

Nach § 1 ProdHaftG haftet der Hersteller verschuldensunabhängig.

Die noch umzusetzende Produktsicherheits-Richtlinie[343] stellt auf die objektive Tatsache eines nicht sicheren Produktes ab, festgestellt aufgrund behördlicher Kontrollen; Verschulden wird nicht berücksichtigt.

---

340 Siehe auch die Kritik von Schottelius/Küpper-Djindjic, BB 1993, 445, 449 f. und BB 1994, 2214 ff. zu den Bereichen Gesundheits-, Umwelt- und Arbeitsschutz sowie Anlagensicherheit.

341 Siehe hierzu oben Punkt B.II.3.e.cc.(4)., S. 61 ff.

342 Vgl. Palandt/Thomas, BGB § 823 Rn 202.

343 Siehe Fn 3.

Bei der Inanspruchnahme aus § 823 Abs. 1 BGB ist das Verschulden des Herstellers Voraussetzung seiner Haftung. Das Verschulden liegt in dem zumindest fahrlässigen Verstoß gegen eine ihm obliegende Verkehrssicherungspflicht. Die Eröffnung einer Gefahrenquelle begründet die Rechtspflicht, die zur Abwendung der Gefahr erforderlichen Vorkehrungen zu treffen.[344] Die Verletzung einer Verkehrssicherungspflicht ist für den eingetretenen Schaden kausal, wenn der Schaden bei pflichtgemäßem Handeln mit Sicherheit nicht eingetreten wäre.[345] Die nach § 3 ProdHaftG beim Fehlerbegriff festgelegten Anforderungen an die Produktsicherheit befinden sich bei der deliktsrechtlichen Produkthaftung bei den Verkehrssicherungspflichten.

Im Rahmen der Produkthaftung nach § 823 Abs. 1 BGB werden verschiedene Arten von Verkehrssicherungspflichten unterschieden: Organisations-, Instruktions- und Produktbeobachtungs- und damit verbunden unter Umständen auch Rückrufpflichten.[346]

aa. Organisationspflichten

Die Organisationspflichten geben dem Hersteller auf, seinen Betrieb so einzurichten und zu organisieren, daß Konstruktions-, Fabrikations- und Instruktionsfehler möglichst ausgeschaltet oder durch Kontrollen entdeckt werden.[347] Sind erhebliche Risiken für den Verbraucher gerade im Fertigungsprozeß angelegt und kann der Hersteller nur durch Kontrollmaßnahmen während der Fertigung, nicht aber mehr nach Inverkehrgabe des Produktes die Fehlerfreiheit dokumentieren, so obliegt ihm die Pflicht, ein Kontrollverfahren sicherzustellen, das sämtliche Fehler an jedem Produkt entdeckt und diese fehlerhaften Produkte aussortiert (der Hersteller ist aber nicht verpflichtet, alle Prüfergebnisse zu dokumentieren). Diese Pflicht wird "Befunderhebungs- und Sicherungspflicht" oder verkürzt Pflicht zur "Statussicherung" genannt und entstammt den Urteilen zu den Mehrwegflaschen-Fällen. Dort hat der Hersteller die Mehrwegflaschen vor dem Wiederauffüllen auf Berstdrucksicherheit zu prüfen und diese Prüfung zu sichern.[348] Der Hersteller muß sich bei Konstruktion, Produktion und Instruktion nach dem erkennbaren und ermittelbaren Stand von Wissenschaft und Technik richten.[349]

---

344 Vgl. schon RGZ 54, 53 ff. - Gesamtschuldverhältnisse.

345 Beispielhaft BGH NJW 1975, 1827, 1829 - Spannkupplung.

346 Hierzu Palandt/Thomas, BGB § 823 Rn 205-209; Junge in: VDI, Produzentenhaftung und technischer Fortschritt, 21, 24 ff.; Voß, Bildung von Rückstellungen, S. 5.

347 Allgemein zur Organisationspflicht Kullmann/Pfister, Produzentenhaftung 1. Bd., Nr. 1520, S. 51 ff. Zu den drei Fehlerarten siehe oben Punkt B.II.3.c.aa., S. 25 ff.

348 Hierzu BGHZ 104, 323 ff. und BGH NJW 1993, 528 ff.

349 Vgl. BGHZ 80, 186, 198 f. - Derosal; BGH BB 1984, 2150, 2151 - Maschinen-Garantie-Versicherung; OLG München VersR 1990, 791, 792 - Holzschutzmittel.

Für sogenannte Ausreißer besteht mangels Verschuldens nach § 823 Abs. 1 BGB keine Deliktshaftung.[350] Für Produktschäden, die auf Fehlern zugelieferter Teile beruhen, die trotz der durchgeführten, gebotenen Kontrollen nicht erkennbar waren, besteht mangels Verschuldens ebenfalls keine Deliktshaftung.[351]

Der EuGH hat zu einer ihm von einem französischen Gericht im Rahmen eines Strafverfahrens vorgelegten Frage zur Prüfungspflicht des EU-Importeurs entschieden, daß dieser sich bei der Prüfung der Zusammensetzung eines Erzeugnisses auf die von den zuständigen Behörden des Mitgliedsstaates, in dem die Herstellung erfolgt ist, oder auf die von einem dafür von diesen Behörden anerkannten Labor ausgestellten Bescheinigungen verlassen kann.[352] . Da allerdings nach der verschuldensunabhängigen Produkthaftung des § 1 Abs. 1 ProdHaftG die Verletzung von Verkehrssicherungspflichten nicht vorliegen muß, können solche Bescheinigungen eine Haftung nach dieser Vorschrift nicht ausschließen.

bb. Instruktionspflichten

Der Hersteller ist gehalten, vor vorhersehbar durch unsachgemäßen Gebrauch entstehenden Gefahren zu warnen[353] oder eine Gebrauchsanweisung über Art und Weise der ordnungsgemäßen Benutzung des Produktes beizufügen,[354] also Instruktionsfehler[355] zu vermeiden.

Der Pflichtverstoß kann nur dann als kausal für einen Schaden angesehen werden, wenn die Erfüllung der jeweiligen Informations- oder Warnpflichten den Schaden mit Sicherheit verhindert hätte.[356] Doch kann eine tatsächliche Vermutung dafür bestehen, daß dann, wenn auf bestimmte Gefahren deutlich und für den Adressaten plausibel hingewiesen worden ist, dies auch beachtet worden wäre.[357] Der Warnpflichtige kann diese Vermutung dann entkräften.

---

350 Anders beim ProdHaftG, hierzu oben Punkt B.II.3.a., S. 14 und B.II.3.c.aa.(2)., S. 28.

351 Siehe BGH NJW 1968, 247 ff. - Schubstrebe.

352 EuGH NJW 1990, 3066, 3067 f. - Textilgewebezusammensetzung.

353 Vgl. BGHZ 59, 172 ff. - Estil; BGH VersR 1959, 523, 524 f. - Seilhexe; BGH VersR 1960, 342, 343 f. - Fußbodenkleber; BGH VersR 1960, 1095 f. - Kühlanlage; BGH NJW 1975, 1827, 1829 - Spannkupplung.

354 Vgl. BGH VersR 1959, 523, 524 f. - Seilhexe; BGH VersR 1960, 1095 f. - Kühlanlage; BGH NJW 1975, 1827, 1829 - Spannkupplung.

355 Siehe oben Punkt B.II.3.c.aa.(3)., S 29.

356 So ausdrücklich BGHZ 59, 172 ff. - Estil; BGH NJW 1975, 1827, 1829 - Spannkupplung; BGH NJW 1987, 372, 373 - Zink-Spraydose.

357 Vgl. BGH NJW-RR 1989, 219 - Baggersee und BGHZ 116, 60, 73 - Milupa-Kindertee.

Die Darbietung des Produkts ist für die Instruktionspflichtverletzung von ausschlaggebender Bedeutung. Es genügt dabei in der Praxis nicht, wenn der Hersteller weiß, welche Anforderungen die Rechtsprechung an die Produktbeschreibung, Gebrauchsanleitung, Wartungshinweise, Werbung und Warnhinweise stellt.[358] Das Produkt muß sich mit diesen Darbietungsanforderungen noch vermarkten lassen. Insbesondere die weitgehenden Warnpflichten können dies vereiteln oder erschweren. Soweit es der Verbraucherschutz gebietet, ist dies zu akzeptieren, soweit der Durchschnittsverbraucher bestimmte Warnungen nicht erwartet, sollten die Anforderungen der Rechtsprechung - wie schon oben kritisiert[359] - wieder reduziert werden. Ansonsten haftet der Hersteller für von der Rechtsprechung konstruierte Pflichtverletzungen, die der Durchschnittsverbraucher nicht als solche ansieht. Obwohl betont wird, amerikanische Produkthaftungsverhältnisse würde es in Deutschland nicht geben, wird dieser Weg gerade mit der kontinuierlichen Ausweitung der Anforderungen an die Produktbeobachtungs- und Warnpflichten durch die Rechtsprechung eingeschlagen. Der Verbraucher wird ermutigt, einen Prozeß zu führen, in dem er unter dem Deckmantel des Verbraucherschutzes die Mißachtung eigener Sorgfaltspflichten kaschiert, aber entsprechende Maßnahmen vom Hersteller verlangt. Eine Nachfrage nach diesem Mehr an Sicherheit stellt der Durchschnittsverbraucher beim Erwerb des Produktes nicht.

Durch die Anforderungen der Rechtsprechung muß er aber künftig Produkte mit diesem Sicherheitsstandard und zu einem entsprechend höheren Preis erwerben, wenn sich die Hersteller nach den Anforderungen der Rechtsprechung richten.

Für die Beurteilung, ob im Einzelfall gegen eine konkrete Verhaltenspflicht verstoßen worden ist, ist maßgeblich, was im Zeitpunkt des potentiellen Handelns oder Unterlassens erforderlich war. Erforderlich sind dabei nur die Maßnahmen, deren Vornahme nach objektiven Maßstäben möglich und zumutbar sind; hier sind die Ansprüche jedoch hoch gesetzt.[360] Was zur Gefahrenabwehr ausreicht, stellt die Untergrenze dar. Unter mehreren ausreichenden Maßnahmen kann der Hersteller wählen.

Das Wahlrecht wird er nicht haben, wenn, wie die noch umzusetzende Produktsicherheits-Richtlinie[361] in Art. 6, 9 und 11 vorsieht, die zuständige Behörde bzw. die Kommission der Europäischen Union über die durchzuführenden Gefahrenabwehrmaßnahmen entscheidet, die sie dem jeweiligen Hersteller auferlegen kann.

Die Instruktionspflicht trifft auch den selbständigen Vertriebshändler.[362]

---

358 Hierzu schon oben Punkt B.II.3.c.cc.(1)., S. 31 ff.
359 Siehe oben Punkt B.II.3.c.cc.(1).(c)., S. 35 ff.
360 Vgl. nur BGHZ 116, 60, 66 ff. - Milupa-Kindertee.
361 Siehe Fn 3.
362 Vgl. BGHZ 99, 167, 170 ff. - Honda.

Ausnahmsweise kann eine Warn- und Hinweispflicht schon dann bestehen, wenn ein zur Abwendung von Gefahren bestimmtes Produkt nicht gefährlich, sondern unter bestimmten Voraussetzungen nur wirkungslos ist, der Benützer aber im Vertrauen auf die Wirksamkeit von der Verwendung eines anderen, wirksamen Produktes zur Gefahrenabwendung absieht.[363]

cc. Produktbeobachtungspflichten

(1). Allgemeines

Nach dem Inverkehrbringen hat der Hersteller seine Produkte auf noch unbekannt gebliebene schädliche Eigenschaften und sonstige eine Gefahrenlage schaffende Verwendungsfolgen zu beobachten.[364] Er darf sich nicht darauf verlassen, mehr oder weniger zufällig von solchen Gefahren Kenntnis zu erlangen. Von ihm wird verlangt, daß er die nötigen Anstalten trifft, um von der praktischen Bewährung seines Produktes unterrichtet zu werden.[365] Dabei hat er Berichte in Fachzeitschriften, sonstige Literatur und die Produktionsentwicklung seiner Mitbewerber zu beachten.[366]

Die dem Hersteller obliegende Produktbeobachtungspflicht hat Grenzen. Nicht jede entfernt liegende Möglichkeit einer Gefahr läßt bereits Sicherungs- und Warnpflichten entstehen. Nicht jeder denkbaren Gefahr muß durch vorbeugende Maßnahmen begegnet werden. Der Hersteller darf aber nicht abwarten, bis erhebliche Schadenfälle eingetreten sind, bevor er Gegenmaßnahmen trifft. Inhalt und Umfang einer Warnung und auch ihr Zeitpunkt werden wesentlich durch das jeweils gefährdete Rechtsgut bestimmt und sind vor allem von der Größe der Gefahr abhängig.[367]

---

363 Vgl. BGHZ 80, 186, 191 ff. - Derosal.

364 Allgemein zur Produktbeobachtungspflicht als zusätzliche, nach dem Inverkehrbringen einsetzende Verkehrssicherungspflicht des Produzenten aus § 823 Abs. 1 BGB MüKo-Mertens, § 823 Rn 299; Ulmer, ZHR 152 (1988), 564 ff.; Sack, BB 1985, 813 ff.; Hollmann, PHI 1990, 38 ff.; Kullmann/Pfister, Produzentenhaftung 1. Bd., Nr. 1520, S. 41 ff.; Junge in: VDI, Produzentenhaftung und technischer Fortschritt, 21, 30 ff.; v. Westphalen, NJW 1990, 83, 85; BGHZ 80, 186, 191 f. und 199, 202 f. - Derosal und Benomyl; BGHZ 99, 167, 170 ff. - Honda, mit Anm. Pfister, EWiR § 823 BGB 1/87, 235 f.

365 Vgl. hierzu BGH VersR 1971, 80 - Bremsen.

366 Vgl. BGH NJW 1990, 906 - Pferdebox.

367 Vgl. hierzu BGHZ 99, 167 ff. - Honda; BGHZ 104, 323 ff. - Limonadenflasche; siehe auch Hollmann, PHI 1990, 38 ff.; Micklitz, NJW 1989, 1076, 1077. Siehe zum Zeitpunkt der einsetzenden Warnpflicht LG Aachen in dem Einstellungsbeschluß des Contergan-Strafverfahrens JZ 1971, 507, 516.

Beispiel: Wenn im Zeitpunkt des Inverkehrbringens von Funktelefonen Nebenwirkungen durch häufiges Telefonieren nicht bekannt und nicht erkennbar waren, hierüber höchstens nicht belegte Vermutungen veröffentlicht wurden (so der derzeitige Stand),[368] ist der Hersteller für die Entwicklungsschäden nicht verantwortlich. Nach dem Inverkehrbringen des Funktelefons und nach dem Bekanntwerden von erwiesenermaßen durch das Telefonieren verursachten Gesundheitsschäden kann sich eine Produkthaftung aus der Verletzung der Produktbeobachtungspflicht, insbesondere der Warn- und evtl. der Rückrufpflicht ergeben.

Der Vertriebsgesellschaft des Herstellers obliegt die Produktbeobachtungspflicht ebenfalls, um rechtzeitig Gefahren aufzudecken, die aus einer Kombination des Produktes mit Produkten anderer Hersteller entstehen können, um ihnen dann entgegenzuwirken.[369]

(2). Warn- und Rückrufpflicht

Wird bei der Produktbeobachtung festgestellt, daß von dem Produkt Gefahren ausgehen können, kann sich eine zusätzliche Instruktions- (meist Warn-) pflicht[370] und unter Umständen sogar eine Rückrufpflicht[371] und eine Pflicht zur kostenlosen Beseitigung der Gefährdung (Reparatur, Austausch des Produktes) ergeben.[372] Weitergehende Pflichten, die auf eine Nachbesserung oder Ersatzlieferung hinauslaufen würden, wären durch das Ziel, eine Gefahr zu beseitigen, nicht mehr gedeckt. Solche Pflichten gehören in den Bereich des Gewährleistungsrechts.

---

368 Siehe hierzu oben Punkt B.II.3.c.dd.(2)., S. 46 ff.

369 Vgl. BGHZ 99, 167, 172 ff. - Honda.

370 Vgl. BGHZ 99, 167, 171 ff. - Honda.

371 Hierzu BGHZ 80, 186 ff. und 199 ff. - Derosal und Benomyl; BGHSt 37, 106 ff. - Lederspray: Strafrechtliche Rückrufpflicht aus der Garantenstellung des Geschäftsführers des Herstellers oder des Vertriebshändlers. Die Rückrufaktion von Werner und Mertz für die Ledersprays der Marken Erdal, Solitär und Lady erfolgte erst am 27.07.1990 über die Tageszeitungen, also nach o.g. BGH-Urteil vom 06.07.1990. Zur Rückrufpflicht siehe auch Pieper, BB 1991, 985 ff.; Krutein, DAR 1985, 33 ff.; Mayer, DB 1985, 319 ff.; Taschner/ Frietsch, Produkthaftungsgesetz, Einführung Rn 88 ff. Zu den denkbaren Anspruchsgrundlagen für einen Rückruf - §§ 823 Abs. 1, 1004 Abs. 1 BGB, § 1 UWG, GoA - siehe Foerste in: v. Westphalen, Produkthaftungshandbuch Bd. 1 § 39.

372 Hierzu Palandt/Thomas, BGB § 823 Rn 209 m.w.N.; MüKo-Mertens, § 823 Rn 299.

Dies zeigt deutlich, daß die in Betracht kommenden Verletzungen von Verkehrssicherungspflichten, die deliktsrechtlich die Haftung des Herstellers begründen, umfassender sind als die definierten Fehlerarten Konstruktions-, Fabrikations- und Instruktionsfehler.[373]

Rückrufmaßnahmen als Vorbeugemittel begrenzen das Produkthaftungsrisiko. Der Rückruf ist in verschiedenen Formen möglich: Der Hersteller warnt generell über die Medien und/oder durch Informierung seines Händler- und Werkstattnetzes.

So hat die Bayer AG über Zeitungsartikel[374] vor der Benutzung alter Spraydosen mit Zierpflanzenspray gewarnt, die infolge von Alterung und Korrosion bersten könnten. Gleichzeitig wurde vor dem Anfassen der Dosen gewarnt und Telefonnummern für einen Abholservice angegeben.

Vor einem Zerknall von bestimmten, über 22 Jahre alten Feuerlöschern warnte der Hersteller per Zeitungsanzeige mit einer großen Fettdrucküberschrift "Warnung" und weiteren Verhaltensanweisungen.[375]

Bei Kraftfahrzeugen kann der Hersteller das Zentrale Fahrzeugregister beim Kraftfahrt-Bundesamt benutzen und jeden betroffenen Halter direkt anschreiben.[376]

Der Erfolg einer Rückrufaktion hängt nicht nur davon ab, wie viele der betroffenen Verbraucher informiert worden sind, sondern auch davon, wie einsichtig diese sind.

Die Durchführung einer Rückrufaktion verursacht außerplanmäßige Kosten für das Unternehmen[377] und kann unter Umständen dessen Bestand gefährden. Zudem kann die Notwendigkeit einer solchen Maßnahme das Unternehmen im Wettbewerb mit der Konkurrenz durch Vertrauens- und Imageverlust zurückwerfen. Gegen Letzteres kann sich der Hersteller, da dies ein unternehmerisches Risiko ist, nicht versichern. Versicherer dürfen keine unternehmerischen Entscheidungen für Dritte treffen, dies bleibt den Unternehmen selbst vorbehalten. Versicherungsschutz wird nur gewährt, wenn das Schadensereignis zu einem Personen- oder Sachschaden bei einem Dritten geführt hat (vgl. § 1 Ziff. 1 AHB.

---

373 Zu den Fehlerarten siehe oben Punkt B.II.3.c.aa., S. 25 ff.

374 Z.B. SZ vom 14.01.1992.

375 SZ vom 25.01.1993.

376 Beispiele: Rückrufaktion für Lancia Y10; betroffen waren ca. 5.000 Fahrzeuge. Rückrufaktion für drei Tagesproduktionen VW Golf und Jetta. Die Besitzer wurden in beiden Fällen direkt benachrichtigt, ADAC Motorwelt 1/1991, 38.

377 Vor Abschluß der Rückrufaktion nicht kalkulierbare Benachrichtigungs-, Überführungs-, Überprüfungs- und Reparaturkosten.

Der Hersteller kann aber eine Rückrufaktion als Werbekampagne einsetzen, so daß sich die Rückrufaktion letztlich doch bezahlt macht. Als Beispiel kann die Rückrufaktion von Perrier im Februar 1990 genannt werden wegen unerlaubt hoher Spuren von Benzol in Perrier-Wasser in den USA und der Bundesrepublik Deutschland mit Kosten von angeblich 200 Millionen französiche Francs. Die Rückrufaktion war aber gleichzeitig eine Investition in das Image der "absoluten Reinheit".[378]

Erwähnenswert ist auch der Rückruf von 183.000 Wagen von VW der Modelle Golf und Jetta in Japan, wo VW die Rückrufkosten von "mehreren Millionen Mark" in eine Kampagne als Hersteller zuverlässiger Wagen umgesetzt hat.[379] Dieses Beispiel zeigt die spezifische Situation des Rückrufs auf: Nicht immer sind alle zurückgerufenen Fahrzeuge einer Serie mit dem vermuteten Mangel behaftet, sie müssen aber, um dies herauszufinden, alle überprüft werden.

Die Nichtdurchführung eines Rückrufs trotz der von einer Zentralstelle für Sicherheitstechnik festgestellten Mängel kann für ein Unternehmen bei Veröffentlichung folgenschwer für dieses Produkt auf dem Absatzmarkt sein.

Beispiele: Bericht über einen Elektroboiler der Marke AEG (Explosionsgefahr), in dem die AEG auf Anfrage erklärt, "aus technischer Sicht" sei kein Rückruf erforderlich.[380] Oder die Berichte über das krebserregende Formaldehyd in IKEA-Regalen und die daraufhin erfolgte Stellungnahme der Firma, Probleme mit Formaldehyd in IKEA-Möbeln könnten ausschließlich bei Allergikern auftreten und maximal für 24 Stunden, nachdem der Möbelkarton geöffnet sei.[381]

Ist jemand von dem Rückruf nicht erreicht und durch das fehlerhafte Produkt geschädigt worden, kann der Hersteller sich bei Inanspruchnahme nicht mit der Rückrufaktion exkulpieren.

Das Bedürfnis der Hersteller nach einer Rückrufkosten-Versicherung ist groß. Die Versicherer sind aufgrund der enormen Aufwendungen, die zu decken wären, hierzu nicht generell für alle Industriezweige bereit. Hierbei ist zu beachten, daß ein Rückruf herstellereigener Produkte oftmals schon dann erfolgt, wenn noch

---

378 WZ vom 15. u. 16.02.1990.

379 SZ vom 11.12.1992.

380 In: "ARD-Ratgeber: Technik" (NDR) vom 17.02.1991.

381 In: SZ vom 28.10. und 03.12.1992.

kein konkreter Sach- oder Personenschaden eingetreten ist und der Rückruf zur Schadenverhütung durchgeführt wird.[382] Die Kosten einer solchen Aktion stellen einen reinen Vermögensschaden dar, der als typischer Eigenschaden nicht Gegenstand der Allgemeinen Haftpflichtversicherung ist.[383]

Das Angebot einer Rückrufkosten-Versicherung ist gemäß den vom BAV genehmigten Besonderen Bedingungen und Risikobeschreibungen auf den Kfz-Bereich beschränkt.[384] Die Rückrufkosten-Versicherung wird als Ergänzung zur Betriebshaftpflichtversicherung abgeschlossen.

Es gelten die "Besonderen Bedingungen und Risikobeschreibungen für die Haftpflichtversicherung wegen Rückrufs von Kraftfahrzeugen".[385] Versichert sind ausschließlich reine Vermögensschäden, die bei einer Rückrufaktion entstanden sind, nicht jedoch Personen- und Sachschäden. Gedeckt sind folglich die Kosten der Benachrichtigung der Kraftfahrzeughalter, der Händler und der Werkstätten, der Überführung des Kfz zur Reparatur in die Werk-stätte und die Kosten der Fehlerüberprüfung nebst den dafür erforderlichen Ein- und Ausbaumaßnahmen (Ziff. 1.1 bis 1.3 der Besonderen Bedingungen).[386]

Aufgrund der Einführung produktionssynchroner Beschaffung durch Just-in-time-Lieferbeziehungen wird die Qualitätssicherung vom Besteller auf den Zulieferer verlagert.[387] Liefert der Zulieferer fehlerhafte Produkte und gehen hiervon Gefahren für Gesundheit oder Sachen aus, ist er zum Rückruf verpflichtet. Führt der Endhersteller die Rückrufaktion durch, weil er z.B. weiß, an wen die Produkte ausgeliefert wurden und er dadurch schneller handeln kann, kann er vom Zulieferer im Regreßweg Ersatz der Rückrufkosten verlangen (§§ 683, 670 BGB). Gegen solche Fremdrückrufe können sich nicht nur Zulieferer der Automobilindustrie, sondern Zulieferer sämtlicher Branchen aufgrund besonderer Vereinbarung nach § 1 Ziff. 3 AHB versichern.[388]

---

382 So z.B. die Rückrufaktion von Perrier, siehe oben Punkt B.II.3.h.cc.(2)., S. 78 mit Fn 378 ; Rückruf von 13.000 Audi 200, da fehlerhafte Einspritzventile zu Motorbränden führen können und Rückruf bestimmter Kawasaki ZXR 750, da sich das eingeschobene Lenkerrohr am Lenkerhalter lösen kann, beides in ADAC Motorwelt 6/1990, 24.

383 Vgl. Littbarski in: v. Westphalen, Produkthaftungshandbuch Bd. 1 § 56 Rn 36 m.w.N.

384 Einzelheiten zum Versicherungsschutz bei Littbarski in: v. Westphalen, Produkthaftungshandbuch Bd. 1 § 56 Rn 39 ff.

385 VerBAV 1981, 345 ff.

386 Vgl. Littbarski in: v. Westphalen, Produkthaftungshandbuch Bd. 1 § 56 Rn 42-45.

387 Hierzu Steinmann, Qualitätssicherungsvereinbarungen, S. 15-19 m.w.N.; Steckler, BB 1993, 1225 ff.; v. Westphalen/Bauer, Just-in-time-Lieferbeziehungen und Qualitätssicherungsvereinbarungen.

388 Vgl. hierzu Littbarski in: v. Westphalen, Produkthaftungshandbuch Bd. 1 § 56 Rn 38.

Die Rückrufkosten-Versicherung bildet für Versicherer und Versicherungsnehmer seit der Einführung 1981 eine sich rentierende Ergänzung zur Betriebs- und Produkthaftpflichtversicherung. Warum die Versicherer eine entsprechende Zusatzversicherug nicht auch in anderen Bereichen anbieten, kann nur mit der Befürchtung zu großer Fehleinschätzungen von möglichen Rückrufen in diesen Bereichen erklärt werden. Doch war auch im Kfz-Bereich anfangs die Wahrscheinlichkeit der Inanspruchnahme weder der Häufigkeit noch der Höhe nach abschätzbar. Der Vorhalt der Versicherungswirtschaft, mit den hohen Kosten der meisten Rückrufaktionen in anderen Branchen könne leicht die Grenze des Deckungsbereichs einer Haftpflichtversicherung erreicht werden, überzeugt nicht, da dies gerade auch im Kfz-Bereich möglich ist. Das Bedingungswerk für den Kfz-Bereich bietet sich als Muster für andere Bereiche an.[389]

Vereinzelt wird das Kfz-Rückrufkosten-Modell von einigen Versicherern bereits für andere Produkte in entsprechender Weise verwendet: So bietet die Allianz Versicherungs-AG in Einzelfällen eine Rückrufkostenversicherung im Lebensmittelbereich an.

In Diskussion ist bei den Versicherern ein Rückrufkosten-Modell für den Pharma-Bereich; derzeit entscheidet jeder Versicherer jedoch intern, ob er eine solche Versicherung anbieten will.

Für mehr Angebotsvielfalt bei der Produkthaftpflichtversicherung sorgt die EU-weite Liberalisierung[390] und Deregulierung[391] des Versicherungswesens mit der uneingeschränkt ab Juli 1994 möglichen Konkurrenz aus dem europäischen Ausland sorgen. Spätestens zu diesem Zeitpunkt mußten die nationalen Rechtsordnungen der 3. Schadenversicherungs-Richtlinie[392] angepaßt werden. Dies ist in der Bundesrepublik Deutschland am 28.07.1994 mit der Verkündung des Dritten Gesetzes zur Durchführung versicherungsrechtlicher Richtlinien des Rates der Europäischen Gemeinschaften erfolgt.

---

389 Vgl. auch Littbarski in: v. Westphalen, Produkthaftungshandbuch Bd. 1 § 56 Rn 35 f., 54.

390 Abbau von Zoll- und Handelsschranken im grenzüberschreitenden Verkehr, hierzu Carl, NWB Beilage 5/1991, 7 f.

391 Abbau von gesetzlichen Vorschriften in den einzelnen Mitgliedsstaaten, die dort der staatlichen Aufsicht über bestimmte Wirtschaftsbereiche dienen, hierzu Carl, NWB Beilage 5/1991, 7 f.

392 Richtlinie 92/49/EWG des Rates vom 18.06.1992 zur Koordinierung der Rechts- und Verwaltungsvorschriften für die Direktversicherung - mit Ausnahme der Lebensversicherung - sowie zur Änderung der Richtlinien 73/239/EWG und 88/357/EWG, ABlEG Nr. L 360 vom 09.12.1992, S. 1. Hierzu Roth, NJW 1993, 3028 ff.

(3). Stellungnahme

In Art. 7 lit. e der Produkthaftungs-Richtlinie[393] und entsprechend umgesetzt in § 1 Abs. 2 Ziff. 5 ProdHaftG ist die Haftung für Entwicklungsfehler ausdrücklich ausgeschlossen worden.

Die Warn- und Rückrufpflicht widerspricht dem produkthaftungsrechtlichen Grundsatz, daß für Entwicklungsfehler nicht gehaftet wird, wenn der Hersteller nicht nur darauf achten soll, daß versteckt gebliebene Mängel nach Inverkehrbringen sichtbar werden, sondern er auch vor den nach der Weiterentwicklung von Wissenschaft und Technik neu erkannten Fehlern warnen soll.

Lagen solche Fehler aber bei Inverkehrbringen des Produkts noch nicht vor, hat der Hersteller ein zu diesem Zeitpunkt fehlerfreies Produkt ausgeliefert.

Zum Schutz des Verbrauchers ist es zwar zweckmäßig, dem Hersteller solche umfassenden Warn- und Rückrufpflichten aufzuerlegen. Beim Haftungsumfang ist jedoch zu bedenken, daß die unbegrenzte Haftung des Herstellers bei einem zum maßgeblichen Zeitpunkt des Inverkehrbringens fehlerfreien Produkt im Vergleich zu verschuldeten Konstruktions-, Fabrikations- und Instruktionsfehlern unverhältnismäßig ist. Zudem müssen die Produkte einer Serie nicht sämtlich mit dem vermuteten Fehler behaftet sein; in welchem Umfang der Rückruf erforderlich war, entscheidet sich immer erst nach Durchführung der Rückrufaktion und Überprüfung sämtlicher zurückerhaltenen Produkte.

Sämtliche Hersteller müssen sich wegen der deliktsrechtlichen Produktbeobachtungspflicht derart intensiv mit der Benutzung ihrer in Verkehr gebrachten Produkte, auch in Kombination mit den gängigen Konkurrenzprodukten bzw. Zubehörteilen und der zugänglichen internationalen Entwicklung von Wissenschaft und Technik beschäftigen, daß entweder kaum noch Zeit und Geld für Produktion und Vertrieb bleibt oder schon ohne konkreten Anlaß der Hersteller aufgrund der Pflichten, denen er in diesem Umfang in der Praxis nicht nachkommen kann, die Produktion einstellt. Selbst wer sich in Zeiten von Rezession mit Qualitätsprodukten auf dem Markt behaupten will, kann sich keine Stabsabteilung zur Durchführung dieser umfangreichen Produktbeobachtung leisten, sondern wird gezielt auf das einzelne Produkt abgestimmte Prioritäten für die Produktsicherheit setzen. Da die Produktionsanlagen oft zu einem großen Teil fremdfinanziert werden müssen und in der Bonitätsbeurteilung des Unternehmens die Produktionskosten mitbewertet werden, können zu hohe Kosten für die Produktsicherheit, und seien sie

393 Siehe Fn 1.

noch so durch die Rechtsprechung zur Produkthaftung gerechtfertigt, das Produktionsvorhaben zum Scheitern bringen. Die Kosten für die Produktbeobachtung sind noch abschätzbar, für einen bei der Inverkehrgabe des Produktes nicht vorhersehbaren Rückruffall jedoch nicht.

Art. 15 Abs. 1 lit. b) der Produkthaftungs-Richtlinie läßt allerdings unter Beachtung des Verfahrens nach Art. 15 Abs. 2 der Produkthaftungs-Richtlinie zu, daß ein Mitgliedsstaat eine Regelung zur Haftung für Entwicklungsrisiken einführt. Diese Möglichkeit würde relevant bei Aufgabe der deliktsrechtlichen Produkthaftung unter Änderung des ProdHaftG. Außerdem kann der Rat der EU nach Art. 15 Abs. 3 der Produkthaftungs-Richtlinie über die Aufhebung des Art. 7 lit. b) entscheiden.

i. Haftungsausschluß

Bei der deliktsrechtlichen Produkthaftung haftet der Hersteller nicht, wenn er das vermutete Verschulden widerlegt.

Eine vertragliche Haftungsfreizeichnung kann die deliktsrechtlichen Schadensersatzansprüche erfassen, wenn die Freizeichnungsklausel sie entweder ausdrücklich einbezieht oder die Erstreckung auf deliktsrechtliche Ansprüche sonst aus dem Vertrag eindeutig hervorgeht.[394] Ansonsten ist die deliktsrechtliche Produkthaftung zwingend. Eine Haftungsfreizeichnung gegenüber allen Benutzern des Produktes durch Freizeichnungsklauseln auf der Verpackung, am Produkt oder in Gebrauchsanweisungen ist unwirksam.[395]

Bei der verschuldensunabhängigen Produkthaftung gibt es ebenfalls Haftungsausschlußgründe: Ein Hersteller kann gemäß § 1 Abs. 2, 3 ProdHaftG der Haftung insoweit entgehen, als er beweist (§ 1 Abs. 4 S. 2 ProdHaftG), daß er das Produkt nicht in den Verkehr gebracht hat, daß nach den Umständen davon auszugehen ist, daß das Produkt bei Inverkehrbringen fehlerfrei war, daß die Herstellung keinen kommerziellen Zweck hatte oder daß die Herstellung entsprechend dazu zwingenden Rechtsvorschriften (also Gesetz oder Verordnung, nicht jedoch DIN- und VDE-Normen u.ä.) erfolgte.[396] Ferner haftet er nicht, wenn er beweist, daß ein Entwicklungsfehler vorliegt, also ein solcher Fehler, der in dem Zeitpunkt, in dem der Hersteller das Produkt in den Verkehr brachte, nach dem Stand von Wissen-

394 Vgl. BGHZ 67, 359, 366 f. - Schwimmerschalter.

395 Siehe hierzu Palandt/Thomas, BGB § 823 Rn 218.

396 Waren, die in den neuen Bundesländern hergestellt werden, müssen seit dem 01.01.1993 den technischen Standards der EU entsprechen: Richtlinie 90/657/EWG, ABlEG 1990 Nr. L 353, S. 65; Richtlinie 90/650/EWG, ABlEG 1990 Nr. L 353, S. 39.

schaft und Technik noch nicht erkannt werden konnte.[397] Die Weiterentwicklung von Wissenschaft und Technik nach dem Inverkehrbringen des Produktes kann also nicht zur Haftung des Herstellers führen. Allerdings ist auf die deliktsrechtliche Produktbeobachtungspflicht hinzuweisen.[398] Schließlich haftet der Hersteller nicht, wenn er beweist, daß der Fehler durch die Konstruktion des Produktes, in welches sein Teilprodukt oder sein Grundstoff eingearbeitet wurde, oder durch die Anleitung, die der Hersteller des Endproduktes dem Zulieferer erteilt hat, verursacht worden ist.

Auf den ersten Blick könnte man im Haftungsausschluß für Entwicklungsfehler ein Korrelat für die verschuldensunabhängige Haftung sehen, was aber nicht überzeugt, da der Ausschluß nicht endgültig ist: In Art. 15 der Produkthaftungs-Richtlinie ist es den Mitgliedsstaaten der EU freigestellt worden, ob sie eine Haftung auch für Entwicklungsfehler einführen wollen.

Eine Verteidigungsmöglichkeit mit dem Stand von Wissenschaft und Technik ist in anderen Gesetzen nicht enthalten:
Abweichend von § 1 Abs. 2 Nr. 5 ProdHaftG wird nach § 84 S. 2 Nr. 1 AMG für Entwicklungsfehler gehaftet.

Der Anlageninhaber, der gem. § 1 UmweltHG bereits wegen bloßer Ursächlichkeit seiner Anlage für den Schaden haftet, kann sich nicht mit der Nichterkennbarkeit der Gefahr nach dem Stand von Wissenschaft und Technik verteidigen.[399] Einen Ausschluß der Haftung für Entwicklungsrisiken sieht das UmweltHG im Gegensatz zu § 1 Abs. 2 Ziff. 5 ProdHaftG nicht vor.

§ 6 Abs. 2 GenTG verweist auf einen Stand von Wissenschaft und Technik, der in der Praxis noch nicht existiert,[400] zumal der Hauptteil der gentechnischen Arbeiten aus Forschen und Experimentieren besteht. Da sich das Verhalten von gentechnisch veränderten Organismen nicht mit letzter Sicherheit vorhersagen läßt, bezieht die Gefährdungshaftung nach § 32 GenTG die Haftung für Entwicklungsrisiken ein. So werden schwierige Beweisfragen zur Erkennbarkeit der Schädlichkeit vermieden.[401]

---

397 Hierzu Palandt/Thomas, ProdHaftG § 1 Rn 21.
398 Hierzu oben Punkt B.II.3.h.cc., S. 75 ff.
399 Vgl. Schmidt-Salzer, Umwelthaftungsrecht, § 1 Rn 321. Zum UmweltHG siehe Hager, Das neue Umwelthaftungsgesetz, NJW 1991, 134 ff.; Salje, Umwelthaftungsgesetz.
399 BT-Dr 11/7104, S. 15.
400 S. 6. Trierer Kolloquium zum Umwelt- und Technikrecht, Mitteilung von RA Müggenborg in NJW 1991, 26.
401 Vgl. Hirsch/Schmidt-Didczuhn, GenTG § 32 Rn 13.

Der geänderte Vorschlag für eine Abfallhaftungs-Richtlinie[402] sieht keinen Haftungsausschluß des Abfallerzeugers für den Fall vor, daß die Schädlichkeit seines Abfalls in dem Zeitpunkt, in dem er den Abfall erzeugt hat, nach dem Stand von Wissenschaft und Technik noch nicht erkannt werden konnte.

1995 wird der Rat aufgrund eines Berichts der Kommission entscheiden, ob es bei dem Wahlrecht des Art. 15 der Produkthaftungs-Richtlinie für die Mitgliedsstaaten hinsichtlich der Einführung einer Haftung für Entwicklungsfehler verbleibt oder ob EU-einheitlich die Haftung auch für Entwicklungsfehler eingeführt wird.

j. Beweislast und Beweislastumkehr

aa. Die Beweislast nach § 1 Abs. 4 ProdHaftG

Die Beweislastverteilung ist in § 1 Abs.4 ProdHaftG ausdrücklich geregelt. Klarstellend ist aufgeführt, daß - wie auch sonst - der Geschädigte die anspruchsbegründenden Tatsachen, also den Schaden, den Fehler und den Ursachenzusammenhang beweisen muß. Gleichzeitig wird damit aber auch erreicht, daß keine Umkehr der Beweislast zum Nachteil des beklagten Herstellers durch die Rechtsprechung eingeführt wird, etwa im Rahmen des Fehlerbeweises.[403]

bb. Die Beweislast bei der deliktsrechtlichen Produkthaftung

Die Beweislast für das Vorliegen sämtlicher Tatbestandsmerkmale des § 823 Abs. 1 BGB - also auch für das Verschulden - liegt grundsätzlich beim Geschädigten. Dabei können allerdings im Einzelfall Beweiserleichterungen nach den Regeln des Regeln des Anscheinsbeweises[404] eine bedeutsame Rolle spielen.

Erste Ausnahme der Beweislastverteilung war zunächst die von der Rechtsprechung eingeführte Beweislastumkehr für das Verschulden in den Fällen industrieller Fabrikation. Sie galt bis auf weiteres für den Fall des Fabrikationsfehlers[405] und sodann auch für Konstruktionsfehler.[406] Bezüglich eines Instruktionsfehlers

[402] Geänderter Vorschlag für eine Richtlinie des Rates über die zivilrechtliche Haftung für die durch Abfälle verursachten Schäden vom 28.06.1991, ABlEG Nr. C 192/6 vom 23.07.1991.
[403] Vgl. Kullmann/Pfister, Produzentenhaftung 1. Bd., Nr. 3602, S. 26.
[404] Hierzu: Palandt/Heinrichs, BGB Vorbem. vor § 249 Rn 163 ff.
[405] Seit BGHZ 51, 91 ff. - Hühnerpest.
[406] Vgl. BGHZ 67, 359, 361 - Schwimmerschalter.

findet eine Beweislastumkehr dann nicht statt, wenn feststeht, daß dem Hersteller für den Zeitpunkt des Inverkehrbringens seines Produktes keine unzureichende Instruktion anzulasten ist, daß der Produktgeschädigte ihm vielmehr nur einen erst nach neueren Erkenntnissen aufgedeckten Instruktionsfehler vorwerfen kann.[407] Ist offen, ob der Hersteller nicht schon bei der Inverkehrgabe des Produktes nach dem damaligen Erkenntnisstand Anlaß zu Warnungen, Verwendungshinweisen und dergleichen hatte, wird erstmals seit dem Milupa-Urteil des BGH davon ausgegangen, daß den Hersteller ein Verschulden trifft.[408]

Die Beweislastumkehr für das Verschulden ist mittlerweile durch eine Grundsatzentscheidung des BGH[409] auf Kleinbetriebe ausgedehnt worden: Ein Gaststätteninhaber richtete trotz der Tatsache, daß er Samonellenausscheider war, ein Hochzeitsessen her. Das Hochzeitspaar (Kläger) und ein Teil ihrer Gäste erlitten eine Salmonellenvergiftung. Die Klage auf Rückzahlung der für das Hochzeitsessen aufgewendeten Kosten und auf Schmerzensgeld hatte Erfolg. Die Ausweitung der Beweislastumkehr wird damit begründet, daß die Beweisnot des Geschädigten vergleichbar sei mit der bei der industriellen Produktion. Der Grundgedanke, der zur Umkehr der Beweislast Anlaß gegeben hat - die schwere Durchschaubarkeit der Herstellungsvorgänge und der Organisationssphäre im Betrieb des Produzenten für den Verbraucher - gelte ganz allgemein für Groß- und Kleinbetriebe, bei industrieller Fabrikation und handwerklicher Herstellung. Die Erweiterung der Rechtsprechung wird als zumutbar angesehen, da es dem Inhaber eines Kleinbetriebes wegen der größeren Transparenz leichter falle, etwaige Fehlerquellen in der Organisation oder im Herstellungsbereich herauszufinden und den Entlastungsbeweis zu führen als dem Inhaber eines industriemäßigen Großbetriebes.[410]

Der BGH verweist in der Urteilsbegründung des Salmonellen-Urteils[411] auf das ProdHaftG, das keinen Unterschied mache zwischen der Herstellung in Groß- und Kleinbetrieben und industrieller oder handwerklicher Fertigung: Im Hinblick auf diese EU-einheitliche Regelung erscheine es nicht angebracht, für den Bereich der immateriellen Schäden, die vom ProdHaftG nicht erfaßt werden und daher nach den zu § 823 Abs. 1 BGB entwickelten Grundsätzen zu behandeln sind, zwischen Groß- und Kleinbetrieben zu differenzieren.

---

407 Vgl. BGHZ 80, 186, 195 ff. - Derosal.

408 BGHZ 116, 60, 72 f. mit Anm. Emmerich, JuS 1992, 520, 521 und Cahn, EWiR § 823 BGB 2/92, 35, 36; diese Auffassung vertrat zuvor schon Brüggemeier, ZIP 1991, 379 f.

409 BGHZ 116, 104 ff. - Salmonellen.

410 Vgl. hierzu BGHZ 116, 104, 110.

411 BGHZ 116, 104, 110 f.

Hiermit ist eine Annäherung zur Herstellerhaftung nach § 1 ProdHaftG erfolgt, wonach auch Kleinbetriebe und nicht gewerblich tätige Hersteller haften.[412] Die Argumentation des BGH läuft insoweit konform mit dem oben aufgeführten Vorschlag,[413] die deliktsrechtliche Produkthaftung aufzugeben und ihre Vorzüge in das ProdHaftG zu integrieren.

Unter eng begrenzten Voraussetzungen wird die Beweislast auch dann zu Lasten des Herstellers umgekehrt, wenn es darauf ankommt, ob der schadenstiftende Produktfehler schon vor Inverkehrbringen des Produktes, d.h. im Verantwortungsbereich des Herstellers entstanden ist. Das ist der Fall, wenn ein Produkt erhebliche Risiken für den Verbraucher in sich trägt, die in der Herstellung geradezu angelegt sind und deren Beherrschung einen Schwerpunkt des Produktionsvorgangs darstellt. Dies bedeutet, daß über die übliche Warenendkontrolle hinaus besondere "Befunderhebungen" (Kontrollmaßnahmen) des Herstellers erforderlich sind.[414] Ist dem Geschädigten aufgrund des Betriebsablaufs, insbesondere ihm nicht zugänglicher interner Produktkontrollbefundberichte eine Sachverhaltsaufklärung unmöglich, wird vermutet, daß der Fehler im Verantwortungsbereich des Herstellers entstanden ist.[415]

In diesen Fällen geht die deliktsrechtliche Produkthaftung als Verschuldenshaftung entschieden weiter als die Gefährdungshaftung des ProdHaftG. Nach § 1 Abs. 2 Ziff. 2 ProdHaftG kommt es darauf an, ob nach den Umständen davon auszugehen ist, daß das Produkt den Fehler, der den Schaden verursacht hat, noch nicht hatte, als der Hersteller es in Verkehr brachteNach der deliktsrechtlichen Produkthaftung aber hat der Hersteller die bei allen Produkten erfolgte Überprüfung der Fehlerfreiheit zu beweisen.[416] Um aus dem Produkthaftungsrecht kein case-law wie im US-amerikanischen Recht werden zu lassen, sollte, wie schon oben gefordert,[417] die deliktsrechtliche Produkthaftung zugunsten des ProdHaftG aufgegeben werden.

An den Entlastungsbeweis werden hohe Anforderungen gestellt. Der Hersteller muß neben der lückenlosen Organisation und Überwachung der Produktion beweisen, daß seine beim Produktionsablauf beteiligten Mitarbeiter fehlerfrei gearbeitet haben bzw. daß er jeden sorgfältig ausgewählt und überwacht hat.[418]

---

412 Siehe hierzu oben Punkt B.II.3.e.bb., S. 53 ff.

413 Siehe oben Punkt B.II.3.f., S: 70 f.

414 Siehe zur Befunderhebungs- und Sicherungspflicht oben Punkt B.II.3.h.aa., S. 101 ff.

415 Vgl. BGHZ 104, 323 ff. - Limonadenflasche.

416 Siehe auch die kritische Anm. von Foerste zu BGH NJW 1993, 528 ff. in JZ 1993, 680 ff.

417 Siehe oben Punkt B.II.3.f., S. 70 f. und B.II.3.j.bb., S. 86 oben. Siehe auch unten Punkt B.V.4.e.cc., S. 145.

418 Vgl. BGH NJW 1973, 1602, 1603 - Feuerwerkskörper, m.w.N.

k. Mitverschulden

Hat sich der Geschädigte der Produktgefahr bewußt ausgesetzt oder das Produkt mißbraucht,[419] hat er auf eigene Gefahr gehandelt, so daß entweder der Schaden dem Hersteller schon nicht zurechenbar ist oder der Geschädigte sich sein Mitverschulden am Schaden zurechnen lassen muß, § 6 ProdHaftG, § 254 BGB.[420] Das Mitverschulden erfolgt in der Praxis meist durch Nichtbeachtung der Gebrauchsanweisung oder Warnungen und durch versehentlichen Fehlgebrauch. Die Instruktionen zum oder am Produkt begründen somit für den Hersteller oft erst die Einwendungsmöglichkeit des Mitverschuldens.

l. Verjährung; Erlöschen des Anspruchs

Der Schadensersatzanspruch nach § 1 ProdHaftG verjährt in drei Jahren vom Zeitpunkt der Kenntnis oder fahrlässigen Unkenntnis des Schadens, des Fehlers und der Person des Ersatzpflichtigen an (§ 12 ProdHaftG). Nach zehn Jahren seit Inverkehrbringen erlischt der Anspruch aus § 1 ProdHaftG, es sei denn, daß zuvor ein gerichtliches Verfahren eingeleitet wurde oder ein rechtskräftiger Titel vorliegt (§ 13 ProdHaftG).[421]

Produkthaftungsansprüche aus § 823 Abs. 1 BGB verjähren in drei Jahren von dem Zeitpunkt an, in welchem der Geschädigte von dem Schaden und der Person des Ersatzpflichtigen Kenntnis erlangt (§ 852 Abs. 1 BGB), ohne Berücksichtigung der Kenntniserlangung in 30 Jahren von der unerlaubten Handlung an.[422]

Die Dokumentation des Produktionsablaufs, die Prüfberichte und sonstigen Unterlagen zur Produktsicherheit sollten daher nach Inverkehrbringen des Produktes jedenfalls noch 30 Jahre aufbewahrt werden.

---

419 Siehe z.B. BGH NJW 1981, 2514, 2516 - Sniffing: Benutzung eines Kältemittels als Rauschgift.

420 Zum Mitverschulden Foerste in: v. Westphalen, Produkthaftungshandbuch Bd. 1 § 40 Rn 2 ff.

421 Ausführlich zur Verjährung die Begründung der Bundesregierung, BT-Drs. 11/2447, S. 24 f. sowie Taschner/Frietsch, Produkthaftungsgesetz, zu §§ 12 und 13; v. Westphalen in: v. Westphalen, Produkthaftungshandbuch Bd. 2 § 67 und NJW 1990, 83, 92; Schmidt-Salzer/Hollmann, EG-Richtlinie Produkthaftung Bd. 1, zu §§ 12 und 13; Kullmann/Pfister, Produzentenhaftung 1. Bd., Nr. 3609 f.

422 Weitere Einzelheiten in Foerste in: v. Westphalen, Produkthaftungshandbuch Bd. 1 § 41.

m. Konkurrenzen

Die deliktsrechtliche Produkthaftung und die Haftung nach § 1 ProdHaftG bestehen nebeneinander.[423]

Weitergehende vertragliche Ersatzansprüche wie etwa Gewährleistungsansprüche, Ansprüche aus einem Garantie- oder Haftungsvertrag, aus einem Vertrag mit Schutzwirkung zugunsten Dritter bleiben vom ProdHaftG (§ 15 Abs. 2 ProdHaftG) und der deliktsrechtlichen Produkthaftung unberührt.

Das Arzneimittelgesetz, das in §§ 84 ff. eine Gefährdungshaftung enthält, geht als spezielle Regelung dem ProdHaftG und der deliktsrechtlichen Produkthaftung vor, selbst wenn dieses den Geschädigten besser stellen würde (§ 15 Abs. 1 ProdHaftG).

Entsprechendes gilt für §§ 25, 25 a AtomG.[424]

§ 37 Abs. 2 GenTG geht der Produkthaftung als Spezialregelung ebenfalls vor.

Für die Wirkungen von Elektrizität, Gasen, Dämpfen oder Flüssigkeiten, die von einer Strom- oder Rohrleitungsanlage o.ä. ausgehen, besteht nach § 2 Abs. 1 S. 1 HPflG eine Gefährdungshaftung. Auch diese Haftung bleibt nach § 15 Abs. 2 ProdHaftG unberührt.

---

423 Siehe oben Punkt B.II.3.a., S. 13.

424 Siehe hierzu oben Punkt B.II.3.d., S. 51.

III. Strafrechtliche Produktverantwortung

Die kurze Darstellung der strafrechtlichen Verantwortlichkeit soll nur einen ersten Überblick geben und erhebt keinen Anspruch auf Vollständigkeit.

Das ProdHaftG enthält nicht wie andere Verbraucher- oder Umweltschutzgesetze spezielle Straftatbestände (z.B. §§ 51 f. LMBG, §§ 95 f. AMG, § 39 GenTG und § 21 UmweltHG). In der Regel stehen Fahrlässigkeitsdelikte im Vordergrund, zu denen vor allem fahrlässige Tötung (§ 222 StGB), fahrlässige Körperverletzung (§ 230 StGB), fahrlässige Brandstiftung (§ 309 StGB), fahrlässige Baugefährdung (§ 323 StGB) und Straftaten gegen die Umwelt (§ 21 UmweltHG, §§ 324 - 330 a StGB) zu rechnen sind. Ansonsten hat die fahrlässige Verursachung eines reinen Sachschadens, auch wenn er groß ist und leichtfertig heirbeigeführt wurde, strafrechtlich keine Relevanz. § 303 StGB stellt nur die vorsätzliche, nicht aber die fahrlässige Sachbeschädigung unter Strafe.[425]

Das "Unternehmen", also die Gesellschaft, ist nicht strafbar. Die strafrechtliche Verantwortlichkeit für Schäden aufgrund von Produktfehlern bzw. Verletzung der Verkehrssicherungspflicht resultiert aus der persönlichen Haftung für eigenes Fehlverhalten, also der persönlichen Vorwerfbarkeit.[426]

Die Haftung von Geschäftsleitungs-Mitgliedern, d.h. Geschäftsführern einer GmbH, Vorstandsmitgliedern einer Aktiengesellschaft, ist anerkannt und beruht auf ihrer Garantenstellung aus vorangegangenem, pflichtwidrigen Gefährdungsverhalten (Ingerenz). Als positives Tun kommt beispielsweise eine unrichtige Anweisung an einen Mitarbeiter in Betracht. Meist hat eine Verkehrssicherungspflichtverletzung zu einem Schaden geführt, so daß ein erforderliches und zumutbares Handeln unterlassen wurde. So kann die Geschäftsleitung es versäumt haben, an die Abteilungsleiter ordnungsgemäß Überwachungs- und Kontrollpflichten delegiert zu haben. Sind die Aufgabengebiete unklar voneinander abgegrenzt und hat sich dadurch niemand für Kontrollaufgaben verantwortlich gefühlt, die einen Produkthaftungsschaden mit an Sicherheit grenzender Wahrscheinlichkeit verhindert hätten, liegt eine Organisationspflichtverletzung der Geschäftsleitung vor. Sie kann zur Verurteilung führen, z.B. wegen einer Körperverletzung durch Unterlassen, §§ 13 Abs. 1, 223 a, 230 StGB.[427]

---

425 Vgl. Kullmann/Pfister, Produzentenhaftung 1. Bd., Nr. 4310, S. 37.

426 Vgl. statt aller Schönke/Schröder/Lenckner, StGB, vor §§ 13 ff. Rn 103, 118.

427 Vgl. BGHSt 37, 106 ff. - Lederspray: Strafrechtliche Rückrufpflicht aus der Garantenstellung des Geschäftsführers des Herstellers oder des Vertriebshändlers. Einzelheiten bei Goll in: v. Westphalen, Produkthaftungshandbuch Bd. 1 §§ 44-47. Weiterführend zur strafrechtlichen Verantwortlichkeit: *Allwerdt, ZStW 1994, ________ ff.*

Arbeitsteilung und Pflichten-Delegation entlasten nicht von der strafrechtlichen Verantwortung.

Da bei innerbetrieblicher Delegation der Verkehrssicherungspflichten diese nicht erlöschen, sondern sich in Aufsichts- und Organisationspflichten wandeln,[428] können im Strafprozeß neben den Mitarbeitern die Führungskräfte angeklagt werden, was schon im Contergan-[429] und Monza-Steel-Verfahren[430] und dann im Lederspray-Urteil[431] deutlich wurde. Bei Kollegialentscheidungen kommt Mittäterschaft in Frage: Haben beispielsweise mehrere Geschäftsführer gemeinsam über Warn- und Rückrufmaßnahmen zu entscheiden, so ist jeder von ihnen verpflichtet, alles zu unternehmen, um diese Entscheidungen herbeizuführen. Unterlassen sie dies, haften sie als Mittäter.[432]

Zuständigkeit und Sorgfaltspflichtverletzung bestimmen den Umfang der strafrechtlichen Verantwortlichkeit des einzelnen Mitarbeiters.[433] Gleichzeitig ist in der soeben genannten Lederspray-Entscheidung die Generalverantwortung und die Allzuständigkeit der Geschäftsleitung für unternehmerische Entscheidungen gegenüber der Verantwortung des betrieblichen "Letztverursachers" hervorgehoben worden.[434]

Durch Zeitungsberichte über das Lederspray-Strafverfahren sind generalpräventive Wirkungen auf das strafrechtliche Verantwortungsbewußtsein der Führungskräfte ausgelöst worden.[435] Deren Furcht vor strafrechtlicher Verurteilung ist im Vergleich zur zivilrechtlichen Inanspruchnahme ungleich größer. In der Öffentlichkeit bekannt gewordene Strafverfahren sind zudem mit einem Imageverlust des Unternehmens verbunden. Dieses zieht wiederum einen Umsatzrückgang nach sich und bei an der Börse notierten Aktiengesellschaften einen Kursverlust.

---

428 Siehe hierzu oben Punkt B.II.3.e.cc.(4)., S. 61 ff.

429 LG Aachen, Einstellungsbeschluß, JZ 1971, 507 ff. Die Folge der Einnahme von Contergan, eines Beruhigungsmittels: Teratogene (fruchtschädigende) Wirkung auf den Embryo bei Einnahme durch eine Schwangere in den ersten drei Monaten der Schwangerschaft: dadurch bedingte Tot- oder Lebendgeburten von Kindern mit verstümmelten Armen oder Beinen.

430 LG München II, AZ IV KLs 58 Js 5534/76, auszugsweise abgedruckt in Schmidt-Salzer, Entscheidungssammlung Produkthaftung: Strafrecht, Nr. 28, S. 296 ff. Nach dem Auftreten von Defekten (sog. Protektorabwürfen) an Hochgeschwindigkeitsreifen wurde erst über 2 Jahre später eine Rückrufaktion durchgeführt. In der Zwischenzeit verstarben 7 Menschen bei Unfällen, die auf einen solchen Reifendefekt zurückzuführen waren, weitere 22 Personen wurden z.T. schwer verletzt.

431 BGHSt 37, 106 ff.

432 Vgl. BGHSt 37, 106, 108 ff. - Lederspray.

433 Vgl. LG Aachen, Einstellungsbeschluß, JZ 1971, 507, 517 ff. - Contergan.

434 Vgl. BGHSt 37, 106 ff. Hierzu auch Schmidt-Salzer, NJW 1990, 2966, 2967 ff.

435 Hierzu Meier, NJW 1992, 3193 f., 3199; Schmidt-Salzer, NJW 1990, 2966 f.

IV. Öffentlich-rechtliche Maßnahmen zur Gefahrenabwehr

Im Folgenden werden die öffentlich-rechtlichen Maßnahmen zur Gefahrenabwehr ansatzweise dargestellt.

Polizei- und Ordnungsbehörden haben die Aufgabe, die allgemein oder im Einzelfall bestehenden Gefahren für die öffentliche Sicherheit oder Ordnung abzuwehren.[436] Geschützt werden sollen demzufolge der Bestand des Staates und seiner Einrichtungen, die Beachtung der Gesetze, Leben, Körper, Gesundheit, Freiheit, Ehre und Vermögen des Einzelnen sowie ferner der Inbegriff der Normen, deren Beobachtung nach Auffassung der überwiegenden Mehrheit für ein erträgliches und friedliches Miteinanderleben unerläßlich ist. Der Schutz privater Rechte obliegt der Polizei nur in den Fällen, in denen gerichtlicher Schutz nicht rechtzeitig zu erlangen ist und wenn ohne öffentlich-rechtliche Hilfe die Rechtsdurchsetzung zumindest wesentlich erschwert wird.[437]

Die Polizei- und Ordnungsbehörden können die notwendigen Maßnahmen zur Gefahrenabwehr treffen. Ermächtigungsgrundlagen für Maßnahmen der Gefahrenabwehr bei von Produkten ausgehenden Gefahren für die öffentliche Sicherheit oder können - in der Reihenfolge ihrer Vorrangigkeit - sein:

- Spezielle Bundesgesetze zur Gefahrenabwehr wie z.B. §§ 17, 24, 25 BImSchG; § 10 BSeuchG; § 5 GaststG. Sie gehen den Landesgesetzen zur Gefahrenabwehr vor (Art. 31 GG).

- Spezielle Landesgesetze zur Gefahrenabwehr wie z.B. die LandesBauO. Sie gehen den allgemeinen Polizei- und Ordnungsgesetzen vor (Subsidiaritätsregel im allgemeinen Polizei- und Ordnungsrecht).

- Standardmaßnahmen der allgemeinen Polizei- und Ordnungsgesetze wie z.B. Eingriffe in Freiheit, körperliche Unversehrtheit, Wohnung, Eigentum. Sie gehen der Generalermächtigung vor.

- Generalermächtigung, beispielsweise § 14 Abs. 1 OBG.NW oder § 8 Abs. 1 PolG.NW.

---

436 Vgl. zu den Aufgaben der Polizei z.B. § 1 PolG.NW und zu den Aufgaben der Ordnungsbehörden z.B. § 1 OBG.NW.

437 Vgl. z.B. § 1 Abs. 2 PolG.NW.

Unter bestimmten Voraussetzungen können Handlungen, Duldungen und Unterlassungen mit Zwangsmitteln[438] durchgesetzt werden.

Auf dem Gebiet des technischen Gefahrenschutzes prüft beispielsweise die Zentralstelle für Sicherheitstechnik in Nordrhein-Westfalen, Düsseldorf, zum einen aufgrund der bei ihr angezeigten Schadensfälle[439], zum anderen durch eigene Testkäufe die verschiedensten Produkte, meist elektrische Geräte, auf ihre Sicherheit. Sie informiert die Gewerbeaufsichtsämter über gefährliche Produkte. Diese wiederum entscheiden, ob Warnungen an die potentiellen Verbraucher veröffentlicht werden sollen. Bislang entscheiden die zuständigen nationalen Ordnungsbehörden selbst, was für Sofortmaßnahmen sie im Rahmen der ihnen gegebenen Ermächtigungsgrundlagen treffen.

EU-weit werden Schadensfälle gefahrträchtiger Produktgruppen der EU-Kommission benannt, die sie mittels des bei ihr eingerichteten Schnellwarnsystems an die übrigen Mitgliedsstaaten weiterleitet.[440] Das System funktioniert laut dem Bericht der EU-Kommission im wesentlichen zufriedenstellend.[441]

Am 29.06.1994 wird dieses Schnellinformationssystem mit der bis dahin umzusetzenden Produktsicherheits-Richtlinie[442] fortgeführt (Art. 8 mit Anhang).

Die Produktsicherheits-Richtlinie sieht aber auch vor, daß auf nationaler Ebene Behörden sämtliche für den Verbraucher bestimmte Produkte auf ihre Sicherheit hin zu kontrollieren haben und Anordnungen "geeigneter Maßnahmen" samt "angemessener Sanktionen bei Zuwiderhandlung" treffen können (Art. 5). Die in Art. 6 vorgesehenen weitreichenden Befugnisse greifen in die Entscheidungsfreiheit des Herstellers ein: Die Behörde kann dem Hersteller u.a. vorschreiben, welche "Vorbedingungen" (Art. 6 Abs. 1 lit. d, gemeint sind wohl Anforderungen) ein Produkt erfüllen muß, damit es in Verkehr gebracht werden darf. Der Hersteller muß sich auch danach richten, welche Warnhinweise die Behörde wo angebracht haben will (Art. 6 Abs. 1 lit d und e); seine eigenen Vorstellungen zu gleichwertigen oder vielleicht auch besseren und sogar billigeren Warnhinweisen

---

438 Ersatzvornahme, Zwangsgeld und unmittelbarer Zwang, z.B. in §§ 28 ff. PolG.NW geregelt.

439 Hierzu §§ 1-3 der Schadensanzeige-Verordnung.NW vom 31.08.1987.

440 Siehe die Entscheidung des Rates vom 21.12.1988 über ein gemeinschaftliches System zum raschen Austausch von Informationen über die Gefahren bei der Verwendung von Konsumgütern (89/45/EWG, ABlEG Nr. L 17/51 vom 21.01.1989) und die Änderungs-Entscheidung vom 29.06.1990 (90/352/EWG, ABlEG Nr. L 173/49 vom 06.07.1990).

441 Bericht der Kommission an den Rat über ein gemeinschaftliches System zum raschen Austausch von Informationen über die Gefahren bei der Verwendung von Konsumgütern vom 07.04.1992, SEK(92)618 endg., S. 13.

442 Siehe Fn 3.

müssen hinter die behördlichen Anordnungen zurücktreten. Ferner soll die Behörde das Inverkehrbringen von Produkten vorübergehend bis zum Abschluß ihrer Untersuchungen, für die keine Frist gesetzt ist, anordnen können (Art. 6 Abs. 1 lit. f). Nach Feststellung der Gefährlichkeit kann das Inverkehrbringen auf Dauer verboten werden und die Rücknahme und Vernichtung "organisiert" werden (Art. 6 Abs. 1 lit. g und h).

Die in Art. 6 der Produktsicherheits-Richtlinie aufgeführten Beispiele für geeignete "Maßnahmen" der "zuständigen Behörde" sind zwar allgemein gefaßt, dies sichert die Hersteller aber nicht davor, daß die Behörde bei einer entsprechenden Umsetzung die ihr erteilte Ermächtigung zu Maßnahmen gegen das Produkt und den Hersteller weit auslegt. Überdies soll bei enger Auslegung in Divergenz zu anderen Mitgliedsstaaten die EU-Kommission gemäß Art. 9 der Produktsicherheits-Richtlinie die Befugnis haben, hinsichtlich eines bestimmten Produkts einen Beschluß zu fassen, mit dem die Mitgliedstaaten verpflichtet werden, Vorkehrungen nach Art. 6 Abs. 1 lit. d) bis h) der Produktsicherheits-Richtlinie zu treffen. Hiergegen hat die Bundesrepublik Klage vor dem EuGH erhoben mit der Begründung, Art. 100 a EGV gebe für eine solche Befugnis der EU-Kommission keine Rechtsgrundlage. Außerdem verstoße Art. 9 der Produktsicherheits-Richtlinie gegen den Grundsatz der Verhältnismäßigkeit.[443] Die Klage blieb erfolglos.[444]

Dies heißt im Ergebnis, daß die "zuständige Behörde" oder die EU-Kommission insoweit die Berufsausübung der Hersteller einschränken kann, bevor überhaupt feststeht, ob das Produkt eine ernste und unmittelbare Gefahr für die Gesundheit oder die Sicherheit der Verbraucher darstellt. Zu diesem Zeitpunkt gibt es noch keinen Handlungsbedarf zur Gefahrenabwehr. Die "zuständige Behörde" agiert hier nicht als Ordnungsbehörde, sondern als "Vormund" der Hersteller. Eine Entschädigungsklausel für Fehlentscheidungen ist weder auf nationaler noch auf EU-Ebene vorgesehen. Sollte die Richtlinie in diesem Umfang umgesetzt werden und hierauf beruhend eine den Hersteller in der unternehmerischen Entscheidung über die Produktion derart einschränkende Maßnahme angeordnet werden, kann eine unverhältnismäßige Berufsausübungsbeschränkung[445] vorliegen. Wegen Eigentumsverletzung bei der Produktvernichtung und der Produktrücknahme und wegen Eingriffs in den eingerichteten und ausgeübten Gewerbebetrieb bei Anordnung unternehmerischer Entscheidungen käme aufgrund der unerlaubten Handlung ein Amtshaftungsanspruch in Betracht.[446] Hat aber die EU-Kommission den EGV mit der Produktsicherheits-Richtlinie über den Subsidiaritätsgrundsatz des Art. 3 b EGV hinaus fortgebildet, ist die Pflicht zur Umsetzung der Richtlinie nicht vom deutschen Zustimmungsgesetz zum Vertrag von Maastricht gedeckt.

---

443 Rechtssache C-359/92 (92/C 288/13, ABlEG Nr. C 288/10 vom 05.11.1992).
444 EuGH, RIW 1994, 789 ff.
445 Siehe Art. 12 Abs. 1 S. 2 GG und beispielhaft BVerfGE 7, 377 ff. - Apotheke.
446 § 839 Abs. 1 BGB i.V.m. Art. 34 GG.

Die deutschen Staatsorgane wären aus verfassungsrechtlichen Gründen gehindert, die Richtlinie insoweit in deutsches Recht umzusetzen. Diese Prüfung obliegt dem Bundesverfassungsgericht.[447]

Die Rechtmäßigkeit EU-einheitlicher öffentlich-rechtlicher Maßnahmen und hierfür eingerichteten Behörden zur Überwachung der Produktsicherheit, wie es die Produktsicherheits-Richtlinie vorsieht, hängt nach dem Subsidiaritätsgrundsatz des Art. 3 b EGV davon ab, ob die Hersteller selbständig in ausreichendem Umfang für die Produktsicherheit sorgen können oder dazu behördlicherseits angehalten werden müssen bzw. die Produktsicherheit primär nur öffentlich-rechtlich und nur auf EU-Ebene zu erreichen ist.

---

447 Vgl. BVerfG NJW 1993, 3047, 3052 - Maastricht; hierzu Möschel, NJW 1993, 3025 ff., Lenz, NJW 1993, 3038 f. und Götz, JZ 1993, 1081 ff.

V. Betriebliche Maßnahmen zur Begründung der Produktsicherheit und Begrenzung des Produkthaftungsrisikos

Hier soll aufgezeigt werden, ob und wie der Hersteller allein aufgrund der wirtschaftlichen Gegebenheiten ohne strafrechtlichen oder öffentlich-rechtlichen Druck ein im Ergebnis für Hersteller und Verbraucher kostengünstiges Rundumkonzept zur Begründung der Produktsicherheit und zur Begrenzung des ihm verbleibenden Produkthaftungsrisikos verwirklichen kann.

1. Allgemeines

Produktsicherheit ist keine Selbstverständlichkeit im Produktionsablauf. Allerdings wird sie mit steigendem Produkthaftungsrisiko und Wettbewerbsdruck zur Überlebensaufgabe für ein Unternehmen.

Was früher mit der Bezeichnung "Made in Germany" ausgedrückt wurde, nennt sich heute "Total Quality" und steht für Wertarbeit auf allen Ebenen der Produktion.

In den USA versuchen Unternehmen mit einer Qualitätsoffensive[448] das Image abzuwerfen, schlechtere Produkte als deutsche und japanische Unternehmen herzustellen. Mehrere amerikanische Hersteller, aber auch VW befassen sich mit der Entwicklung fehlerfreier Produkte für den amerikanischen Markt. Aus Sicht dieser Unternehmen liegen die Vorteile der angestrebten absoluten Perfektion in den Einsparungen bei den Reparatur- und Wartungskosten sowie in der Werbewirksamkeit.[449]

Auch an der deutschen Industrieproduktion sind überholte Produktionsabläufe zu kritisieren. Kostspielige Qualitätssicherung zeigt sich insbesondere darin, daß erst bei den letzten Produktionsschritten mit der Suche nach Produktfehlern begonnen wird. Die Fehlervermeidung wird selten schon bei der Produktentwicklung angesetzt, obwohl sie dort am billigsten ist, weil mit jedem neuen Produktionsschritt die Fehlerentdeckung aufwendigere Maßnahmen erfordert. Die Wettbewerbsfä-

---

448 Unterstützt vom "Malcolm Baldrige National Quality Improvement Act of 1987" und staatlichen Fördermaßnahmen zur Qualitätsverbesserung, hierzu der Bundesminister für Forschung und Technologie, Programm Qualitätssicherung 1992-1996, S. 15.

449 Vgl. De Thier, Unter dem Druck des weltweiten Wettbewerbs setzt Amerikas Industrie auf Perfektion, in: SZ vom 31.06.1993; Fehr, Das Ansehen von VW in Amerika ist ramponiert, in: FAZ vom 19.07.1993.

higkeit eines Produktes beginnt bei seiner Planung. Das Anstreben einer Null-Fehler-Produktion muß nicht dadurch erfolgen, daß am Warenausgang jedes Produkt perfekt kontrolliert wird, sondern kann durch kostengünstige Verbesserungen in allen Unternehmensbereichen erzielt werden.[450] Qualität soll nicht geprüft, sondern produziert werden. Ein darauf abgestimmtes Qualitätsmanagement ist geboten.

Um den "Wirtschaftsstandort Deutschland" zu sichern, wird die Einrichtung eines Qualitätssicherungssystems gefördert und die Umsetzung vorbildlichen Qualitätsmanagements ausgezeichnet:

Der Bundesminister für Wirtschaft fördert seit 1989 über die Arbeitsgemeinschaft industrieller Forschungsvereinigung (AIF) schwerpunktmäßig Forschungsprojekte an Forschungsinstituten auf dem Gebiet der Qualitätssicherung, die sich an den Bedürfnissen kleiner und mittlerer Unternehmen orientieren und breit umsetzbar sind. Im Bereich Aus- und Weiterbildung von Fachleuten sowie in dem der Qualitätssicherung und Zertifizierung sind u.a. die Deutsche Gesellschaft für Qualität e.V. (DGQ), Frankfurt am Main, und das Rationalisierungskuratorium der Deutschen Wirtschaft (RKW), Eschborn, tätig.

Das Programm Qualitätssicherung 1992 - 1996 des Bundesministers für Forschung und Technologie[451] zielt darauf ab, das Bewußtsein für die Notwendigkeit des systematischen Aufbaus von Qualitätssicherungssystemen unter Einschluß der menschlichen Arbeit bei den Unternehmen zu wecken, da der sich verschärfende internationale Wettbewerb Verbesserungen des Qualitätsstandards verlangt und dies nur mit einer ganzheitlichen Qualitätsstrategie bewältigt werden kann.[452] Ergänzend gibt es seit 1993 den "Bayerischen Qualitätspreis" für vorbildliches Qualitätskosten- und Qualitätsleistungsmanagement und für die Integration der Mitarbeiter in ein Unternehmensqualitätskonzept.[453] Auf europäischer Ebene ist 1992 von international operierenden Firmen die "Europäische Stiftung für Qualitätsmanagement" gegründet worden, die den "Europäischen Qualitätspreis" vergibt.

---

450 Vgl. SZ vom 25.06.1993; Müller von der Grün, Mängel durch Managementfehler, in: FAZ vom 23.03.1993.

451 Herausgeber: Der Bundesminister für Forschung und Technologie - Referat Öffentlichkeitsarbeit - Bonn, Juli 1992.

452 Der Bundesminister für Forschung und Technologie, Programm Qualitätssicherung 1992 - 1996, S. 3, 9.

453 Der Preis ist von Prof. Wildemann, TU München, konzipiert worden. Hierzu die Kurzbeschreibung in: Förderkreis Neue Technologien Aktuell, Heft 8 1993, S. 47 f.

2. Erstellung eines Qualitätsmanagementsystems und innerbetriebliche Umsetzung

Nachfolgend wird das betriebliche Qualitätsmanagementsystem erläutert und untersucht, ob es ein Konzept für die Umsetzung der Anforderungen an die Produktsicherheit darstellt.

a. Qualität als Unternehmensphilosophie

Die Produktion von Produkten mit hoher Qualität ist nicht der Schwerpunkt eines Qualitätsmanagementsystems. Wesentlicher Aspekt ist vielmehr, daß das Unternehmen von der Unternehmensleitung in dem Bewußtsein und von der Überzeugung geführt wird, daß Qualität nicht kontrolliert, sondern unter Einbeziehung aller am Produktionsprozeß Beteiligten produziert wird.

aa. Zum Begriff Qualität

Qualitätssicherungsmaßnahmen zur Verminderung des Produkthaftungsrisikos setzen die Eingrenzung dessen voraus, was Qualität sein soll und erfordern eine Unternehmensphilosophie, die diese Qualität durch entsprechendes Management anstrebt.

Im Alltagsgebrauch wird unter Qualität beispielsweise Güte, Wert, Klasse, Rang, Beschaffenheit, Sicherheit, Zuverlässigkeit, Preislage, Wertstufe, Wertarbeit, Maßarbeit, Präzisionsarbeit, Gebrauchstauglichkeit, Reparaturanfälligkeit, Bedienungs- und Wartungsfreundlichkeit, lange Lebensdauer und gute optische Aufmachung verstanden. Dies sind Eigenschaften, die der Verbraucher fordert und erwartet. Die Produktqualität richtet sich nach dem Grad der Erfüllung dieser Anforderungen. Hieran anlehnend wird im Technikbereich eine umfassende Begriffsbestimmung für Qualität benutzt: Qualität ist danach die Gesamtheit der Merkmale, die eine Ware oder Dienstleistung zur Erfüllung vorgegebener Forderungen geeignet macht.[454]

---

[454] DGQ/SAQ (Hrsg.), Organisation der Qualitätssicherung im Unternehmen, Teil I, S. 15.

Qualitätssicherung wiederum ist die Gesamtheit aller Maßnahmen von der Produktidee bis zum Ende der Ge- bzw. Verbrauchsphase, mit denen die Übereinstimmung zwischen den Anforderungen der Verbraucher an das Produkt und eine effektive Umsetzung dieser Anforderungen sichergestellt wird.[455] Ein Qualitätssicherungssystem fügt die inner- und außerbetrieblichen Qualitätssicherungsmaßnahmen zu einem in sich geschlossenen System zusammen.

Beim weiterführenden Begriff des Qualitätsmanagements geht es um die inhaltliche Gestaltung und Durchsetzung der Qualitätskriterien eines Unternehmens. Dabei obliegt die Art und Weise der Umsetzung der Unternehmensführung. Bei der Analyse der Produktionsbereiche ist von den Führungskräften ein Risikobewußtsein zu entwickeln, um mit einer neuen Unternehmensphilosophie ein Qualitätsmanagementsystem zu entwickeln und auf allen Ebenen durchzusetzen.[456] Die Entscheidung, welche Maßnahmen zur Verbesserung der Produktqualität und damit der Produktsicherheit ergriffen werden, hängt von der Unternehmensphilosophie der Unternehmensleitung ab. Die voraussichtlichen finanziellen Auswirkungen betrieblicher Vorsorge- und Überwachungsmaßnahmen beeinflussen dabei die Entscheidung. Die zielgerichtete Verwirklichung einer zuvor festgelegten Qualitätsanforderung ist nur mit einer überzeugend vertretenen Unternehmensphilosophie möglich.

Derzeit wird zwar noch, insbesondere bei der Zertifizierung,[457] vom Qualitätssicherungssystem gesprochen. Da es aber um die methodisch durchdachte betriebliche Umsetzung von Qualitätsanforderungen geht, ist der Oberbegriff Qualitätsmanagementsystem passender. Soweit jedoch bei den DIN ISO- oder EN-Normen und dem Bereich der Zertifizierung (dem förmlichen Nachweis) die Bezeichnung Qualitätssicherungssystem verwendet wird, wird dieser Begriff auch vorliegend gebraucht. In der Betriebswirtschaft wird alternativ auch der Begriff Total Quality Management (TQM) verwendet.[458]

---

455 Vgl. auch die Definition von Kessler, Risiko-Management, S. 161.

456 Vgl. Kessler, Risiko-Management, S. 4.

457 Hierzu näher unten Punkt B.V.2.c., S. 117 ff.

458 Vgl. nur Töpfer/Mehdorn, Total Quality Management, Anforderungen und Umsetzung im Unternehmen.

bb. Alte Strukturen und neues Management

Werden Qualitätsverbesserungen allein in Teilbereichen der Produktion angestrebt, stehen diesem Aufwand und dessen Effektivität die weiterhin gegebenen Sicherheitsrisiken in anderen Bereichen gegenüber. Die überholten Organisationsstrukturen werden aufrechterhalten. Solche Maßnahmen können die Mitarbeiter nicht vom Erfordernis verbesserter Produktsicherheitsmaßnahmen überzeugen, d.h. das Interesse der Mitarbeiter an verbesserter Produktqualität wird auf diese Weise nicht geweckt. In der aufzufindenden Struktur des Produktionsablaufs und im Verantwortungsbewußtsein der Mitarbeiter spiegelt sich die tatsächliche Unternehmensphilosophie der Führungskräfte wider.

Die Einstellung "es wird schon gut gehen" bzw. "die Einführung neuer Technologien und neuer Mitarbeiterführung soll der nächsten Generation überlassen bleiben" bedeutet zum einen, daß sich auch mit dem Bewußtsein von Schwachstellen und überholten Unternehmensstrukturen in diesen - meist kleinen und mittleren Unternehmen (oft Familienbetrieben) - nichts ändert. Es zeigt aber auch, daß diese Unternehmensleitung mit der Entwicklung nicht Schritt halten konnte und sich mit einer Umstrukturierung überfordert fühlt. Betriebe in einer solchen Situation können diese Einstellung auf dem internationalen Wettbewerbsmarkt in der Regel nicht über längere Zeit durchhalten. Solche Fälle lassen sich, da die Notwendigkeit von Änderungen von der Unternehmensleitung zwar erkannt wird, aber ein psychologisches Hemmnis sie am Handeln hindert, nicht mit strengeren Vorschriften über Produktsicherheitsanforderungen lösen. Die Mitglieder der Unternehmensleitung müßten durch Beratung davon überzeugt werden, daß Qualitätsmanagment auch für sie von Vorteil ist und sie die Umsetzung bewältigen können. Ein derartiges Förderprogramm gibt es bislang noch nicht; die Fördermaßnahmen setzen erst dann ein, wenn sich die Unternehmensleitung bereits für die Einführung eines Qualitätsmanagementsystems entschieden hat. Ein erster Ansatz findet sich allerdings in der geplanten Forschungsarbeit von Verbundprojekten des Programms Qualitätssicherung 1992 - 1996 mit dem Titel "Qualitätsförderliche Organisations- und Führungsstrukturen".[459]

---

459 Der Bundesminister für Forschung und Technologie, Programm Qualitätssicherung 1992 - 1996, S. 22.

Die Einführung einer neuen Unternehmensphilosophie, bei der beispielsweise statt des eingefahrenen Produktionsablaufs nunmehr ein umfassendes Qualitätskonzept alle Ebenen erfassen und von allen Mitarbeitern getragen werden soll, erfordert eine konsequente Beachtung dieser Philosophie in allen Bereichen und muß von den Führungskräften in ihrer Vorbildrolle überzeugend vertreten und vermittelt werden.[460] Gleichzeitig muß die Gewohnheit alter Strukturen durchbrochen werden.

Entschließt sich ein Unternehmer, ein Qualitätsmanagementsystem zu erstellen und einzuführen, muß er sich bewußt sein, daß die Umstellung seines Betriebes nicht nur Kosten verursachen wird, sondern daß er vor allem Zeit für diese Maßnahmen benötigt. Diesem Aufwand stehen künftige Einsparungen beim Produktausschuß und der Produktnacharbeit, eine erhöhte Produktqualität, ein effektiver und moderner Produktionsablauf sowie ein gesteigertes Verantwortungsbewußtsein der Mitarbeiter gegenüber. So hat die Einführung eines Qualitätsmanagementsystems bei einem mittelständischen Unternehmen zwar Kosten von ca. DM 300.000,-- verursacht, wodurch sich aber jährlich Einsparungen i.H.v. ca. DM 200.000,-- ergaben.[461] Neben einer einseitig kostenorientierten Betrachtung, bei der Aufwendungen für Qualitätsmanagement pauschal als zu minimierende Größe angesehen werden, sollte deshalb eine leistungsorientierte Betrachtung erfolgen, wo nach dem Beitrag des Qualitätsmanagements zum Unternehmenserfolg gefragt wird. Meist wird übersehen, daß die vermeidbaren Kosten nicht in der Qualitätssicherung zu suchen sind, sondern in den Produktfehlern, die für das Unternehmen ein entgangener Gewinn sind.[462] Die Gegenüberstellung von Qualitätskosten und -leistungen in einer Leistungsbilanz sollte auch den längerfristigen Wirkungen von präventiven Qualitätssicherungsmaßnahmen Rechnung tragen. Damit kann ein Qualitätskostenmanagement[463] aufgestellt werden, das die Umsetzung des zum Ziel gesetzten Qualitätsmanagementsystems finanziell und psychologisch unterstützt.

460 Vgl. Scheffold/Hohenstatt, Die wichtige Vorbildrolle der Führungskräfte in: Handelsblatt vom 07.06.1993; Murmann, Qualität - eine Aufgabe für das Management; Wollert, Führung im Jahr 2000, in: Personalführung 1990, 396 ff.

461 Siehe Bayerisches Staatsministerium für Wirtschaft und Verkehr, Qualitätssicherung für kleine und mittlere Unternehmen, S. 5.

462 Diesen Aspekt aufzeigend: Kayser, Mit Qualitätsmanagement Kosten sparen und Zertifizierungs-Formalismus meiden, in: Handelsblatt vom 31.03.1993.

463 Siehe auch Wildemann, ZfB 1992, 761 ff.

b. Schwachstellen im Produktionsablauf; systematischer Aufbau des Qualitätsmanagements

Im Folgenden soll dargestellt werden, wie der Ansatz zum Aufbau eines Qualitätsmanagementsystems erfolgen kann.

aa. Allgemeines

Für ein Qualitätsmanagementsystem gibt es keine Standardlösung. Der Unternehmer muß ein produkt- und unternehmensspezifisches Konzept erarbeiten. Dafür muß er zunächst festlegen, welche Produktqualität er erstrebt und diese mit der derzeitig erreichten Qualität vergleichen. Danach muß er ein System finden, wie er das Qualitätsziel in einem finanzierbaren Rahmen, in einem überschaubaren Zeitraum und in Zusammenarbeit mit seinen Mitarbeitern, den Lieferanten und den Kunden erreichen kann.

Hilfreich als Basis für den Aufbau eines Qualitätsmanagementsystems ist die internationale Normenreihe DIN ISO 9000 ff. bzw. die gleichlautende europäische Normenreihe DIN EN 29000 ff. Dabei gibt die DIN ISO 9000/EN 29000 einen Leitfaden zur Auswahl und Anwendung der nachfolgenden Normen. Diese Normen sind branchenneutral und gelten für produzierende Unternehmen ebenso wie für Dienstleistungsbetriebe.[464] Sie spiegeln die Idee von der "totalen Qualität" wider, mit der über alle Unternehmensbereiche hinweg Fehler von vornherein vermieden werden sollen. Die DIN ISO 9001/EN 29001 enthält Qualitätssicherungs-Nachweisstufen für die Bereiche Entwicklung, Konstruktion, Fertigung, Montage und Service. Die Anforderungen sind für einige dieser Elemente bei den DIN ISO 9002/EN 29002 und DIN ISO 9003/EN 29003 reduziert oder entfallen ganz. Die Nachweisstufen schreiben nicht nur den Aufbau und die Sicherstellung eines Qualitätssicherungssystems mittels Qualitätssicherungshandbuch[465] vor, sondern erfassen auch die Verantwortung der Unternehmensleitung für Qualitätspolitik, Festsetzung der erstrebten Qualität, Organisation und Überwachung des Produktionsprozesses und der Kontrollstellen, die Lagerung und Verpackung, die Kennzeichnung der Produkte, Maßnahmen bei fehlerhaften Produkten, die Mitarbeiterschulung, die Prüfung der Vertragsbeziehungen zu Kunden und Lieferanten, die Dokumentation und regelmäßige interne Überprüfung allerQualitätssiche-

---

464 Siehe zur Normenreihe und ihren Qualitätssicherungselementen: Bayerisches Staatsministerium für Wirtschaft und Verkehr, Qualitätssicherung für kleine und mittlere Unternehmen, S. 6 ff.; Petrick, Bedeutung und internationale Anerkennung der Zertifizierung von Qualitätssicherungssystemen.

465 Siehe hierzu näher unten Punkt B.V.2.b.ee., S. 112 ff.

rungsmaßnahmen.[466] Die DIN ISO 9000/EN 29000 beschreibt dazu ein umfassendes Qualitätsmanagement und die Elemente eines Qualitätsmanagementsystems.

Zunächst müssen die Schwachstellen der Qualitätssicherung sämtlicher Unternehmensbereiche und die daraus resultierenden Produkthaftungsrisiken festgestellt und das Sicherheitsmanko analysiert werden. Die Organisation der Produktplanung, -entwicklung und -fertigung, der menschlichen und technischen Kontrolleinrichtungen der Produktionsabschnitte und die Produktverantwortung der Mitarbeiter wird bewertet. Bei der Risiko-Analyse wird das Gefährdungspotential eingestuft und Defizite bei der momentanen Gefahrenabwehr aufgezeigt.

Im einzelnen wird untersucht, ob die hergestellten oder vertriebenen Produkte den festgelegten Qualitätsanforderungen genügen, welche Mängel bisher aufgetreten sind und/oder noch auftreten könnten. Hierzu gehört auch die Ermittlung der Eintrittswahrscheinlichkeit von Produktfehlern und den daraus denkbaren Schäden. In der Regel gilt: Produkthaftungsrisiken mit kleinem Schadensausmaß verwirklichen sich häufig, solche mit großem Schadensausmaß, insbesondere Katastrophenfälle, selten. Bei Serienschäden wiederum können selbst geringfügige Schäden des einzelnen Produktes z.B. durch umfangreiche Rückrufaktionen erhebliche betriebliche Belastungen verursachen.

Grundkenntnisse über das Produkthaftungsrecht vermitteln neben der einschlägigen Literatur beispielsweise Wirtschaftsverbände, Wirtschaftsmagazine, Industrie- und Handelskammern, der Spitzenverband des Deutschen Groß- und Außenhandels, die Arbeitsgemeinschaft selbständiger Unternehmer, der HUK-Verband, Versicherer, Versicherungsmakler und private Schulungsgesellschaften[467] mit Rundschreiben, Artikeln, Seminaren u.ä.

Soweit eine interne oder externe juristische Beratung erfolgt, sollte neben den Haftpflicht- und Haftpflichtversicherungsfragen erörtert werden, wie den Anforderungen des Produkthaftungsrechts Genüge getan werden kann. Dabei sollte der Aspekt beachtet werden, daß das Produkt sich mit den eventuell anfallenden Mehrkosten und der Aufmachung noch verkaufen lassen muß. Eine alle Aspekte berücksichtigende Lösung wird daher am ehesten durch Zusammenarbeit aller am Produktionsprozeß Beteiligten, also vom Ingenieur bis hin zum Marketingleiter, der Geschäftsleitung, den Kunden, den Lieferanten und den eingeschalteten Juristen gefunden.

---

466 Die Qualitätssicherungselemente werden zusammenfassend dargestellt vom Bayerischen Staatsministerium für Wirtschaft und Verkehr, Qualitätssicherung für kleine und mittlere Unternehmen, S. 8 ff.

467 Beispielhaft seien aufgelistet: Euroforum Deutschland GmbH, Düsseldorf; MCF Management Circle GmbH, Frankfurt am Main; FORUM Institut für Management GmbH, Heidelberg; Verlag Kommunikationsforum GmbH, Köln.

Die finanziellen Folgen eines vorstellbaren Produktschadens müssen überschlagen werden; sie können nur geschätzt, sollten aber nicht unterschätzt werden. In der Praxis dürfte dies allerdings angesichts der Unwägbarkeiten der Schadensfolgen vor allem bei Massenartikeln größte Schwierigkeiten bereiten. Bei Personenschäden kommen neben den Behandlungskosten Renten und Schmerzensgeld in Betracht. Bei Serienschäden kann eine Rückrufaktion erforderlich sein. Goodwill- und Imageverluste können dem Unternehmen ebenfalls erheblich schaden. Der in Betracht kommende Haftungsumfang für Sach- und Personenschäden im In- und Ausland mitsamt der Versicherbarkeit des Produkthaftungsrisikos muß ermittelt werden.

Dem Hersteller obliegen im Rahmen der deliktsrechtlichen Produkthaftung Organisations-, Instruktions-, Produktbeobachtungs- und unter Umständen Rückrufpflichten.[468]

bb. Konstruktionsbereich

Im Konstruktionsbereich muß vor allem gewährleistet werden, daß ein neu entwickeltes Produkt erst dann in die Produktion geht, wenn die Konstruktion keine Ungewißheiten in der Funktionsweise des Produktes offen läßt und eine Gefährdung der Benutzer nicht zu erwarten ist.[469] So gibt es derzeit z.B. einen Wettlauf zwischen deutschen und japanischen Automobilherstellern bei der Entwicklung eines Seiten-Airbags in Türen und eines Außen-Airbags an Stoßstangen, wobei die entwickelten Systeme Fehlauslösungen der Airbagsensorik noch nicht gänzlich ausgeschlossen haben, z.B. wenn Kinder einen Fußball gegen die Autotür schießen.[470]

---

468 Siehe hierzu oben Punkt B.II.3.h.cc., S. 75 ff.

469 Vgl. BGH VersR 1951, 357, 358 - Rungenverschluß.

470 Vgl. Fischer, Focus 1993, Heft 40, S. 140 f.

(1). Qualitätsplanung

In der Planungs- und Entwicklungsphase sind, wie bereits oben erwähnt,[471] Fehlerverhütungsmaßnahmen mit den niedrigsten Kosten verbunden. Ein nicht entdeckter Fehler führt zu Fehlerbeseitigungskosten, die sich stufenweise bis hin zum Rückruf vervielfachen. Nach Angaben des Bundesministers für Forschung und Technologie[472] haben Umfragen und Untersuchungen im Bereich Maschinenbau aufgezeigt, daß nur etwa 10 % der gesamten Qualitätssicherungsaufwendungen für präventive Maßnahmen der Fehlervermeidung anfallen, ca. 40 % für Meß- und Prüfmaßnahmen und ca. 50 % für Fehler- und Fehlerfolgekosten ausgegeben werden, außerdem nur etwa 17 % der befragten Unternehmen eine planmäßige und strukturierte Erfassung der Qualitätskosten betreiben und nur etwa 6 % von ihnen eine detaillierte Fehlerursachenanalyse vornehmen. Geht man wie der Bundesminister für Forschung und Technologie[473] davon aus, daß ca. 75 % aller am Produkt festgestellten Fehler in der Phase der Produktdefinition, Entwicklung und Konstruktion sowie Arbeitsplanung liegen, tatsächlich aber rund 80 % der Fehler erst an den fertigen Teilen oder an Enderzeugnissen entdeckt werden, so zeigt dies, daß die Qualitätssicherungsmaßnahmen derzeit nicht an der passenden Stelle ansetzen und die Notwendigkeit einer Qualitätssicherungsstrategie mit dem Schwerpunkt in der Planungs- und Entwicklungsphase besteht. Nicht nur das Produkt soll konzipiert werden, sondern auch seine Qualität und damit u.a. seine Sicherheit.

Gerade Fehler bei der Planung und Entwicklung können ganze Produktserien erfassen und bei zu später Entdeckung umfangreiche Rückrufe erforderlich machen. Der aktuelle Stand von Wissenschaft und Technik, Sicherheitsvorschriften und Normen müssen berücksichtigt werden.[474] Dies gilt auch für Reklamationen beim Vorläufermodell des nun neu konzipierten Produkts und bei ähnlichen sowie bei Konkurrenzprodukten.[475] Hinweise der Rohstoff- und Teilelieferanten zu besonderen Eigenschaften des Materials sind ebenso bei der Planung mitzuverwerten wie Verbesserungsvorschläge der Mitarbeiter, Vertriebshändler und Kunden. Ferner ist negativen Testergebnissen von Verbraucherschutzorganisationen nachzugehen.

---

471 Siehe oben Punkt B.V.1., S. 95 ff.

472 Der Bundesminister für Forschung und Technologie, Programm Qualitätssicherung 1992 - 1996, S. 8.

473 Der Bundesminister für Forschung und Technologie, Programm Qualitätssicherung 1992 - 1996, S. 9.

474 Siehe hierzu oben Punkt B.II.3.c.aa.(1)., S. 27 f., B.II.3.c.bb., S. 29 ff. und B.II.3.c.cc.(4)., S. 39 ff.

475 Vgl. nur BGHZ 99, 167 ff. - Honda.

In der Planungsphase muß festgelegt werden, welche realisierbaren Qualitätsmerkmale das Produkt aufweisen soll. Dabei sind die Anforderungen der Kunden an die Qualität mit einzubeziehen. Die erforderliche Qualität der Rohstoffe und Zulieferteile muß dementsprechend gewählt werden, zum Beispiel hinsichtlich der Korrosionsanfälligkeit,[476] Brennbarkeit[477] oder Wasserdichtigkeit[478]. Die Kombination der Materialien, ihre Verträglichkeit untereinander und ihre Zusammenfügung müssen aufeinander abgestimmt sein. Schließlich muß bei der Verpackung ein gefahrloser Transport[479] ermöglicht werden, unter Umständen mit Warnungen und Kindersicherungen.

Für die Festlegung der Qualitätsmerkmale kann die schon bestehende Planungsabteilung des Unternehmens eingesetzt werden oder, soweit eine weitere Unterteilung sinnvoll erscheint, eine Abteilung "Qualitätssicherung", die in Abstimmung mit der Geschäftsführung in sämtlichen Produktionsbereichen sowie im Bereich Marketing und Vertrieb Entscheidungen über Qualitätsanforderungen und deren Realisierung treffen kann.

Einige Konstruktionsfehler können vom Hersteller auch durch bestimmte Instruktionen abgewendet werden, indem er den bestimmungsgemäßen Gebrauch seines Produktes durch Gebrauchsanleitungen und Warnungen festlegt und so seine Haftung für Schäden durch bestimmungswidrigen Gebrauch begrenzt. Bekannte und vermeidbare Gefahren kann der Hersteller damit nicht umgehen.[480] Weiterer Bestandteil der Produktplanung sollte somit die Untersuchung sein, wie der Verbraucher das Produkt verwenden kann, wie er es verwenden soll und mit welchen Gefahren er rechnen wird. Um den hohen Anforderungen der Rechtsprechung an die Warnhinweise[481] gerecht zu werden, muß schon bei der Produktplanung berücksichtigt werden, wo die Warnungen auf dem Produkt, der Verpackung und der Gebrauchsanleitung angebracht werden sollen. Schon in diesem Stadium muß bedacht werden, daß die Warnungen auffällig zu plazieren sind.[482] Folglich

---

476 Vgl. OLG Hamburg VersR 1983, 882 - Korrosionsschutz.

477 Vgl. BGH VersR 1966, 542, 543 - Kabelmerkringe.

478 Vgl. BGH NJW 1985, 194 - Dachabdeckfolie.

479 Vgl. § 3 der Gefahrstoffverordnung vom 26.08.1986, BGBl I S. 1470.

480 Vgl. hierzu Foerste in: v. Westphalen, Produkthaftungshandbuch Bd. 1 § 24 Rn 69-71 und 98 ff. und oben Punkt B.II.3.c.cc.(1).(a)., S. 32.

481 Vgl. BGHZ 59, 172 ff. - Estil; BGHZ 99, 167, 172 ff. - Honda; BGHZ 106, 273, 283 - Asthma-Spray; BGHZ 116, 60, 65 ff. - Milupa-Kindertee; BGH BB 1955, 1109 - Insektenvertilgungsmittel; BGH VersR 1957, 584, 585 - Gelenkwellenschutz; BGH VersR 1960, 342, 343 f. - Klebemittel; BGH NJW 1975, 824 - Haartonikum; BGH NJW 1975, 1827, 1829 - Spannkupplung; OLG Koblenz VersR 1981, 740 - Grillgerät; BGH NJW 1981, 2514, 2515 - Kältemittel; OLG Hamm VersR 1984, 243 - Reinigungsmittel; OLG Celle VersR 1985, 148 - Gichtmittel; BGH NJW 1986, 1863 f. - Überrollbügel; BGH NJW 1987, 372 ff. - Zink-Spraydose. Siehe auch oben Punkt B.II.3.c.cc.(1).(c)., S. 33 ff.

482 Vgl. nur BGHZ 116, 60, 67 ff. - Milupa-Kindertee.

reicht für die Plazierung die Unter- oder Rückseite eines Produktes nur dann, wenn der Verbraucher sich diese Seite vor der Benutzung des Produktes ansehen muß, z.B. um dort ein Kabel anzuschließen.

(2). Einsatz neuer Technologien und Teamkonzepte

Mit Hilfe des Einsatzes neuester Technologien, insbesondere der Computersimulation, können bereits ohne einen Produktrohling die künftig erwünschten und nicht erwünschten sowie nicht erwarteten Eigenschaften des geplanten Produktes getestet werden. Mit dem Einsatz künstlicher Intelligenz (wissensbasierte Systeme mit einer Problemlösungskomponente) können potentielle Produktsicherheitsmängel eines mit dem CAD-System[483] entworfenen Produktes aufgezeigt werden.[484] Die Anschaffung der hierfür erforderlichen Hard- und Software garantiert für sich noch keine Testerfolge. Die Mitarbeiter müssen auf das System geschult werden, um die Ausgangsdaten richtig eingeben, die Testabläufe bestimmen und die Möglichkeiten der Software voll ausnutzen zu können. In der Praxis wird gerade dieser Aspekt häufig vernachlässigt, so daß sich dann die Investition in technische Neuerungen nicht bezahlt macht.[485]

Ein bekanntes Konzept für die Erzielung "totaler Qualität" ist das aus Japan stammende sogenannte "Kaizen",[486] inzwischen auch bekannt unter dem Begriff "Lean Management"[487] : In Zusammenarbeit mit den Zulieferern wird angestrebt, die Qualität zu verbessern. Dafür werden die Zulieferer schon in die Planung und Entwicklung des Produktes einbezogen. Gleichzeitig soll das Produktionsverfahren vereinfacht werden. Außerdem hat jeder Mitarbeiter die Möglichkeit, Verbesserungsvorschläge vorzubringen und deren praktische Umsetzung auszuprobieren. Kleinere Gruppen arbeiten im Team zusammen mit einem hohen Grad an Eigenverantwortung für die Qualität der von ihnen produzierten Teileinheiten.[488] In der Praxis ist eine Verlagerung der Verantwortung auf die Zulieferer für Qualität,

---

483 Computer Aided Design.

484 Hierzu Kempf, Fehler vermeiden statt korrigieren, in: FAZ vom 22.03.1993.

485 Diesen Gesichtspunkt zum Produktionsplanungs- und Steuerungssystem, das u.a. die Qualitätssicherung unterstützen soll, aufzeigend: Rembold, Das Installieren von Hard- und Software allein führt nicht zum gewünschten Erfolg, in: Handelsblatt vom 08.09.1993.

486 Hierzu Kaizen, Der Schlüssel zum Erfolg der Japaner im Wettbewerb.

487 Hierzu Pfeiffer/Weiß, Lean Management; Wildemann, Lean Management.

488 Über Kaizen im englischen Produktionswerk von Nissan: Esterhazy, Kaizen und Training: Rezept zum Erzielen von Produktivität und Qualität à la Japan, in: Handelsblatt vom 30.08.1993.

Logistik und Entwicklungsservice zu konstatieren. Wie die Endprodukthersteller sehen deutsche Zulieferer, die gegenüber den Wettbewerbern aus Niedriglohnländern beim Preis nicht mithalten können, ihre Wettbewerbschance in der Qualitätssteigerung.[489]

Vorbildlich erfolgt die Ausnutzung modernster Technologien und neuer Strukturen in der Zusammenarbeit im Bereich Planung und Entwicklung bei der Konstruktion der Boeing 777. Hier wird das sogenannte System CATIA, was für Computer-aided three-dimensional interactive application (computerunterstützte dreidimensionale interaktive Anwendung) steht, erstmals kompromißlos eingesetzt. Es wurde vom französichen Flugzeug-und Elektronikkonzern Dassault (Hersteller der Mirage-Kampfflugzeuge) entwickelt. Von CATIA werden nicht nur technische Konflikte automatisch erkannt, sondern auch die praktischen Probleme beim Bau des Flugzeugs und bei den künftigen Wartungs- und Reparaturarbeiten, also ob z.B. sämtliche Anschlußstecker mit der menschlichen Hand ohne Spezialwerkzeuge gut erreichbar sind. Erstmals wird ein Jet aus einem Guß ausschließlich am Computer entworfen, konstruiert und berechnet ohne ein Eins-zu-eins-Modell. Die erste Boeing 777 soll am Tag ihrer Fertigstellung - geplant für den 01.06.1994 - bereits perfekt sein. Statt bürokratischer Hierarchien erfolgt eine mehrdimensionale Zusammenarbeit aller an der Herstellung Beteiligten, der möglichen Teilelieferanten und der potentiellen Kunden. Mögliche Lieferanten haben aktiv an der Konstruktion mitgearbeitet, ohne schon einen Lieferauftrag erhalten zu haben. Die in Frage kommenden Kunden konnten nicht nur ihre Wünsche äußern, sondern wurden aktiv in den Planungsprozeß einbezogen. So kam man u.a. auf hochklappbare Flügelspitzen, die es dem Jet ermöglichen werden, auch auf engen Flughäfen zu parken. Sogar Geschäftsgeheimnisse sollen kein Hindernis bilden. Die Zusammenarbeit mit den potentiellen Kunden wurde in einer Absichtserklärung festgehalten, in der von redlichem Verhalten und gegenseitigem Vertrauen die Rede ist. Die letztendliche Verantwortung für Qualität und Leistung verbleibt allerdings beim Hersteller Boeing.

Bevor sich ein Ingenieur auf eine bestimmte Konstruktion festgelegt hat, kann der Werkstattchef und jeder andere Spezialist seine Wünsche und Einwände einbringen. So besteht die Möglichkeit, alles von Anfang an richtig zu machen und das sonst für die Überarbeitung von Modellen erforderliche Geld zu sparen. Diese ressortübergreifende Gruppenarbeit steigert die Präzision, zumal die einzelnen Bauteile und ihr Zusammenpassen am Computer überpüft werden. Ca. 5.000 Mitarbeiter, aufgeteilt in Arbeitskreise, arbeiten gemeinsam an der Boeing-Konstruktion. Ihnen stehen 2.000 PC`s zur Verfügung, die durch acht Großrechner miteinander verbunden sind. Die Konstruktion erfolgt ohne zweidimensionale Konstruktionspläne auf Papier. Statt der Zeichnungen werden Datensätze eingegeben, die am Bildschirm mit Hilfe von CATIA dreidimensional dargestellt

---

489 Vgl. Handelsblatt vom 19.04.1993.

werden. Bisher war es so, daß Pläne auf Papier festgehalten wurden und dann in die Werkstatt gingen, wo festgestellt wurde, daß man das Produkt so wie geplant nicht oder nur unter großem Aufwand herstellen kann. Die Pläne gingen zu den Ingenieuren zur Überarbeitung zurück. Das Verfahren dauerte entsprechend lange und eine konstruktive Zusammenarbeit war nicht vorgesehen.[490]

cc. Fabrikationsbereich

Nachfolgend soll aufgeführt werden, wo im Fabrikationsbereich die Fehlerquellen liegen und auf welche Art und Weise sie vermieden werden können.

(1). Qualitätskontrolle

Im Fabrikationsbereich erfolgt die betriebsbezogene Gefahrabwendung durch präzise Fabrikation, z.B. mit Industrierobotern, die "Handarbeit" in absoluter Perfektion durchführen, und mittels Einsatz moderner Fabrikationsmaschinen. Ergänzend sind adäquate Maßnahmen zur Qualitätskontrolle[491] erforderlich. So wird es z.B. als Verletzung einer Organisationspflicht angesehen, wenn die Bremsen für Automobile so verändert wurden, daß die bisherigen Prüfeinrichtungen eine optimale Kontrolle nicht mehr gewährleisten konnten und neue Prüfstände nicht beschafft wurden.[492]

Da nach § 1 Abs. 1 ProdHaftG auch für Ausreißer[493] gehaftet wird, sind sämtliche Fabrikationsfehler,[494] auch die angeblich unvermeidbaren, auszuschalten mit dem Ziel einer Null-Fehler-Produktion.

Bei einigen Herstellern wird von vornherein davon ausgegangen, daß die Warenendkontrolle nicht ausreicht, um sichere Produkte herzustellen: Dies sind Hersteller von Produkten, die erhebliche Risiken für den Verbraucher in sich tragen. Diese Risiken sind in der Herstellung angelegt. Dies ist z.B. bei der Warenendkontrolle von Mineralwasserflaschen der Fall. Die Beherrschung dieser erheblichen Risiken stellt einen Schwerpunkt des Produktionsvorgangs dar. - Dem Hersteller obliegt hier eine Pflicht zum Einsatz eines weitergehenden Kontrollver-

---

490 Zur Konstruktion der Boeing 777 und dem System CATIA: Moser, Hochfliegende Pläne, in: Magazin Nr. 37 der Süddeutschen Zeitung vom 17.09.1993, S. 12-17.

491 Vgl. hierzu Foerste in: v. Westphalen, Produkthaftungshandbuch Bd. 1 § 24 Rn 139 ff. und 148 ff. m.w.N.

492 Vgl. BGH VersR 1971, 80, 81 - Mercedes.

493 Zum Begriff "Ausreißer" siehe oben Punkt B.II.3.a., S. 14 und B.II.3.c.aa.(2)., S. 28.

494 Zum Begriff "Fabrikationsfehler" siehe oben Punkt B.II.3.c.aa.(2)., S. 28.

fahrens, die sogenannte Befundsicherungspflicht.[495] Das Prüfverfahren soll, soweit technisch möglich, sämtliche Fehler entdecken können.[496] Im Prozeß muß der Hersteller die Effektivität seines Kontrollverfahrens ("die Funktionstüchtigkeit der Kontrollmechanismen"[497]) so im einzelnen darlegen, daß es einem sachverständig beratenen Geschädigten möglich ist, die Überprüfungsvorgänge nachzuvollziehen.[498]

Neben der optimalen Einstellung und Wartung der Produktionsmaschinen können Prüfgeräte in jeder Produktionsphase zum Einsatz kommen.

Die Prüfungen sind nur dann effektiv, wenn Prüfverfahren und -geräte sowie die Prüfpersonen hierfür geeignet sind. Die Prüfgeräte müssen genormt und geeicht sein. Das gewählte Prüfverfahren muß konsequent ohne Unterbrechung durchgeführt werden. Da allgemein bekannt ist, daß menschliches "Versagen" durch Unaufmerksamkeit, Übermüdung etc. bei Messungen und Prüfungen größer ist als das entsprechender Prüfgeräte, sollten diese bevorzugt zum Einsatz kommen. Dies gilt vor allem bei kleinen Massenartikeln, die bei ihrer späteren Verwendung auf hundertstel Millimeter passen müssen, wie z.B. Computerchipteile oder Nieten, die im Flugzeugbau verwendet werden.[499]

Mit der Verfügbarkeit neuer Technologien - z.B. der Überprüfung mittels einer Kamera, die das Ist-Bild des Produktes mit dem Soll-Bild vergleicht oder der Messung mittels eines Laserstrahls - steigen die Anforderungen an die Kontrollverfahren, denn mit ihrem Einsatz sind eventuell bislang nicht erkennbare Produktfehler nun auffindbar, so daß eine Exkulpation nach § 1 Abs. 2 Ziff. 5 ProdHaftG nicht mehr greift bzw. das vermutete Verschulden bei der deliktsrechtlichen Produkthaftung nicht mehr widerlegt werden kann. Die bislang unvermeidbaren Produktionsfehler (Ausreißer) werden durch den Einsatz neuer Kontrollverfahren vermeidbar. Da es auf den allgemein zur Verfügung stehenden anerkannten Stand von Wissenschaft und Technik ankommt und selbst bei der deliktsrechtlichen Produkthaftung insoweit die betriebsorganisatorische und

---

495 Vgl. BGHZ 104, 323, 333 ff. - Limonadenflasche; BGH NJW 1993, 528 f. - Mineralwasserflasche.

496 Vgl. BGH NJW 1993, 528, 529.

497 Vgl. BGH NJW 1993, 528.

498 Vgl. BGH NJW 1993, 528 f.

499 Zum letztgenannten Beispiel: Roschiwal, Ein kopfloser Niet kann viel kosten, in: Handelsblatt vom 31.03.1993.

finanzielle Zumutbarkeit der Informations- und Technologiebeschaffung nicht berücksichtigt wird,[500] müssen auch kleine und mittlere Betriebe die neuesten Prüfgeräte einsetzen, wenn mit dem bisherigen Prüfverfahren nun entdeckbare Mängel nicht entdeckt werden können.

Rohmaterial und Zulieferteile müssen schon bei Wareneingang geprüft werden. So sind Lieferpapiere und Teilenummern mit der eintreffenden Ware zu vergleichen. Der Umfang der Wareneingangskontrolle hängt davon ab, welches Gefahrenpotential dem Zulieferteil anhängt, wie spezifisch die Qualitätsvorgaben des Herstellers an den Zulieferer sind und ob der Zulieferer bislang die Teile in der vereinbarten Qualität geliefert hat.[501]

Von der produkthaftungsrechtlich erforderlichen Wareneingangsprüfung ist die handelsrechtliche zur Erhaltung eventueller Rückgabe- und Gewährleistungsrechte des Herstellers zu unterscheiden. Handelsrechtlich obliegt dem Hersteller nach § 377 HGB, sich unverzüglich nach Wareneingang mit der Sorgfalt eines ordentlichen Kaufmanns (vgl. § 347 HGB) von der Qualität der Ware zu überzeugen. Nach Handelsrecht reicht für die Wareneingangsprüfung ein Sorgfaltsgrad aus, der "nach ordnungsmäßigem Geschäftsgange tunlich" ist (§ 377 Abs. 1 HGB). Dies genügt aber nicht der produkthaftungsrechtlichen Prüfpflicht, da hier gemäß § 3 Abs. 1 ProdHaftG auf die berechtigte Sicherheitserwartung bzw., nach deliktsrechtlicher Produkthaftung, auf die umfassende Kontrollpflicht im Rahmen der Organisationspflicht abgestellt wird.

Schließlich darf das Produkt weder bei der Lagerung noch bei der Versendung durch Witterungseinflüsse oder unsachgemäße Handhabung beschädigt werden können. Im Bedarfsfall müssen entsprechende Lageranweisungen und Behandlungshinweise für den Transport am Produkt bzw. auf der Verpackung angebracht werden.

Ist ein Produktfehler gefunden worden, ist eine Fehlermöglichkeits- und Einflußanalyse ("FMEA") durchzuführen, um die Ursache herauszufinden und zu beseitigen.

500 Siehe hierzu oben Punkt B.II.3.c.cc.(4)., S. 39 ff. Vgl. auch BGHZ 80, 186, 198 f. - Derosal; BGH BB 1984, 2150, 2151 - Maschinen-Garantie-Versicherung; OLG München VersR 1990, 791, 792 - Holzschutzmittel.

501 Vgl. hierzu Foerste in: v. Westphalen, Produkthaftungshandbuch Bd. 1 § 24 Rn 129 und § 25 Rn 46 ff.

(2). Instruktionen

Nach Fertigstellung des Produktes sollte nicht nur dessen Sicherheit an sich geprüft werden, sondern auch, ob die vorgesehene Gebrauchs-, Montage- bzw. Bedienungsanleitung alle Benutzungsaspekte berücksichtigt und für den Verbraucher verständlich ist (z.B. mehrsprachig und ohne Fachausdrücke), außerdem, ob die Warnungen sämtliche denkbaren Fehlgebräuche, Mißbräuche und Gefahren erfassen und deutlich genug vom übrigen Text auf dem Produkt, der Verpackung oder Gebrauchsanleitung abgehoben sind. Die bildliche Darstellung und Hervorhebungen durch Schrift und Farbe sollte vor allem unter dem Aspekt der Warnpflicht erwogen werden.[502] Die Werbung für das Produkt sollte die Warnungen nicht unterlaufen.[503] Gebrauchsanleitung, Warnung und Werbung sollten deshalb erst nach juristischer Prüfung und Billigung gedruckt werden. Die Effektivität der Gebrauchsanleitung und die Wirksamkeit der Warnung kann durch einen Test mit Benutzern, die das Produkt noch nicht kennen, erprobt werden.

(3). Produktbeobachtung

Neben dieser Instruktionspflicht muß der Hersteller das Produkt nach Inverkehrgabe beobachten[504] und notwendige Konsequenzen bei der Konstruktion und Fabrikation aus seinen Feststellungen ziehen. Z.B. sollte der Ersatzteileumsatz beobachtet werden; er kann einen kritischen Defekt des Produktes indizieren. Produkthaftpflichtfälle bei Konkurrenzprodukten, negative Testergebnisse, Reklamationen und sonstige Beschwerden über das Produkt sollten systematisch geprüft und analysiert werden. Händlerberichte und Berichte des herstellereigenen Kundendienstes sollten ausgewertet werden.

Tests sind auch während und nach Auslauf der Serie notwendig, um das Produkt im Verlauf seiner gesamten Lebensdauer zu beobachten und um die Notwendigkeit einer Warn- oder Rückrufaktion[505] frühzeitig erkennen zu können. Aus internen Testberichten und Änderungsvorschlägen sollten unverzüglich die notwendigen Folgen gezogen werden.

---

[502] Vgl. hierzu BGHZ 116, 60, 66 ff. - Milupa-Kindertee und Foerste in: v. Westphalen, Produkthaftungshandbuch Bd. 1 § 24 Rn 164 ff. m.w.N.

[503] Siehe hierzu oben Punkt B.II.3.c.cc., S. 31 ff.

[504] Siehe zur Produktbeobachtungspflicht oben Punkt B.II.3.h.cc., S. 75 ff. und Foerste in: v. Westphalen, Produkthaftungshandbuch Bd. 1 § 24 Rn 252 ff. m.w.N.

[505] Siehe zum Rückruf Foerste in: v. Westphalen, Produkthaftungshandbuch Bd. 1 § 24 Rn 233 ff. m.w.N.

dd. Mitarbeiterschulung

Ohne Interesse der Mitarbeiter an der Produktfehlervermeidung und der Relevanz für die Existenz des Unternehmens hat ein Qualitätsmanagement keine Aussicht auf Erfolg. Die gezielte laufende Information und Schulung der Mitarbeiter ist wesentlicher Bestandteil des Qualitätsmanagementsystems. Das gesamte Sicherheitswissen und die Konsequenzen eines Fehlverhaltens für die Produktsicherheit muß den Mitarbeitern vermittelt werden. Wird ihnen dazu für ihren Aufgabenbereich eine hohe Qualitätsverantwortung auferlegt und erfüllt die Unternehmensleitung ihre Vorbildfunktion, können die Mitarbeiter für das Qualitätsmanagementsystem gewonnen werden.[506]

Das durch Schulungen gewonnene und sonstige Erfahrungswissen der Mitarbeiter sollte in die Qualitätssicherung mit einbezogen werden.

ee. Organisation und Unternehmensführung

Den Hersteller trifft im Rahmen der deliktsrechtlichen Produkthaftung die Pflicht, persönlich für die Grundlagen einer Organisation zu sorgen, die das Risiko von Produktfehlern minimiert.[507] Diese Organisationspflicht trifft bei einer juristischen Person deren Organe, d.h. bei der GmbH den Geschäftsführer, bei der AG den Vorstand. Die Pflicht zur ordnungsgemäßen Organisation des Betriebes ist mit den Einzelpflichten bei der Konstruktion, Fabrikation und Instruktion verknüpft. Wird der Hersteller aufgrund der deliktsrechtlichen Produkthaftung in Anspruch genommen und seine Organisationspflichtverletzung vermutet, kann er sich durch den Nachweis, daß er mit dem ihm zumutbaren Aufwand[508] den Betrieb effektiv organisiert hat, exkulpieren. So hat er hinreichend viele und spezialisierte Arbeitsplätze bereitzustellen und das dort eingesetzte Personal, das gut ausgewählt und überwacht sein muß, nicht zu überfordern.

Über den Produktionsablauf muß die Unternehmensleitung jederzeit auf dem Laufenden sein. Ferner muß sie ihre Mitarbeiter direkt oder über die Abteilungleiter ständig dazu anhalten, Produktfehler eigenverantwortlich zu vermeiden. Das Personal muß auf die denkbaren Gefahrenquellen aufmerksam gemacht und für

---

506 Hierzu Warnecke, Mit Investitionen in Ausbildung der Mitarbeiter Kompetenz sichern in: Handelsblatt vom 14.04.1993.

507 Vgl. RGZ 87, 1, 4 - Brunnensalz; BGH NJW 1968, 247, 248 f. - Schubstrebe; BGH VersR 1972, 953, 954 - Propangas; BGH NJW 1973, 1602, 1603 - Feuerwerkskörper.

508 Vgl. BGH NJW-RR 1987, 147 - Gasversorgungssystem (gegen Überspannung der Organisationspflicht entgegen "wirtschaftlichen und technischen Gegebenheiten"); Foerste in: v. Westphalen, Produkthaftungshandbuch Bd. 1 § 24 Rn 266-270.

die Produkthaftung sensibilisiert werden. Gleichzeitig sollte jeder Mitarbeiter Verbesserungsvorschläge zur Erhöhung der Produktsicherheit vorbringen können. Dabei bietet es sich an, das Nachdenken über und das Vorbringen von Verbesserungsvorschlägen durch Prämien zu fördern. Den finanziellen Anreizen oder sonstigen materiellen Vorteilen darf kein Neid und Konkurrenzdruck der Vorgesetzten auf den prämierten Mitarbeiter gegenüberstehen. Gerade aus diesen Gründen werden Innovationen in der Praxis vielfach verhindert. Oftmals bekommt die Geschäftsleitung von diesen kostenlosen unternehmensinternen Verbesserungsvorschlägen nichts mit. Das Prämiensystem sollte die berufliche Stellung der Mitarbeiter nicht unmittelbar antasten, aber die leistungsorientierte Förderung zum Ausdruck bringen. In der Automobilindustrie werden betriebliche Verbesserungsvorschläge mit Prämien belohnt, deren Obergrenze i.d.R. bei DM 100.000,-- liegt, teilweise wird zusätzlich ein PKW gewährt. Die jeweilige Prämienhöhe orientiert sich an der Höhe der aus dem Verbesserungsvorschlag resultierenden Einsparungen für das Unternehmen.[509] Verbesserungsvorschläge werden die Produktivität langfristig nur dann steigern, wenn das Gesamtkonzept des Unternehmens sich mit neuen Organisationsstrukturen hierauf einstellt.

Der Organisationsaufbau des Unternehmens ist das Gerüst für das Qualitätsmanagement. Es funktioniert erst mit dem Zusammenwirken aller Mitarbeiter. Unternehmensführung ist der zielgerichtete Prozeß, der bewirken soll, daß sich die Mitarbeiter für die Erreichung der Unternehmensziele einsetzen.[510] Die Unternehmensführung mittels Qualitätsmanagementsystem muß die Geschäftsleitung ausarbeiten und umsetzen. Abteilungs- und Bereichsleitern kann nur insoweit eine entsprechende Umsetzung aufgetragen werden, wie sie schon von der Unternehmensleitung praktiziert wird. Wird hingegen Qualitätsbewußtsein nur von den Mitarbeitern verlangt, aber nicht von der Unternehmensleitung umgesetzt, tauchen Mißstimmung, Unzufriedenheit und mangelndes Verantwortungsbewußtsein bei den Mitarbeitern auf, die sich fragen, warum nur sie sich umstellen sollen und worin der Sinn der Umstellung zu sehen ist.

Neben betriebs- und arbeitsorganisatorischen Umstellungen ist die Logistik, d.h. die organisatorische und technische Planung, Steuerung und Kontrolle der Material- und Informationsflüsse von der Bestellung bis zur Auslieferung eines Produktes anhand der gesetzten Qualitätsanforderungen neu zu strukturieren, so daß nicht nur das Qualitätsniveau des Produktes selbst erhöht wird, sondern auch Termintreue, Durchlaufzeit, Bestand und Lieferkapazität optimiert werden.[511]

---

509 Vgl. Sauter, ADAC motorwelt Heft 10 1993, 18 ff.; Erhart, Eigenverantwortung großgeschrieben - Neue Trends bei gesamtheitlichen Qualitätssicherungssystemen in: Verlagsbeilage "Qualitätsmanagement" zur FAZ vom 12.10.1992; Urban, Das Vorschlagswesen und seine Weiterentwicklung zum europäischen KAIZEN - Das Vorgesetztenmodell.

510 Vgl. Bisani, Personalführung, S. 24; Wollert, Personalführung 1990, 398.

511 Zum Thema Qualitätssicherung im Bereich der Produktionslogistik hat der Bundesminister für Forschung und Technologie im Rahmen des Programms Qualitätssicherung

Im sogenannten Qualitätssicherungs-Handbuch[512] sind die Qualitätspolitik samt Definition der erstrebten Qualität, des maßgeblichen Standes von Wissenschaft und Technik und die geplanten Qualitätssicherungsmaßnahmen mit den dazu erforderlichen Arbeitsanweisungen festzuhalten. Hierin ist außerdem aufzuzeigen, was das Unternehmen zur Umsetzung seiner Qualitätsanforderungen unternimmt. Dem Handbuch soll zu entnehmen sein, welcher Mitarbeiter für die Qualitätssicherung eines bestimmten Produktionsbereichs zuständig ist. In der Praxis kann ein Qualitätssicherungs-Handbuch zur Werbung eingesetzt und unter Umständen an Kunden weitergegeben werden. Es soll zudem der Unternehmensleitung zur systematischen Einführung und Aufrechterhaltung des Qualitätsmanagements[513] dienen. Da es ständig aktualisiert werden soll, kann es für die interne Überprüfung der tatsächlich umgesetzten Qualitätsmanagement-Ziele eingesetzt werden.

ff. Kommunikation und Information

Alle Mitarbeiter sind bei den Qualitätssicherungsmaßnahmen auf die Bereitstellung und den Austausch von Informationen über alle qualitätsrelevanten Fakten, Normen, Konstruktions-, Fabrikations- und Prüfmöglichkeiten bis hin zu den Kundenanforderungen und Reklamationen angewiesen. Solche Qualitätsinformationssysteme können mit dem bereits genannten Handbuch[514] kombiniert werden. Das im Handbuch festzulegende Qualitätsmanagement ist auf vertikale, horizontale und diagonale Kommunikation zwischen Mitarbeitern und der Unternehmensleitung angewiesen. Das neue Management bedarf eines Kommunikationsstils, bei dem es nicht mehr um die Hierarchiesicherung geht, sondern um die Behauptung der Produkte auf dem Markt bei steigendem Konkurrenzdruck.

Nur wenn die Kommunikation funktioniert, werden die Schwachpunkte der Produktqualität und Produktsicherheit nicht nur erkannt, sondern auch gegenüber der Unternehmensleitung benannt. Informierte und positiv kommunizierende Mitarbeiter verschaffen dem Unternehmen erst die Möglichkeit einer optimalen Zielerreichung. Verbesserungsvorschläge müssen vorgetragen und umgesetzt werden können. Die Kommunikationswege sollten möglichst kurz sein und zur Dokumentation (Beweissicherung) der Produktsicherheitsmaßnahmen möglichst schriftlich, ansonsten mündlich bzw. fernmündlich und informell erfolgen. Ist eine

---

1992-1996 eine Forschergruppe eingerichtet, Programm Qualitätssicherung 1992-1996 - Umsetzung des Programms -, S. 9. Siehe auch Klapper, Präventive Qualitätssicherung von Logistikleistungen in der Produktion, S. 22-84, 183-200, 232-238.

512 Vgl. die Beschreibung in DIN ISO 9004 Ziff. 5.3.2. Hierzu Petrick, Bedeutung und internationale Anerkennung der Zertifizierung von Qualitätssicherungssystemen, S. 11.

513 Zum Problem der Aufrechterhaltung eines funktionierenden Qualitätsmanagements: Niven, Harvard Business Review, May-June 1993, 20 ff.

514 Siehe hierzu oben Punkt B.V.2.b.ee., S. 114 oben.

derart offene Kommunikation nicht möglich, besteht die Gefahr, daß die fachlich spezialisierten Mitarbeiter nur die Probleme ihres Ressorts sehen und die angestrebte Teamarbeit nur ein Nebeneinander von Einzelkämpfern ist. Hindernis einer offenen Kommunikation ist nicht nur ein auf Abstand angelegter Führungsstil der Unternehmensleitung, sondern dies können auch äußere Umstände sein wie hierarchisch aufdifferenzierte Kantinen, Großraumbüros, weit auseinanderliegende Produktionshallen und nicht ausreichende technische Kommunikationsmittel.[515]

Bei der Kommunikation ist die systematische Umsetzung des neuen Qualitätsmanagements mindestens so wichtig wie bei den technischen Produktions- und Kontrollmitteln. Trotzdem gehört die Kommunikation nicht zu den Qualitätssicherungselementen der DIN ISO 9001/EN 29001, wofür es keine Erklärung gibt. Mit dem Ziel der Hilfestellung bei der betrieblichen Umsetzung beschäftigt sich derzeit ein wirtschaftsgruppenübergreifendes Projekt mit Methoden und Umsetzungskonzepten zum Bereich Motivation und Kommunikation der Mitarbeiter sowie ein Verbundprojekt zum Thema Informationssyssteme[516]

Ohne funktionierende Kommunikation mit den in Fragen der Produkthaftung eingeschalteten Juristen und deren vollständiger Information über den zu prüfenden Sachverhalt kann das Unternehmen keine effektive Beratung erwarten. Solange die Juristen ins Abseits gestellt sind und nur "der Form halber" auf Produkthaftungsfragen, z.B. im Bereich der Werbung und der Gebrauchsanweisungen, erst dann angesprochen werden, wenn Schadensersatzansprüche bereits geltend gemacht worden sind, können sie zur Produktion von Qualität und Produktsicherheit der betroffenen Produkte nichts mehr beitragen. Wie alle anderen an der Produktion Beteiligten sollten auch sie schon bei der Produktplanung mit einbezogen werden. Dies erfordert gleichzeitig, daß sich die Juristen mit den technischen und betriebswirtschaftlichen Aspekten des Produktionsablaufs auseinandersetzen, sich hierüber informieren und in Teamarbeit mit den Nichtjuristen ein Produkt mitsamt Verpackung, Warnhinweisen, Werbung etc. entwerfen, mit dem alle Beteiligten zufrieden sind. Ausschließlich auf die Anforderungen des Produkthaftungsrechts hinzuweisen, ohne die praktischen Umsetzungsprobleme mit lösen zu helfen, wäre destruktiv.

---

515 Vgl. zu den Problemen der menschlichen Kommunikation im Unternehmen Rosenstiel, ZfO 1986, 90 ff.; Wahren, Zwischenmenschliche Kommunikation und Interaktion im Unternehmen, S. 61; Dotzler/Schick, Personalführung 1989, 126 ff.; Ehrhardt, Personalführung 1989, 91 ff.; Jacobi, Personalführung 1989, 106 ff.

516 Programm Qualitätssicherung 1992-1996 - Umsetzung des Programms -, S. 16 und 21.

gg. Sicherung von Exkulpationsmöglichkeiten

Exkulpieren kann sich der Hersteller, wenn er beweist, daß er seinen Sorgfaltspflichten nachgekommen ist, womit er sein vermutetes Verschulden bei der deliktsrechtlichen Haftung widerlegt, oder wenn er beweist, daß ein Haftungsausschlußgrund nach § 1 Abs. 2 ProdHaftG vorliegt.

(1). Dokumentation

Die Exkulpation ist nur mit Hilfe von Beweisen möglich. Um nicht auf Sachverständigengutachten und Zeugenaussagen von Mitarbeitern angewiesen zu sein, bietet sich eine lückenlose Dokumentation aller Qualitätsmanagementmaßnahmen mit Zeit- und Ortsangabe und den beteiligten Mitarbeitern an. Mit diesem Nachweis kann zudem die Umsetzung und Aufrechterhaltung der gesetzten Qualitätsziele überprüft werden. Entsprechendes gilt für entdeckte und beseitigte Fehler, Reklamationen, Qualität der Konkurrenzprodukte, den aktuellen Stand von Wissenschaft und Technik für dieses Produkt und seine Materialien, die bekannte Verwendungsart u.ä. Im Hinblick auf die besondere Befunderhebungs- und Sicherungspflicht muß in diesen Fällen[517] das einwandfreie Funktionieren der Prüfvorrichtungen festgehalten werden.

(2). Kennzeichnung

Um in einem Produkthaftungsfall prüfen zu können, ob das fehlerhafte Produkt aus dem eigenen Unternehmen stammt, was bei Masseartikeln nicht ohne weiteres möglich ist, sollte das Produkt durch Codierung o.ä. gekennzeichnet werden. Soweit dies aus praktischen oder Kostengründen nicht sinnvoll erscheint, muß die Produktions- und Veräußerungskette so weit wie möglich festgehalten werden.

Bei der Kennzeichnung ist eine Verwechslungsgefahr mit einem anderen Hersteller ebenso zu vermeiden wie die nicht gewollte Herstellereigenschaft.[518]

---

517 Siehe hierzu oben Punkt B.II.3.h.aa., S. 72 ff.

518 Siehe zum Quasihersteller oben Punkt B.II.e.bb.(2)., S. 56 und B.II.e.cc.(1)., S. 59 f.

(3). Aufbewahrung eines Musters

Um die Konstruktion und Funktionsweise einer vollständig beschädigten oder zerstörten Produktserie noch darlegen und beweisen zu können, ist ein mit Produktionsdatum versehenes Muster angebracht. Entsprechendes gilt für Gebrauchsanleitungen und Verpackungen, die mit Warnungen versehen sind, aber getrennt vom Produkt beseitigt werden können.

c. Zertifizierung

Ist das Qualitätsmanagementsystem erfolgreich umgesetzt worden, kann eine Zertifizierung, d.h. ein förmlicher Nachweis produkt- oder unternehmensbezogen durchgeführt werden:

- Mit dem Produktzertifikat, z.B. Prüfzeichen (VDE, GS u.ä.), wird von einer unabhängigen Zertifizierungsstelle bestätigt, daß das Produkt die festgelegten Qualitätsanforderungen erfüllt.

- Mit dem Qualitätssicherungs-Systemzertifikat wird bestätigt, daß das unternehmensbezogene Qualitätssicherungssystem die Forderungen von DIN ISO 9001, 9002 oder 9003 erfüllt.

aa. Produktzertifikat

Das Produktzertifikat auf europäischer Ebene ist das CE-Zeichen. Es steht für Communautés Européennes. Die CE-Kennzeichnung richtet sich nicht an den Verbraucher, sondern an die von den EU-Richtlinien vorgesehenen Kontrollbehörden. Der Hersteller bringt das CE-Zeichen selbst am Produkt an und deklariert damit die Konformität des Produktes mit den jeweils maßgeblichen EU-Richtlinien. Damit kann das Produkt im europäischen Binnenmarkt ohne weitere nationale Prüfungen in Verkehr gebracht werden.

Das CE-Zeichen ist für die nachfolgenden Produktgruppen wegen der dazugehörigen EU-Richtlinien relevant:[519]

---

519 Vgl. auch Förderkreis Neue Technologien Aktuell, Heft 8 1993, S. 16.

Produktgruppe:	EU-Richtlinie:
Einfache Druckbehälter	87/404/EWG
Spielzeug	88/378/EWG
Bauprodukte	89/106/EWG
Elektrische Geräte	89/336/EWG
Maschinen	89/392 und 91/368/EWG
Persönliche Schutzausrüstungen	89/686/EWG
Nicht selbsttätige Waagen	90/384/EWG
Aktive implantierbare medizinische Geräte	90/385/EWG
Gasverbrauchseinrichtungen	90/396/EWG
Telekommunikationsendgeräte	91/263/EWG
Elektromagnetische Verträglichkeit	92/31/EWG
Warmwasserheizkessel	92/42/EWG

Die Richtlinien beruhen auf der Entschließung des Rates über eine neue Konzeption auf dem Gebiet der technischen Harmonisierung und der Normung vom 07.05.1985.[520]

Die Umsetzung der Richtlinien in deutsches Recht erfolgte größtenteils durch entsprechende Ergänzung des Gerätesicherheitsgesetzes (GSG), ansonsten mit dem Bauproduktengesetz (BauPG), dem Gesetz über die elektromagnetische Verträglichkeit (EMVG), der Eichordnung und der Zulassungsverordnung der Post.

Für anderweitige Produktgruppen gibt es gegenwärtig keine europäisch geregelten Beschaffungsanforderungen, so daß für sie die CE-Kennzeichnung nicht in Frage kommt.

Das BauPG schreibt in §§ 4 f., 8 - 12 die Anforderungen an die Bauprodukte, das Konformitätsnachweisverfahren und die Verwendung des CE-Zeichens als Konformitätszeichen im Einzelnen vor. Die Benutzung des CE-Zeichens ist nicht zwingend vorgeschrieben. Die nicht vorschriftsmäßige Verwendung stellt eine Ordnungswidrigkeit dar und kann mit einer Geldbuße geahndet werden (§ 14 BauPG).

520 85/C 136/01, ABlEG Nr.C 136/1 vom 04.06.1985.

Neben der Bauartzulassung wird für die oben genannten Produktgruppen in Deutschland bislang noch das weiterhin gültige, an die Verbraucher gerichtete GS-Zeichen für geprüfte Sicherheit verwendet. Dieses Zeichen kann der Hersteller im Gegensatz zum CE-Zeichen[521] nicht ohne vorherige Prüfung und Vergabe des GS-Zeichens durch eine von der Zentralstelle der Länder für Sicherheitstechnik, München, zugelassenen Prüfstelle am Produkt anbringen. Derzeit ersetzt das CE-Zeichen das GS-Zeichen nicht. Das GS-Zeichen wird schon deshalb weiter verwendet, weil dieses Prüfsystem auch in Frankreich eingeführt worden ist und englische Importeure Produkte mit dem GS-Zeichen verlangen, dessen Buchstaben dort als "German Safety" übersetzt werden.[522]

Inwieweit Verbraucher und Importeure ein mit einem CE-Zeichen gekennzeichnetes Produkt aus einem anderen EU-Staat akzeptieren, hängt wesentlich vom Vertrauen in die Aussagekraft des vom Hersteller selbst vergebbaren Konformitätszeichens ab.

---

521 Bei diesem ist nur dann zuvor eine Prüfstelle einzuschalten, wenn dies wegen des erhöhten Gefährdungspotentials von der entsprechenden EU-Richtlinie ausdrücklich verlangt wird, so z.B. bei einfachen Druckbehältern.

522 Vgl. Handelsblatt vom 16.12.1992.

bb. Qualitätssicherungs-Systemzertifikat

Die Zertifizierung eines Qualitätssicherungssystems setzt voraus, daß das Unternehmen die Forderungen der gewählten DIN ISO-Norm nachweisbar erfüllt, das Qualitätssicherungssystem in einem Handbuch und in ergänzenden Verfahrensanweisungen dokumentiert und es sich einer Prüfung dieser Unterlagen und deren tatsächlicher Umsetzung stellt.[523]

Eine unabhängige, bei der Trägergemeinschaft für Akkreditierung GmbH im Deutschen Akkreditierungsrat akkreditierte Prüfstelle kann das Qualitätssicherungssystem prüfen und beurteilen, ob die Anforderungen der DIN ISO 9000 - 9003 (gleichlautend mit DIN EN 29000 - 29003) erfüllt sind. Dann kann das Qualitätssicherungs-Systemzertifikat vergeben werden.

Aufgrund der internationalen Normung ist die Vergleichbarkeit und internationale Anerkennung einer solchen Zertifizierung gewährleistet. Ein zertifiziertes Qualitätssicherungssystem ist insbesondere für den Handel und das öffentliche Auftragswesen bedeutsam. Dieser Ansicht sind jedenfalls inzwischen viele Firmen, die dem Trend zur Zertifizierung folgen.

Mit der Zertifizierung kann Marketing auf internationaler Ebene für die Qualität des Unternehmens und seiner Produkte betrieben werden. Außerdem kann dem Lieferanten von Teilprodukten oder Rohstoffen so leichter dessen Zertifizierung als Auftragsvoraussetzung abverlangt werden, womit auch die Qualität der gelieferten Teilprodukte festgelegt wird. Die Zulieferer sind damit in das Gesamtkonzept einbezogen.

Dabei wird aber übersehen, daß der für die Produktsicherheit und Produkthaftung bedeutsamste Teil der DIN ISO/EN-Normenreihe, die DIN ISO 9004/EN 29004, nicht zertifiziert wird. Ebenso fehlt die Möglichkeit der Zertifizierung des Qualitätskostenmanagements.

Die Elemente der DIN ISO 9004/EN 29004 betreffen u.a. die Managementaufgaben, die Grundsätze zum Qualitätssicherungssystem, die interne laufende Überprüfung dieses Systems, Wirtschaftlichkeitsbetrachtungen, Produktsicherheit und Produkthaftung.[524]

---

523 Vgl. Petrick, Vertrauen in die Qualitätsfähigkeit schaffen, in: Verlagsbeilage "Qualitätsmanagement", FAZ vom 12.10.1992.

524 Vgl. Abschnittsnummern 4, 5, 5.4, 6, 19 der DIN ISO 9004.

Nachteil der erteilten Zertifizierung ist, daß sie nicht anzeigt, inwieweit ein Unternehmen den DIN ISO-Normen gerecht wird: ob gerade noch, durchschnittlich oder besonders gut.

Wird aber nur um des Zertifikates wegen - z.B. weil der Kunde es verlangt oder zu Marketingzwecken - das Unternehmen zertifiziert, besteht die Gefahr, daß sich die Unternehmensleitung mit dem Sinn und Zweck des Qualitätsmanagements nicht oder nur unzureichend beschäftigt und aus der Zertifizierung nichts für eine verbesserte Qualitätssicherung gelernt hat. Aus diesem Grund sind die Automobilhersteller, die Mitglied im Verband der Automobilindustrie e.V. sind, bei ihrer bisherigen Vorgehensweise geblieben und führen bei ihren Lieferanten Untersuchungen von Qualitätsmanagementsystemen durch, sogenannte "VDA-Audits".[525] Ein solches Audit weist die Umsetzung der Qualität als Unternehmensphilosophie in allen Unternehmensbereichen aus und bewertet das Qualitätskostenmanagement. Neben dem Qualitätssicherungssystem wird das Qualitätsbewußtsein der Führungskräfte und deren Einstellung zur Qualität geprüft. Im Gegensatz zur Zertifizierung bewerten die VDA-Audits den Grad der Umsetzung des Qualitätssicherungssystems. Die VDA-Audits sind europaweit üblich. Sie orientieren sich an den Standards der DIN ISO 9000 ff., sind bislang aber nicht vereinheitlicht worden. Vielmehr berücksichtigt jede Auditierung die konkreten Interessen des prüfenden Automobilherstellers.[526] Dies zeigt die Abhängigkeit der Zulieferer von den Automobilherstellern auf.

Je nach Art des Unternehmens bietet es sich an Stelle einer Zertifizierung an, wichtigen Kunden das Qualitätsmanagementsystem des Unternehmens vorzutragen und im Anschluß daran bei einer Unternehmensbesichtigung die Umsetzung zu belegen.[527]

---

525 Dagegen haben Audi AG ihr Qualitätssicherungssystem nach DIN ISO 9001 und BMW AG drei BMW-Werke nach einem nicht genannten EU-Zertifikat (DIN EN 29001/2 oder /3) zertifizieren lassen, jeweils ganzseitige Anzeige in SZ vom 08.11.1993.

526 Vgl. Kayser, Mit Qualitätsmanagement Kosten sparen, in: Handelsblatt vom 31.03.1993; Schlott, Noch immer prüft jeder Abnehmer für sich allein, in: Handelsblatt vom 21.07.1993.

527 Vgl. hierzu Brockmann, Impulse Heft 12 1990, S. 88-94.

3. Absicherung in der Lieferantenkette

a. Allgemeines

Die Lieferantenkette ist nach dem Modell der §§ 315 ff. BGB vom Grundsatz der Gleichstellung der Partner im Rahmen der Billigkeit gekennzeichnet.[528] In der Praxis dominiert hingegen i.d.R. der Endprodukthersteller, wenn es um die Bestimmung der Anforderungen an das zu liefernde Produkt geht. Mit weitreichenden Forderungen an Material, Fertigung und Kontrolle, festgehalten in Qualitätssicherungsvereinbarungen, will der Endprodukthersteller sich gleichbleibend hohe Qualität sichern. Ferner ist er bestrebt, im Rahmen des Gewährleistungsrechts die Untersuchungs- und Rügepflicht der §§ 377 f. HGB abzubedingen. Soweit der Lieferant für Teilprodukte oder Rohstoffe Vorlieferanten hat, wird er in gleicher Weise versuchen, insoweit die Verantwortung für die Produktqualität auf die Vorlieferanten zu verlagern.

Die teilweise existentielle Abhängigkeit der Lieferanten von den Aufträgen der Endprodukthersteller tritt spätestens in Zeiten der Rezession zum Vorschein, beispielsweise in der Automobilindustrie, wo Lieferanten und Vorlieferanten durch plötzlich ausbleibende Aufträge der Automobilhersteller in einer Art Schneeballsystem in Liquiditätsschwierigkeiten geraten. Die Qualitätssicherungsvereinbarungen müssen, auch unter dem Gesichtspunkt der Ausnutzung der wirtschaftichen Abhängigkeit, rechtswirksam sein. Die Erfüllung der auf den Lieferanten überwälzten Pflichten müssen vom Hersteller überwacht werden, damit der Hersteller sich bei der Pflichtenverlagerung auf deren Einhaltung durch den Zulieferer verlassen kann. Hiervon ist abzugrenzen, daß der Hersteller seine Ersatzpflicht für Produkthaftungsfälle gegenüber Dritten nicht im voraus abbedingen kann.[529]

---

528 Vgl. Palandt/Heinrichs, BGB § 315 Rn 2.

529 Vgl. § 14 ProdHaftG und oben Punkt B.II.3.c.cc.(1).(c)., S. 34, B.II.3.c.cc.(2)., S. 38 und B.II.3.e.bb.(3)., S. 57.

b. Qualitätssicherungsvereinbarungen und Just-in-time-Lieferbeziehungen

aa. Das Just-in-time-Konzept

International nimmt die Fertigungstiefe bei der industriellen Produktion ab. Der Endprodukthersteller ist größtenteils nur noch "Assembler" (Zusammenbauer). Die Produktion eines komplexen Produktes wie z.B. eines PKW oder einer Waschmaschine erfolgt heutzutage durch internationale Zusammenarbeit verschiedenster Zulieferer mit dem Hersteller. Der Trend geht zum sogenannten "single sourcing", bei dem ein bestimmtes Teil oder eine Teilekombination einbaufertig von einem Zulieferer geliefert wird.[530] Die Zulieferer sind für den Hersteller eine Art ausgelagerte Produktionsstätte. Berücksichtigt man, daß die kostengünstigste und effektivste Qualitätssicherung bei der Produktplanung beginnt,[531] so gilt dies genauso für die Teilproduktherstellung. Ansonsten müßte vom Endprodukthersteller verlangt werden, daß er z.B. das Armaturenbrett für einen PKW oder das gesamte elektronische Steuerungssystem für die Waschmaschine, das ein Zulieferer einbaufähig geliefert hat, wieder auseinander nimmt, um so das Zulieferteil auf Fehler zu überprüfen. Wirtschaftlich sinnvoll erscheint lediglich die Prüfung der gelieferten Teilprodukte auf Transportschäden und die sogenannte Identprüfung darauf, ob die gelieferten mit den bestellten Produkten übereinstimmen oder ein aliud vorliegt, d.h. beim Stückkauf ein anderes als das gekaufte Produkt, beim Gattungskauf ein Produkt, das nicht zur vereinbarten Gattung gehört (vgl. auch § 378 HGB).

Die Lieferung der erforderlichen Teilprodukte soll möglichst erst zum Einbauzeitpunkt ("Just in time"), und zwar mit gesicherter Qualität, erfolgen. Grundidee des Just-in-time-Konzeptes ist es, den gesamten logistischen Produktionsprozeß von der unternehmensexternen Beschaffung bis zur eigentlichen Produktion als Einheit zu betrachten.[532] Die Qualitätssicherung muß aufgrund der kurzfristigen Anlieferung zum unverzüglichen Einbau schon im Zulieferbetrieb erfolgen. Der Endprodukthersteller erspart sich damit die Überprüfung der Zulieferteile auf Mängel und senkt seinen Lagerbestand.[533] Er hat daher insbesondere bei einer

---

530 Hierzu Steinmann, Qualitätssicherungsvereinbarungen, S. 9 f. m.w.N.

531 Vgl. hierzu oben Punkt B.V.1., S. 95 ff. und B.V.2.b.bb.(1)., S. 104 ff.

532 Hierzu Ohno, Das Toyota-Produktionssystem; Kaizen, Der Schlüssel zum Erfolg der Japaner im Wettbewerb; Wildemann, Das Just-in-Time-Konzept, S. 11 ff.; v. Westphalen in: FS 40 Jahre Der Betrieb, S. 223 ff.; Nagel/Riess/Theis, DB 1989, 1505 ff.; Steinmann, Qualitätssicherungsvereinbarungen, S. 11 ff.; Steckler, BB 1993, 1225 ff.

533 Vgl. Steckler, BB 1993, 1225; Tikart, JIT - Beweglichkeit wird zu Qualität in: Verlagsbeilage "Qualitätsmanagement" zur FAZ vom 12.10.1992. Siehe auch Kaneda, Was kommt in Japan nach Lean Production? Produktionssysteme der neunziger Jahre.

Just-in-time-Lieferbeziehung ein Interesse daran, die Wareneingangskontrolle zu minimieren und den Zulieferer zur Vornahme eigener Qualitätssicherungsmaßnahmen von der Planung bis hin zur Warenausgangskontrolle zu verpflichten.

So liefert ein einziges Unternehmen sämtliche Sitze für die Mercedes-Fahrzeuge in der von Daimler Benz gewünschten Qualität und Reihenfolge zum sofortigen Einbau an. Zwischen Auftragseingang und Auslieferung vergehen ca. fünf Stunden. Die Zusammenarbeit zwischen Daimler Benz und dem Zulieferer ist derart optimiert, daß dieser selbst nur über einen Materialvorrat von einem Tag verfügt. Seine Unterlieferanten beliefern ihn ebenfalls nach dem Just-in-time-Prinzip.[534] VW erwägt, die im Umkreis von rund 30 km vom Automobilwerk ansässigen Zulieferer in die Produktion im Werk selbst einzubinden.[535] Sobald die Zulieferer über die Produktion mit entscheiden könnten, wären sie nicht mehr nur Zulieferer, sondern "Co-Produzenten" und unterfielen damit auch insoweit der deliktsrechtlichen Produkthaftung. Derzeit gibt es allerdings noch keinen Fall, in dem unternehmerische Entscheidungen teilweise außenstehenden Personen oder Unternehmen, die nicht mit dem produzierenden Unternehmen gesellschaftsrechtlich verbunden sind, überlassen werden.

Vertragspartner von Qualitätssicherungsvereinbarungen sind vor allem die Hersteller komplexer Produkte und die Anbieter von Einzelteilen, Rohstoffen und Dienstleistungen. Eine Qualitätssicherungsvereinbarung schließt der Hersteller mit seinem Zulieferer ergänzend zum Kauf- oder Werkvertrag ab, um die Qualitätssicherung durch den Zulieferer möglichst umfassend und auf Dauer zu regeln und um damit die eigene Qualitätskontrolle zu reduzieren und das Just-in-time-Konzept zu verwirklichen.[536] Gleichzeitig kann er dem Zulieferer Leistungspflichten auferlegen, auf die er sich bei Nichteinhaltung im Innenverhältnis zum Zulieferer berufen kann. Die Bestimmungen können die verschiedensten Spezifikationen betreffen (technische, chemische, physikalische, pharmazeutische), Kontroll-, Dokumentations- und Informationspflichten festlegen und die Verteilung der Haftung und den Regreß regeln.[537] Bedeutung erlangen diese Bestimmungen im Hinblick auf § 5 ProdHaftG, wonach innerhalb des Gesamtschuldverhältnisses (§§ 421 ff. BGB) der Grad der Verursachung und nicht mehr nur die Kopfzahl (so § 426 Abs. 1 S. 1 BGB) beim Innenausgleich entscheidend ist. Der genaue Verur-

---

534 Hierzu Ulsamer, Die Sitze für den Mercedes 190 werden genau in der Reihenfolge der Produktion ausgeliefert, in: Handelsblatt vom 15.10.1986; Nagel, DB 1988, 2291 ff.

535 SZ vom 20.10.1993.

536 Zu Qualitätssicherungsvereinbarungen und insbesondere zu ihrer rechtlichen Zulässigkeit vgl. Steinmann, Qualitätssicherungsvereinbarungen; dies., BB 1993, 873 ff.; Martinek, Zulieferverträge und Qualitätssicherung, S. 45 ff. und 132 ff.; v. Westphalen in: FS 40 Jahre Der Betrieb, S. 223 ff.; Quittnat, BB 1989, 571 ff.; Kreifels, ZIP 1990, 489 ff.; Lehmann, BB 1990, 1849 ff.; Schmidt, NJW 1991, 144 ff.; Teichler, BB 1991, 428 ff.; Migge, PHI 1991, 186 ff.; Steckler, BB 1993, 1225 ff.

537 Vgl. Schmidt, NJW 1991, 144.

sachungsanteil kann zumeist mit Hilfe der Qualitätssicherungsvereinbarung und der Dokumentation der Qualitätssicherungsmaßnahmen beim Zulieferer und beim Hersteller belegt werden.[538]

Die mit den Qualitätssicherungsvereinbarungen einhergehende Pflichtenverlagerung entfaltet ihre Wirkung nur im Vertragsverhältnis Zulieferer - Endproduktthersteller. Ein Vertrag zu Lasten Dritter ist mit dem Grundsatz der Privatautonomie unvereinbar und daher unzulässig,[539] d.h. der Hersteller kann sein Produkthaftungsrisiko gegenüber Dritten mit Qualitätssicherungsvereinbarungen nicht reduzieren.[540] Seine deliktsrechtlichen Verkehrssicherungspflichten kann er damit nicht mit Wirkung gegenüber Dritten auf den Zulieferer verlagern. Überdies kann er seine Haftung nach § 1 Abs. 1 S. 1 ProdHaftG nicht im voraus abbedingen, § 14 ProdHaftG.

Kreifels sieht eine Pflichtendelegation auf den Zulieferer auch gegenüber Dritten als zulässig an und beläßt beim Hersteller keine umgewandelte Überwachungspflicht, wie dies bei der unternehmensinternen Pflichtendelegation der Fall ist, so daß der geschädigte Dritte keine deliktsrechtlichen Produkthaftungsansprüche gegen den Hersteller hätte.[541] Ihm blieben nur Ansprüche aus § 1 Abs. 1 S. 1 ProdHaftG, da es bei der verschuldensunabhängigen Haftung nicht auf die Verletzung einer Verkehrssicherungspflicht ankommt.

Die Verkehrssicherungspflichten der deliktsrechtlichen Produkthaftung umfassen u.a. die Pflicht des Herstellers, die Qualität der eingehenden Rohstoffe und Teilprodukte sicherzustellen. Wie er die Qualität sicherstellt, ob durch Prüfung der Verläßlichkeit des Zulieferers oder durch Prüfung des gelieferten Teilproduktes, soweit dies erforderlich und wirtschaftlich zumutbar ist, bleibt ihm überlassen. Die Prüfpflicht des Herstellers entfällt nur insoweit, wie schon der Zulieferer aufgrund seiner besonderen fachlichen Erfahrungen und Einrichtungen die Prüfung vorgenommen hat.[542] Qualitätssicherungsvereinbarungen mit dem Zulieferer können das Qualitätssicherungssystem des Herstellers unterstützen, verbessern aber nicht automatisch die Qualitätssicherheit der Zulieferprodukte, sondern erst, wenn der Zulieferer die Vereinbarungen umsetzt, was der Hersteller im eigenen Interesse überprüfen muß. Erster Schritt ist die Auswahl des für den Hersteller geeigneten Zulieferers, der die Zuverlässigkeit bietet, die Vereinbarungen zu erfüllen.

---

538 Vgl. hierzu Teichler, BB 1991, 428, 431.

539 Vgl. BGHZ 54, 244, 247; BGHZ 58, 216, 219; BGHZ 61, 359, 361; BGHZ 78, 369, 374 f.; Palandt/Heinrichs, BGB Einf. vor § 328 Rn 10.

540 So auch Quittnat, BB 1989, 571, 573 und 575.

541 ZIP 1990, 489, 495. Zur unternehmensinternen Pflichtendelegation siehe oben Punkt B.II.3.e.cc.(4)., S. 61 ff.

542 Vgl. BGH VersR 1960, 855, 856; BGH VersR 1970, 559, 560; BGH NJW 1975, 1827, 1828 f. - Spannkupplung; OLG Köln VersR 1990, 494.

bb. Rechtliche Zulässigkeit der Qualitätssicherungsvereinbarungen

Die rechtliche Zulässigkeit der Qualitätssicherungsvereinbarungen richtet sich nach dem AGBG, den guten Sitten, dem Kartell- und Wettbewerbsrecht und dem Grundsatz von Treu und Glauben.

(1). Zulässigkeit nach dem AGBG

Durch § 1 Abs. 1 S. 2 AGBG ist festgelegt, daß die äußerliche Gestaltung der Qualitätssicherungsvereinbarung als Vertrag für die Anwendbarkeit des AGBG keine Rolle spielt. Auch ein Formularvertrag[543] oder ein Rahmenvertrag[544] kann Allgemeine Geschäftsbedingung sein. Es kommt nach § 1 Abs. 1 S. 1 und Abs. 2 AGBG nur darauf an, ob es sich um Vertragsbedingungen handelt, die vorformuliert sind für eine Vielzahl von Verträgen, die eine Vertragspartei der anderen stellt, ohne daß sie ausgehandelt worden sind.

Vertragsbedingungen liegen immer dann vor, wenn sie Bestandteil eines zwischen dem Endprodukthersteller und dem Zulieferer abgeschlossenen Rechtsgeschäfts sind.[545] Für die Vorformulierung wird vorausgesetzt, daß der Endprodukthersteller die anzuwendenden Vertragsbestimmungen nicht nur für den konkreten Vertragsabschluß entworfen, sondern sie bereits vor Abschluß des Vertrages für mindestens drei Lieferverträge mit seinem Zulieferer fertig aufgestellt hat.[546]

Die Vertragsbedingungen sind dann ausgehandelt worden, wenn sie zur Verhandlungsdisposition standen. "Aushandeln" i.S.v. § 1 Abs. 2 AGBG ist mehr als reines Verhandeln.[547] Nicht erforderlich ist, daß tatsächlich über alle Klauseln gesprochen wurde. Jedoch müssen sämtliche die gesetzliche Regelung ändernde oder ergänzende Bestimmungen ernsthaft zur Disposition gestanden haben.[548]

---

543 Vgl. Palandt/Heinrichs, AGBG § 1 Rn 11.
544 Vgl. v. Westphalen in: FS 40 Jahre Der Betrieb, S. 223 ff.
545 Vgl. Ulmer in: Ulmer/Brandner/Hensen, AGBG § 1 Rn 9.
546 Vgl. BGH ZIP 1987, 1439, 1441; BGH WM 1984, 1610.
547 Vgl. BGH ZIP 1986, 1466.
548 Vgl. BGH DB 1987, 1295.

Der Zulieferer hat in der Praxis i.d.R. nicht die Möglichkeit, den Endproduktherssteller von der vorgesehenen Aufgabenverteilung der Qualitätssicherung abzubringen. Soweit im Einzelfall doch einmal die Qualitätssicherungsvereinbarung ausgehandelt worden und damit eine AGB-rechtliche Überprüfung ausgeschlossen ist, sind die Aufbewahrung der überarbeiteten Vereinbarungs-Entwürfe und Gesprächsnotizen zur Dokumentation des Aushandelns von Vorteil.

Als Individualvertrag unterliegen Qualitätssicherungsvereinbarungen nur ausnahmsweise gem. §§ 138, 242 BGB der Inhaltskontrolle,[549] als Allgemeine Geschäftsbedingungen dürfen sie, um rechtswirksam zu sein, den Vertragspartner gemäß dem in § 9 AGBG festgelegten Gebot von Treu und Glauben nicht unangemessen benachteiligen.

549 Vgl. BGH ZIP 1984, 1361 ff. - notarielle Beurkundung; Bunte, ZIP 1984, 1313, 1317; Ulmer in: Ulmer/Brandner/Hensen, AGBG § 1 Rn 76 ff. m.w.N.

(a). Zusicherung von Eigenschaften

Häufig wird in Qualitätssicherungsvereinbarungen bestimmt, daß "alle Merkmale und Angaben in Zeichnungen und Spezifikationen als zugesicherte Eigenschaften gelten." Übernimmt der Zulieferer damit eine Eigenschaftszusicherung, erhält der Hersteller bei Fehlen der Eigenschaft einen verschuldensunabhängigen Schadensersatzanspruch aus § 463 bzw. § 480 Abs. 2 BGB oder aus §§ 633, 634, 635 BGB.

Diese Zusicherung der Einhaltung eines bestimmten Qualitätsstandards wird teilweise als ein selbständiges Garantieversprechen angesehen.[550] Da der Zulieferer mit den Rechtsfolgen eines selbständigen Garantieversprechens nicht rechnet und durch das Risiko unübersehbarer Schadensersatzansprüche eine unangemessene Benachteiligung des Zulieferers vorliegt, verstößt die so beurteilte Regelung gegen § 9 AGBG.[551] So ausgelegt, kann die Klausel auch als Überraschungsklausel nach § 3 AGBG unwirksam sein. Derartige Haftungszusagen wären daher nur durch individualvertragliche Qualitätssicherungsvereinbarungen wirksam.[552]

Eine derart weite Auslegung der festgelegten Produktspezifikationen kann jedoch nur in den Fällen angenommen werden, in denen dieses unbedingte Einstehenwollen ausdrücklich erklärt wird. Dies ist mit reinen Eigenschaftszusicherungen noch nicht anzunehmen.[553]

(b). Abbedingung der §§ 377 ff. HGB

Umstritten ist, ob mit Qualitätssicherungsvereinbarungen die Untersuchungs- und Rügepflicht der §§ 377 f. HGB abbedungen werden kann.

Die Wareneingangskontrolle ist keine dem Endverbraucher gegenüber zu erfüllende Pflicht des Endproduktherstellers. Untersuchung und Mängelrüge sind vielmehr sogenannte Obliegenheiten[554] des Herstellers, also Lasten zur Erhaltung seiner Mängelrechte. Durch die Abbedingung der §§ 377 f. HGB in der Qualitätssicherungsvereinbarung will der Hersteller Sachmängelansprüche geltend

---

550 Vgl. Martinek, Zulieferverträge und Qualitätssicherung, S. 49; Lehmann, BB 1990, 1849, 1853.

551 Vgl. Hensen in: Ulmer/Brandner/Hensen, AGBG Anh. §§ 9-11 Rn 298, 300; Kreifels, ZIP 1990, 489, 492; Schmidt, NJW 1991, 144, 147.

552 Zum Ganzen Steckler, BB 1993, 1225, 1227.

553 Die Klausel nicht als überraschend, sondern als ungewöhnlich ansehend: Quittnat, BB 1989, 571, 574 f. Vgl. entsprechend zur Verlagerung der Wareneingangskontrolle Steinmann, BB 1993, 873, 876 f.

554 Vgl. Baumbach/Duden/Hopt, HGB § 377 Rn 1 C.

machen können, obwohl er die gelieferten Teilprodukte nicht unverzüglich (am Wareneingang) untersucht und Mängel nicht unverzüglich gerügt hat. Der Zulieferer büßt damit die Möglichkeit ein, gegen einen Gewährleistungsanspruch des Herstellers einwenden zu können, daß der Fehler oder das aliud bei der Wareneingangskontrolle des Herstellers hätte entdeckt und unverzüglich gerügt werden können, das Produkt daher als genehmigt gelte.

Die §§ 377 f. HGB sind dispositiv und können in einem Individualvertrag abbedungen werden.[555]

Anzumerken ist, daß dem Zulieferer als Hersteller des Teilproduktes auch ohne die Abbedingung der §§ 377 f. HGB eine eigenständige Verpflichtung für die fehlerfreie Produktion obliegt.[556] Der Anwendungsbereich der §§ 377 f. HGB ist zudem auf Ansprüche aus dem Gewährleistungsrecht beschränkt. Deliktsrechtliche Ansprüche gegen den Zulieferer gehen dem Hersteller aufgrund der Verletzung seiner Rügeobliegenheit nicht verloren.[557] Außerdem muß der Endproduktehersteller nach dem Wellpappe-Urteil des BGH[558] nur prüfen, ob das bestellte Teilprodukt oder ein aliud geliefert wurde. Soll die Wareneingangskontrolle weiter reichen, muß der Zulieferer dies mit seinem Endprodukthersteller vetraglich vereinbaren. Ändert der Zulieferer das Produktionsverfahren oder Spezifikationen des Produktes wie z.B. die Dicke, die Dichte oder die Grundstoffzusammensetzung, muß er dies dem Endprodukthersteller anzeigen, sonst begeht er eine positive Vetragsverletzung (pVV).

Die Rechtsprechung sieht eine formularmäßige Abbedingung der handelsrechtlichen Untersuchungs- und Rügeobliegenheit als unzulässig an.[559] Diese Auffassung wird überwiegend auch in der Literatur vertreten,[560] andere befürworten die Zulässigkeit der Abbedingung unter Hinweis auf die modernen Lieferbeziehungen, die dem Hersteller keine Möglichkeit lassen, das Teilprodukt besser als der Zulieferer zu kontrollieren.[561]

---

555 Vgl. Baumbach/Duden/Hopt, HGB § 377 Rn 1 E.

556 Siehe zur Lieferantenhaftung nach § 1 ProdHaftG und der deliktsrechtlichen Produkthaftung oben Punkt B.II.3.e.bb.(4)., S. 58 und B.II.3.e.cc.(3)., S. 61.

557 Vgl. BGHZ 101, 337, 343 - Weinkorken.

558 BGH BB 1989, 1432 ff. - Wellpappe.

559 Vgl. BGH NJW 1991, 2633 ff. - Salami.

560 So Hensen in: Ulmer/Brandner/Hensen, AGBG Anh. §§ 9-11 Rn 299 u. § 11 Nr. 10 f., Rn 76; Palandt/Heinrichs, AGBG § 9 Rn 81; v. Westphalen in: FS 40 Jahre Der Betrieb, S. 223, 228 ff.; ders. in: Produkthaftungshandbuch Bd. 1 § 17 Rn 62; Zirkel, NJW 1990, 345, 347; Lehmann, BB 1990, 1849, 1851; Schmidt, NJW 1991, 144, 149 f.

561 So Lehmann, BB 1990, 1849 ff.; Steinmann, Qualitätssicherungsvereinbarungen, S. 45 ff.; dies., BB 1993, 873 ff.

Für letztgenannte Auffassung spricht Folgendes: Bei der Verabschiedung des HGB im Jahre 1897 gab es noch keine Just-in-time- oder ähnliche Lieferbeziehungen, sie wurden auch nicht vorhergesehen.[562] Die Zulässigkeit der Abbedingung der §§ 377 f. HGB trägt den praktischen Bedürfnissen der heutigen Produktionsformen Rechnung, zumal gerade nicht nur eine Endkontrolle vom Zulieferer statt der Eingangskontrolle beim Hersteller vereinbart wird, sondern ein Sicherheit und Qualität produzierendes Qualitätssicherungssystem des Zulieferers, auf das ein ebensolches des Herstellers aufbauen kann. Einer unter Ausnutzung wirtschaftlicher Abhängigkeit vereinbarten Abbedingung der §§ 377 f. HGB sind zudem durch das AGBG, § 26 GWB und §§ 138, 242 BGB Mißbrauchsgrenzen gesetzt.

So sollte allein die dem Zulieferer ohne weiteres nicht mögliche und wirtschaftlich nicht zumutbare Untersuchung seiner ausgelieferten Ware beim Endprodukthersteller auf Transportschäden und die Identprüfung[563] nicht abdingbar sein.[564]

Die von Steinmann[565] zusätzlich geforderten Inprozeßkontrollen und Funktionsprüfungen können erst nach Wareneingang bei der Weiterverarbeitung und durch anschließende Tests mit dem Endprodukt erfolgen. Sie haben mit der Wareneigangskontrolle nichts mehr zu tun und erübrigen sich bei einem funktionierenden Qualitätssicherungssystem des Lieferanten.

(2). Sittenwidrigkeitskontrolle nach § 138 BGB

Ist das AGBG aufgrund eines Individualvertrages nicht anwendbar, bleibt eine Inhaltskontrolle des Vertrages nach §§ 138, 242 BGB und § 26 GWB.

Bei der Sittenwidrigkeitskontrolle nach § 138 BGB werden nicht die einzelnen Klauseln der Qualitätssicherungsvereinbarung untersucht, sondern die Vereinbarung wird im Gesamten gewürdigt.

---

562 Zum gesetzlichen Leitbild Steinmann, Qualitätssicherungsvereinbarungen, S. 37 ff.
563 Siehe oben Punkt B.V.3.b.aa., S. 123.
564 So auch Steinmann, Qualitätssicherungsvereinbarungen, S. 47 f.
565 Steinmann, Qualitätssicherungsvereinbarungen, S. 47 f.

Der Tatbestand des Wuchers (§ 138 Abs. 2 BGB) ist nur dann erfüllt, wenn zwischen Leistung und Gegenleistung ein auffälliges Mißverältnis herrscht, z.B. der Wert der Leistung den der Gegenleistung um mehr als 200 % übersteigt[566] oder eine Ware nur zu 1/6 ihres tatsächlichen Marktwertes verkauft wird.[567] Soweit die wirtschaftliche Zwangslage eines Zulieferers oder umgekehrt die Abhängigkeit eines Herstellers vom Zulieferer derart ausgenutzt wird, ist zum einen der Kaufvertrag, insbesondere der Kaufpreis, betroffen und nicht Vereinbarungen zur Qualitätssicherung. Zum anderen greift in diesen Fällen meist das Diskriminierungsverbot des § 26 Abs. 2 GWB, durch das § 138 BGB insoweit verdrängt wird.

Eine sittenwidrige Knebelung (§ 138 Abs. 1 BGB) des Zulieferers setzt voraus, daß dieser sich vollständig dem Hersteller unterordnen muß und im Ergebnis der Hersteller den Zulieferbetrieb leitet. Denkbar ist dies in den Fällen, in denen sich ein Zulieferer gänzlich auf den Produktbedarf eines Herstellers eingestellt hat und die Existenz des Unternehmens von Aufträgen des Herstellers abhängt. Es darf dabei nicht übersehen werden, daß vor allem kleine und mittlere Zulieferer sich aufgrund mangelhafter Zusammenarbeit und Kommunikation mit den Herstellern selbst in die wirtschaftliche Abhängigkeit von einem einzigen Hersteller manövriert haben.[568] Diese Abhängigkeit, die insbesondere in der Automobilbranche anzutreffen ist, reicht alleine noch nicht für die Annahme einer Knebelung aus, vielmehr muß der Zulieferer aufgrund dieser Abhängigkeit zu Leistungen gezwungen werden, die er ohne die Zwangslage nicht oder nicht zu dem zugestandenen Preis durchführen würde. Geht der Machtmißbrauch nicht so weit, kann noch das kartellrechtliche Diskriminierungsverbot des § 26 Abs. 2 GWB greifen.[569]

---

566 Vgl. BGH BB 1990, 1509, 1510 - Geschäftskredit als Gelegenheitsdarlehen.
567 Vgl. BGH WM 1987, 33.
568 Siehe SZ vom 02.11.1993 zum entsprechenden Ergebnis einer Studie der Unternehmensberatung Roland Berger.
569 Hierzu Markert in: Immenga/Mestmäcker, GWB § 26 Rn 52 ff.

(3). Diskriminierungsverbot nach § 26 Abs. 2 GWB

Normzweck des § 26 Abs. 2 GWB ist die Aufrechterhaltung des Leistungswettbewerbs durch Schutz des Diskriminierten in der Gleichheit seiner Marktchancen.[570] § 26 Abs. 2 GWB ist ein u.a. auf das Zivilrecht unmittelbar anwendbares Verwaltungsrechtsverbot.[571] Es ist zugleich Schutzgesetz i.S.d. § 35 GWB,[572] welcher dem Verletzten u.a. einen Unterlassungs- und Schadensersatzanspruch gibt.[573] Dem als diskriminierend in Anspruch genommenen Unternehmen wird ein unternehmerischer Freiraum zugebilligt, der allerdings seine Grenze in der unbilligen Behinderung anderer Unternehmen findet, was bis zu einem Kontrahierungszwang führen kann.[574] Eine marktbeherrschende Stellung durch Ausnutzung von Marktmacht kann u.a. bei unternehmensbedingter Abhängigkeit auftreten, wenn Unternehmensstruktur und Warenangebot speziell auf die Nachfrage eines anderen Unternehmens ausgerichtet sind, so beispielsweise bei einem Kfz-Zulieferbetrieb.[575]

---

570 Vgl. BGHZ 36, 91, 100 - Gummistrümpfe; BGHZ 49, 90, 98 - Jägermeister; BGHZ 81, 322, 329, 339 - Original-VW-Ersatzteile II; BGHZ 83, 238, 241 ff. - Meierei-Zentrale.

571 Vgl. Markert in: Immenga/Mestmäcker, GWB § 26 Rn 291.

572 Vgl. v. Gamm, Kartellrecht, GWB § 26 Rn 4.

573 Hierzu v. Gamm, Kartellrecht, GWB § 35 Rn 3, 5, 12.

574 Vgl. BGH GRUR 1989, 774 - Lotteriebezirksstelle; BGHZ 96, 337, 346 f. - Abwehrblatt II; hierzu v. Gamm, Kartellrecht, GWB § 26 Rn 20.

575 Vgl. v. Gamm, Kartellrecht, GWB § 26 Rn 31.

(4). Inhaltskontrolle nach § 242 BGB

Standardisierte Klauseln in Individualverträgen liegen vor, wenn sie für den konkreten Einzelvertrag vorgeschlagen und sodann ohne inhaltliches Aushandeln in den Vertrag einbezogen werden.[576] Der BGH befürwortet eine richterliche Inhaltskontrolle anhand der Billigkeitsvorschrift des § 242 BGB; die zu entscheidenden Mißbrauchssituationen betrafen allerdings nur den Bereich notariell beurkundeter Verträge über die Veräußerung und Bebauung eines Grundstücks.[577] Bezüglich der meist unter das AGBG fallenden Qualitätssicherungsvereinbarungen und des Diskriminierungsverbots des § 26 Abs. 2 GWB wird die praktische Anwendung von § 242 BGB kaum einmal in Betracht kommen.

cc. Zertifizierung des Zulieferers

Die Auswahl des Zulieferers durch den Endprodukthersteller und die Überprüfung seiner Zuverlässigkeit hinsichtlich seiner Qualitätssicherungsmaßnahmen wird durch die Zertifizierung des Qualitätssicherungssystems des Zulieferers erleichtert. Da hierauf das Qualitätssicherungssystem des Herstellers aufbauen kann, ist es in der Praxis erstrebter Bestandteil für ein funktionierendes Qualitätssicherungssystem des Herstellers und meist Vertragsbedingung einer Qualitätssicherungsvereinbarung.

dd. Freistellungsvereinbarungen

Der Endprodukthersteller hat gegenüber dem Geschädigten produkthaftungsrechtlich auch für Fehler des von einem Zulieferer gelieferten Teilprodukts einzustehen, weil dieses Bestandteil des Gesamtproduktes ist. Im Innenverhältnis zum Zulieferer wird der Hersteller für den Fall der Inanspruchnahme aus Produkthaftungsrecht vorab eine Freistellung verlangen, zumeist in seinen Einkaufsbedingungen oder in der Qualitätssicherungsvereinbarung festgelegt.

---

[576] Vgl. Ulmer in: Ulmer/Brandner/Hensen, AGBG § 1 Rn 76.

[577] BGHZ 74 204, 209; BGHZ 101, 350, 355; BGHZ 108, 164, 168; BGH NJW 1982, 2243, 2244, BGH NJW 1984, 2094; BGH NJW 1988, 1972, 1973. Zum Meinungsstand in der Literatur, ob eine Inhaltskontrolle zulässig ist und wenn ja, ob die Überprüfung unter analoger Anwendung der AGB-Vorschriften oder anhand von § 242 BGB erfolgen soll, vgl. Ulmer in: Ulmer/Brandner/Hensen, AGBG § 1 Rn 76 und 78.

Eine weitergehende Freistellung, bei der die Eigenhaftung des Herstellers wegen Verletzung von Verkehrssicherungspflichten, die nicht dem Zulieferer obliegen, auf den Zulieferer verlagert werden soll, ist nicht zulässig.[578]

Die Freistellungsvereinbarung hilft dem Hersteller bei der Inanspruchnahme des Zulieferers nur dann, wenn dessen Verantwortung unstreitig festgestellt werden kann, was eine Dokumentation der Produktionsvorgänge samt Qualitätssicherungsmaßnahmen beim Zulieferer und beim Hersteller erfordert. Soweit es beispielsweise um einen Konstruktionsfehler geht, kann nachvollzogen werden, wer welche Konstruktionsentscheidungen getroffen hat. Bei Fabrikationsfehlern kann anhand der Dokumentation leichter festgestellt werden, ob das Teilprodukt schon beim Zulieferer nicht unter Einhaltung der Vorgaben des Herstellers hergestellt wurde oder ob dies aufgrund der Kontrollen des Zulieferers ausgeschlossen werden kann und entweder noch ein Transportschaden oder ein Behandungsfehler beim Hersteller Ursache des Mangels am Teilprodukt ist.

---

578 Siehe hierzu oben Punkt B.V.3.b.aa., S. 123 ff. und Quittnat, BB 1989, 571, 573 und 575.

4. Versicherung des Produkthaftpflichtrisikos

a. Allgemeines

Die Versicherung des Produkthaftpflichtrisikos kann die Verbesserung der Produktsicherheit und Produktqualität in begrenztem Umfang fördern, da sich die Versicherer vor Abschluß eines Versicherungsvertrages oder der Erweiterung des Deckungsschutzes zunehmend interner oder externer Institute bedienen, um durch eine Schwachstellenanalyse das eventuell auf sie zukommende Risiko abschätzen zu können. Bei hohem Risiko wird entweder die Prämie überdurchschnittlich hoch angesetzt oder es wird das Risiko durch zusätzliche Deckungsausschlußklauseln reduziert. Beides hält den Hersteller zur Verbesserung von Produktsicherheit und -qualität an.

Mit der Versicherung des Produkthaftpflichtrisikos soll das durch nicht vorhersehbare oder nicht vermeidbare Produktfehler gegebene Restrisiko eines Produkthaftpflichtfalles abgedeckt werden. Insoweit ist sie Bestandteil eines Qualitätsmanagementsystems. Welche Risiken versichert werden müssen und welche aufgrund zu vernachlässigender Eintrittswahrscheinlichkeit oder minimalen Schadensausmaßes außer Acht gelassen werden können, ist letztendlich eine Entscheidung im Rahmen der unternehmerischen Risikopolitik. Der Mut zur "Versicherungslücke" in Bereichen, wo für das Unternehmen kein Versicherungsbedarf besteht, würde in ein konsequentes Qualitätsmanagementsystem passen, in dem der Hersteller sich seiner Produktqualität sicher ist und gezielt nur bestimmte Restrisiken versichert. Derzeit ist noch überwiegend das Bestreben der Hersteller nach allumfassender Deckung festzustellen. Erklären läßt sich dies vor allem damit, daß durch Ausreißer und verdeckte Konstruktions- bzw. Fabrikationsfehler erhebliche Schäden verursacht werden können, die zu begleichen sich der Hersteller allein außerstande sieht. Eine weitere Erklärung liegt im Mangel an konsequenten Qualitätsmanagementsystemen und an der fehlenden Überzeugung der Hersteller von der Sicherheit ihrer Produkte.

b. Die Entwicklung der Betriebshaftpflichtversicherung unter dem Aspekt des Produkthaftungsrechts

Die Versicherung von Haftungsrisiken eines Herstellungs- oder Vertriebsunternehmens erfolgt in Deutschland durch eine Betriebshaftpflichtversicherung. Das Produktrisiko wird dabei als Teil des Betriebsrisikos verstanden.

Bis etwa Mitte der 60er Jahre spielte das Produkthaftpflichtrisiko von Herstellungs- und Vertriebsunternehmen in Deutschland kaum eine Rolle, so daß eine spezielle Behandlung der Materie (z.B. Analyse des Schadenverlaufs, Entwicklung spezieller Klauseln) nicht notwendig schien. Seit Ende der 60er Jahre veränderte sich die Situation durch den Contergan-Fall[579] drastisch. Hatte man bisher nur Einzel-Großschadenrisiken als versicherungsbedürftig angesehen, so waren sich Industriebetriebe und Versicherer nun bewußt, daß man Serienschäden nicht übergehen kann.[580] Aus der historischen Entwicklung verblieb, daß sämtliche Haftungsrisiken des zu versichernden Unternehmens grundsätzlich einheitlich erfaßt werden.[581]

Durch das Inkrafttreten des ProdHaftG ist für deutsche Unternehmen im Prinzip kein neues Versicherungsbedürfnis entstanden, weil die übliche Allgemeine Betriebshaftpflichtversicherung bisher schon Personen- und Sachschäden aus der Produkthaftpflicht abgedeckt hat. Versicherungslücken durch das Inkrafttreten des ProdHaftG sind im Rahmen der allgemeinen Betriebshaftpflichtversicherung nur insoweit entstanden, als die bisherige Deckungssumme in den meisten Fällen nicht mehr ausreichend ist. Erweiterter Deckungsschutz kann mit dem sogenannten Produkthaftpflicht-Modell[582] erlangt werden.

---

579 Vgl. den Einstellungsbeschluß des LG Aachen, JZ 1971, 507, 517 ff. - Contergan - und oben Punkt B.III., S. 89 f. mit Fn 429.

580 Hierzu Schmidt-Salzer, Produkthaftung IV/1, Rn 7.014 und 7.016.

581 Vgl. Schmidt-Salzer, Produkthaftung IV/1, Rn 7.004.

582 Auch "HUK-Modell" genannt; abgedruckt in VP 1973, 134 ff.; siehe unten Punkt B.V.4.e.aa., S. 139 ff.

Die allmähliche Auswirkung eines verstärkten Anspruchsbewußtseins der Geschädigten beschränkt sich nicht auf die Unternehmen und Versicherer: So rechnete der Gerling-Konzern schon Ende 1989 für 1990 wegen des wachsenden Investitionsvolumens in der Industrie und wegen des verstärkten Risikobewußtseins in der Produkt- und Umwelthaftung mit einem steigenden Rückversicherungsbedarf.[583] Um den Deckungsbedarf im Haftpflichtbereich industrieller Großunternehmen zu befriedigen, ist in London 1990 der Global Excess Liability Insurance-Pool gegründet worden, der die Kapazitäten der beiden seit Ende 1985 in Amerika bestehenden Haftpflicht-Pools übersteigt. Der Haftpflicht-Pool ist mit einer Kapazität von 100 Millionen Dollar für industrielle Produkt- und Betriebshaftpflicht-Großrisiken ausgestattet. Die Deckung des Pools kann von industriellen Großunternehmen grenzüberschreitend in Anspruch genommen werden. Die Einrichtung des Pools trägt der wachsenden Bedeutung der Produkt- und Umwelthaftung in der gesamten Welt Rechnung.[584]

583 Uebbing, Großschäden beschäftigen Rückversicherung in: FAZ v. 27.12.1989. Zur Aufgabe der Rückversicherer: Für die Erstversicherer können sowohl aus dem Geschäft mit dem Privatkunden als auch aus dem Industriegeschäft finanzielle Beanspruchungen in Milliardenhöhe erwachsen, die ein einzelner Erstversicherer nicht mehr tragen kann. Daher versichert sich der Erstversicherer bei einer oder mehreren Rückversicherungen. Je weiter die Risiken gestreut sind, desto geringer fällt im Schadensfall die Belastung für einen einzelnen Versicherer aus.

584 Hierzu Jürgensen, Haftpflichtpool für die Großindustrie in: FAZ vom 20.03.1990.

c. Haftpflichtversicherung

Es gibt keinen Versicherungsschutz für Haftpflichtversicherungsansprüche allgemein ("Universal"-Haftpflichtversicherung), sondern nur für spezielle Risiken (z.B. Privat-, Betriebs-, Luftfahrt-, Strahlen- und Atomanlagen-, Gewässerschaden-, Arzt-, Vermögensschadenhaftpflichtversicherung).[585]

Eine Haftpflichtversicherung deckt nach § 1 Ziff. 1 AHB das Risiko, wegen eines Personen- oder Sachschadens, der sich während der Wirksamkeit der Versicherung ereignet hat, aufgrund gesetzlicher Haftpflichtbestimmungen privatrechtlichen Inhalts von einem Dritten auf Schadensersatz in Anspruch genommen zu werden.

"Gesetzliche Haftpflichtbestimmungen" sind Rechtsnormen, die unabhängig vom Willen der Beteiligten an die Verwirklichung eines unter § 1 AHB fallenden Ereignisses Rechtsfolgen knüpfen.[586] Sowohl die Haftung aus Vertrag als auch die Haftung aus unerlaubter Handlung ist eine Haftung "aufgrund gesetzlicher Haftpflichtbestimmungen privatrechtlichen Inhalts".[588] Haftpflichtansprüche, soweit sie aufgrund eines Vertrages oder besonderer Zusagen über den Umfang der gesetzlichen Haftpflicht des Versicherungsnehmers hinausgehen, fallen nicht unter den Versicherungsschutz, es sei denn, im Versicherungsschein oder seinen Nachträgen ist ausdrücklich etwas anderes bestimmt (§ 4 I Ziff. 1 AHB). Entscheidend ist, ob die Forderung auf Schadensersatz gerichtet ist.[589] Mit der Haftpflichtversicherung versichert sich der Versicherungsnehmer also gegen die Gefahr, einem Dritten gegenüber haftpflichtig zu werden und Schadensersatz leisten zu müssen.

---

585 Grundsatz der Spezialität der Gefahr, vgl. z.B. BGHZ 23, 355, 358; BGH VersR 1987, 1181.

586 Vgl. BGH VersR 1971, 44.

587 Wenn auch mit Ausnahmen, z.B. § 4 I Ziff.1 AHB.

588 Vgl. Voit in: Prölss/Martin, AHB § 1 Anm. 2a.

589 Vgl. Littbarski in: v. Westphalen, Produkthaftungshandbuch Bd. 1 § 53 Rn 6.

d. Betriebshaftpflichtversicherung

Die Betriebshaftpflichtversicherung ist Bestandteil der Versicherungssparte Allgemeine Haftpflichtversicherung, § 151 VVG.

Durch die Betriebshaftpflichtversicherung werden das allgemeine Betriebsrisiko und darüber hinaus auch Produkthaftungsrisiken eines Unternehmens im Rahmen von § 1 AHB versichert. Zum allgemeinen Betriebsrisiko ist z.B. die Gefahr des Unternehmens zu rechnen, daß Dritte durch den Betrieb oder auf dem Betriebsgelände einen Personen- oder Sachschaden erleiden.[590]

e. Um das Produkthaftpflichtrisiko erweiterte Betriebshaftpflichtversicherung

aa. Allgemeines

Das Grundmodell der Betriebshaftpflichtversicherung kann erweitert werden; so kann der noch nicht abgedeckte Teil des Produkthaftpflichtrisikos versichert werden. Die Produkthaftpflichtversicherung ist also keine besondere Haftpflichtversicherung, sondern eine erweiterte Betriebshaftpflichtversicherung. Manche Produkthaftpflichtrisiken sind bei den gängigen Policen i.d.R. nicht mitversichert, können aber durch zusätzliche "Versicherungsbausteine" in die Deckung eingeschlossen werden.

Zur Absicherung der noch ungedeckten Risiken des Warenherstellers wurde das sogenannte "Produkthaftpflicht-Modell"[591] für den Abschluß eines Produkthaftpflichtversicherungsvertrages unter Einschluß der Allgemeinen Betriebshaftpflichtversicherung entwickelt.[592]

---

590 Vgl. Voit in:Prölss/Martin, VVG § 151 Anm. 2.

591 Auch "HUK-Modell" genannt; abgedruckt in VP 1973, 134 ff.

592 Zur Historie Littbarski in: v. Westphalen, Produkthaftungshandbuch Bd. 1 § 49 Rn 1 ff.

Das Modell geht davon aus, daß die Betriebshaftpflichtversicherung als einheitlicher Vertrag in zwei Teile gegliedert wird. Teil I deckt das allgemeine Betriebsrisiko (Betriebsstättenrisiko), entspricht also der bisherigen Betriebshaftpflichtversicherung ohne die versicherbaren Ausnahmen. Durch Teil II wird das darüber hinausgehende Produkthaftpflichtrisiko versichert. Da nach Ziffer 1.1 des Modells nicht nur die im Modell genannten Punkte Anwendung finden, sondern auch die AHB, bilden diese den "Allgemeinen Teil" des Modells.

Wesentliche Deckungserweiterung ist die Mitversicherung der Mangelfolgeschäden bei Fehlen zugesicherter Eigenschaften. Ferner besteht die Möglichkeit, Schäden eines Dritten durch Verbindung, Vermischung oder Verarbeitung des gelieferten mangelhaften Produktes sowie Kosten des Dritten für das Auswechseln des mangelhaften Produktes beim Gesamtprodukt zu versichern. Außerdem können reine Vermögensschäden mitversichert werden, was schon durch besondere Vereinbarung nach § 1 Ziff. 3 AHB möglich ist..

Da das Produkthaftpflichtrisiko für die einzelnen Betriebe völlig unterschiedlich zu beurteilen ist, wurde für Teil II des Betriebshaftpflichtversicherungsvertrages kein einheitliches Deckungsmodell entworfen, sondern ein sogenanntes "Baukastensystem".[593] Mit den einzelnen "Bausteinen" soll für jeden Betrieb die für ihn passende Produkthaftpflichtversicherung zusammengestellt werden können. Daher richtet sich die Notwendigkeit der einzelnen Deckungserweiterungen primär nach der Art des möglichen Schadens und den Möglichkeiten seiner Beseitigung.[594]

Die Praxis ist jedoch über diese Individualabstimmung weitgehend hinweggegangen und bietet ein Gesamtpaket an.[595] Dies hat den Vorteil, daß Abgrenzungsschwierigkeiten zwischen den einzelnen "Bausteinen" vermieden werden und für sämtliche relevanten Schadensbereiche tatsächlich Versicherungsschutz besteht. Nachteil ist, daß sich der Hersteller dort, wo mangels eines Risikos kein Versicherungsschutz erforderlich ist oder mit Qualitätsmanagement das Risiko minimierbar wäre, auf den Versicherungsschutz verläßt und hierfür eine entsprechend hohe Prämie zahlt. Ob sich künftig ein individuell zugeschnittenes Versicherungsschutzangebot an Stelle des Gesamtpaketes durchsetzen wird, bleibt abzuwarten.

---

593 Vgl. Littbarski in: v. Westphalen, Produkthaftungshandbuch Bd. 1 § 54 Rn 22 ff.; Voit in: Prölss/Martin, Produkthaftpflicht-Modell Anm. 12a. Zur Kritik am Baukastensystem bzgl. Auslandsschäden siehe Hoechst, US-Produkthaftpflichtrisiko, S. 141.

594 Vgl. die Erläuterungen zum Modell, VW 1987, 255, 257.

595 Vgl. Littbarski in: v. Westphalen, Produkthaftungshandbuch Bd. 1 § 54 Rn 23.

Ziffern 1 bis 3 des Produkthaftpflicht-Modells beschreiben den Gegenstand des Versicherungsschutzes, das versicherte Risiko und die Deckungssummen.[596] Das in Ziffer 4 enthaltene Baukastensystem betrifft die Abgrenzungen und Erweiterungen des Versicherungsschutzes.[597] Es folgen die Regelungen zur Auslandsdeckung, die Bestimmungen der nicht versicherten Tatbestände, die zeitliche Begrenzung, Serienschadenklausel, Maximierung, Selbstbehalt und die Regelung zur Risikoerhöhung und -erweiterung.[598]

bb. Versichertes Risiko

Der Versicherungsschutz richtet sich für Schäden, die durch vom Versicherungsnehmer hergestellte oder gelieferte Erzeugnisse, Arbeiten oder sonstige Leistungen nach deren Ausführung entstehen, nach den AHB und den Vereinbarungen im Modell, wobei die gesetzliche Haftpflicht des Versicherungsnehmers für Personen- und Sachschäden versichert ist (Ziff. 1.1, 1.2 des Modells).

Durch die Formulierung "gelieferte Erzeugnisse" wird in dem Modell klargestellt, daß von der Produkthaftpflichtversicherung auch diejenigen Waren erfaßt sind, mit denen der Versicherungsnehmer handelt, die er aber nicht selbst herstellt. Damit wurde auch Händlern, Lieferanten und EU-Importeuren der erweiterte Versicherungsschutz nach dem Modell ermöglicht.

Mit der Beschränkung des Versicherungsschutzes auf Personen- und Sachschäden wird klargestellt, daß es zur Einbeziehung von sogenannten reinen Vermögensschäden[599] einer besonderen Vereinbarung bedarf, was durch Position 4 des Modells, aber auch durch besondere Vereinbarung nach § 1 Ziff. 3 AHB ermöglicht wird.

---

596 In § 50 VVG Versicherungssumme genannt. Zu Ziffern 1-3 Littbarski in: v. Westphalen, Produkthaftungshandbuch Bd. 1 § 54 Rn 3 ff.; Voit in: Prölss/Martin, Produkthaftpflicht-Modell Anm. 1 ff.

597 Hierzu Littbarski in: v. Westphalen, Produkthaftungshandbuch Bd. 1 § 54 Rn 14 ff.

598 Hierzu Littbarski in: v. Westphalen, Produkthaftungshandbuch Bd. 1 § 54 Rn 90 ff.; Voit in: Prölss/Martin, Produkthaftpflicht-Modell Anm. 18 ff. Vgl. zu allen Ziffern die Erläuterungen zum Modell, VW 1987, 255 ff.

599 Vgl. hierzu Littbarski in: v. Westphalen, Produkthaftungshandbuch Bd. 1 § 52 Rn 10 f.; ders., Haftungs- und Versicherungsrecht im Bauwesen, Rn 325; Voit in: Prölss/Martin, Produkthaftpflicht-Modell Anm. 1c und 4b.

Das Produkthaftpflicht-Modell erweitert den Versicherungsschutz dadurch, daß es die Erweiterungen in Ziffer 4 positiv aufzählt. In der Praxis bereitet Ziffer 4 erhebliche Auslegungs- und Abgrenzungsschwierigkeiten, mit ein Grund dafür, warum die Versicherungsnehmer nicht nur einzelne Bausteine, sondern das gesamte Paket wählen.

Eingeschlossen sind Schäden, die an Sachen Dritter eintreten und die daraus entstehenden weiteren Schäden. Ansprüche wegen Personenschäden, die durch das Fehlen einer zugesicherten Eigenschaft entstanden sind, sind trotz des eindeutig entgegenstehenden Wortlauts in Ziffer 4.1 des Modells mit versichert. Ansonsten würde der mit dem Produkthaftpflichtmodell verfolgte Zweck, den Bereich der Eigenschaftszusicherung[601] abzudecken, verfehlt.[602] Ebenso bedeutsam ist die Einbeziehung von Falschlieferungen, da eine Verwechslung von Waren bei der Auslieferung oder durch falsche Ettikettierung in der Praxis häufig vorkommt.

Durch Sach- oder Personenschäden entstandene Vermögensschäden werden nach Ziffer 4 wie Sachschäden behandelt.[603] Mit der Einbeziehung dieser reinen Vermögensschäden[604] sind beispielsweise die vergeblichen Herstellungskosten einer mangelhaften Sache (kein Sachschaden) abgedeckt.

Mit dem Baustein der Ziffer 4.2 des Modells können Schäden Dritter für den Fall gedeckt werden, daß das fehlerhafte Produkt des Versicherungsnehmers beim Dritten durch Verbindung, Vermischung oder Verarbeitung (vgl. §§ 946 - 950 BGB) zur Herstellung mangelhafter Sachen führt.[605] Die Deckung ist für solche Fälle gedacht, in denen die Erzeugnisse des Versicherungsnehmers derartig mit anderen Produkten vermischt, verbunden oder verarbeitet werden, daß aus tatsächlichen Gründen eine Trennung der mangelhaften Erzeugnisse nicht möglich ist oder aus wirtschaftlichen Gründen nicht vorgenommen wird.[606] Damit werden von dieser Vorschrift auch reine Vermögensschäden erfaßt.

---

600 Vgl. nur Littbarski in: v. Westphalen, Produkthaftungshandbuch Bd. 1 § 54 Rn 25; Voit in: Prölss/Martin, Produkthaftpflicht-Modell Anm. 13; vgl. die Erläuterungen zum Modell in VW 1987, 255, 257.

601 Vgl. nur Littbarski in: v. Westphalen, Produkthaftungshandbuch Bd. 1 § 54 Rn 25; Voit in: Prölss/Martin, Produkthaftpflicht-Modell Anm. 13; vgl. die Erläuterungen zum Modell in VW 1987, 255, 257.

602 Die verschuldensunabhängige Einstandspflicht nach §§ 463, 480 und 633, 635 BGB für Mangelfolgeschäden aufgrund fehlerhafter Eigenschaftszusicherung ist nicht Gegenstand der konventionellen Deckung.

603 Vgl. Voit in: Prölss/Martin, Produkthaftpflicht-Modell Anm. 13b.

604 Für diese besteht nach Ziff. 1.1 des Modells bzw. § 1 Ziff. 3 AHB grds. kein Versicherungsschutz. Vgl. nur Littbarski in: v. Westphalen, Produkthaftungshandbuch Bd. 1 § 54 Rn 32.

605 Hierzu ausführlich Voit in: Prölss/Martin, Produkthaftpflicht-Modell Anm. 14.

606 Erläuterungen zum Modell in VW 1987, 255, 257 f.

Da auch Nachbesserungskosten, die über den Wert des Endproduktes hinausgehen, in den Versicherungsschutz einbezogen werden können, werden nicht nur Schadensersatzansprüche, sondern auch Vertragserfüllungsansprüche von der erweiterten Betriebshaftpflichtversicherung erfaßt. Ferner können sogenannte weitere Vermögensnachteile in den Versicherungsschutz einbezogen werden, die über das Entgelt für das gelieferte Produkt hinausgehen. Damit widerspricht der mit diesen Bausteinen der Ziffer 4.2 des Modells gewährte erweiterte Versicherungsschutz auf den ersten Blick dem in den §§ 1 Ziff. 1 und 4 I Ziff. 6 Abs. 3 AHB zum Ausdruck kommenden allgemeinen Grundsatz der Haftpflichtversicherung, nur Versicherungsschutz für Schadensersatzansprüche zu gewähren, nicht aber für die Vertragserfüllung und deren Ersatzleistung. Dies gilt auch für die sogenannte Maschinenklausel (Ziffer 4.5 des Modells), mit der Versicherungsschutz erlangt wird für Schäden, die mangelhafte Produktions- und Verarbeitungsmaschinen aufgrund der deshalb fehlerhaft hergestellten Produkte verursachen.[607] Das erweiterte Deckungsangebot ist jedoch von den Versicherern gewollt, um den Herstellern einen Deckungsschutz für das über den Wert des Produktes hinausgehende Kostenrisiko gleich welcher Art zu bieten. Legt man den in § 4 I Ziff. 6 Abs. 3 AHB genannten Begriff der "an die Stelle der Erfüllungsleistung tretenden Ersatzleistung" eng aus, weichen die Bausteine des Produkthaftpflicht-Modells zu den Nachbesserungskosten, den weiteren Vermögensnachteilen und der Maschinenklausel nicht vom dortigen Versicherungsgrundsatz ab. Versicherbar ist daher der Schaden, der über den Wert des eigentlichen vertraglich geschuldeten Produktes hinausgeht.[608] Aufgrund einer nicht so engen Abgrenzung der Rechtsprechung anhand der Unterteilung in das unmittelbare und mittelbare Interesse des Vertragspartners des Versicherungsnehmers am eigentlichen Leistungsgegenstand werden hingegen "unmittelbare" Ersatzleistungen nicht von § 4 II Ziff. 5 AHB, sondern von § 4 I Ziff. 6 Abs. 3 AHB erfaßt.[609]

---

607 Hierzu Littbarski in: v. Westphalen, Produkthaftungshandbuch Bd. 1 § 54 Rn 80 ff.

608 Hierzu Littbarski, Zur Versicherbarkeit des "Unternehmerrisikos", S. 149 f.; ders., VersR 1982, 915 ff.; ders., Haftung und Versicherungsrecht im Bauwesen, Rn 400, 500, 502 ff.; ders. in: v. Westphalen, Produkthaftungshandbuch Bd. 1 § 54 Rn 46 ff.

609 Vgl. BGH VersR 1985, 1153 ff. - Bohrinsel und die kritische Anmerkung von Littbarski zum Abgrenzungskriterium des BGH, Haftung und Versicherungsrecht im Bauwesen, Rn 502 f.

cc. Nicht gedecktes Risiko

Nicht gedeckt sind Ansprüche, für die schon nach den AHB kein Versicherungsschutz gewährt wird, weil sie dem unversicherbaren Erfüllungsbereich des Vertrages zuzurechnen sind oder keine Schadensersatzansprüche i.S.v. § 1 Ziff. 1 AHB darstellen. Die nicht versicherten Ansprüche sind im Modell tatbestandsmäßig aufgeführt, wobei es Ansprüche gibt, bei denen eine Deckung überhaupt nicht möglich ist (Ziff. 6.1 bis 6.7, z.B. Ansprüche wegen Rechtsmängeln, Ziff. 6.3) und Ansprüche, die nicht versichert sind, bei denen aber mit Vereinbarung der erweiterten Deckung nach Ziffer 4 ausnahmsweise Deckung erlangt werden kann.[610]

Etwas ausführlicher sei auf folgenden Ausschluß hingewiesen: Ziffer 6.4 des Modells verweist auf § 4 II Ziff. 5 AHB, wonach sich der Versicherungsschutz nicht auf Haftpflichtansprüche wegen Schäden an der Sache selbst (Erfüllungsinteresse) erstreckt. Ziffer 4 II Ziff. 5 AHB sagt nicht, was "Sache" im Sinne dieser Klausel sein soll. Fraglich ist also, ob im Hinblick auf die Rechtsprechung zu den "weiterfressenden Mängeln"[611] ein Schadensersatzanspruch aus § 823 Abs. 1 BGB dem Versicherungsschutz unterliegt.[612] "Sache" nach § 4 II Ziff. 5 AHB kann die Gesamtsache sein. In diesem Fall besteht kein Versicherungsschutz Sache kann aber auch nur das schadhafte Einzelteil sein, so daß Versicherungsschutz besteht.[613]

---

610 Ausführlich hierzu Littbarski in: v. Westphalen, Produkthaftungshandbuch Bd. 1 § 54 Rn 90 ff.

611 Vgl. BGHZ 67, 359 ff. - Schwimmerschalter; BGH NJW 1978, 2241 ff. - Hinterreifen; BGHZ 86, 256 ff. - Gaszug; BGH NJW 1983, 812 ff. - Hebebühne; BGH NJW 1985, 2420 ff. - Kompressor. S. hierzu auch Palandt/Thomas, BGB § 823 Rn 212 f.; MüKo/Mertens, BGB § 823 Rn 79 ff.; eingehend zur gesamten Problematik Schmidt-Salzer, BB 1983, 534 ff.; Brüggemeier, VersR 1983, 501 ff.; Reinicke/Tiedtke, NJW 1986, 10 ff.; Tiedtke, PHI 1990, 64, 67 ff., NJW 1990, 2961 ff. und ZIP 1992, 1446 ff.; Littbarski in: FS Korbion, S. 269 ff.; ders., Haftung und Versicherungsrecht im Bauwesen, Rn 218 ff.; Littbarski in: v. Westphalen, Produkthaftungshandbuch Bd. 1 § 55 Rn 4 ff.; Foerste in: v. Westphalen, Produkthaftungshandbuch Bd. 1 § 21 Rn 15 ff. Siehe auch oben Punkt B.II.3.b.aa., S. 16 ff.

612 Zu diesem Meinungsstreit Littbarski in: v. Westphalen, Produkthaftungshandbuch Bd. 1 § 55 Rn 4 ff.

613 Zum Problem: Littbarski in: FS Korbion, S. 269 ff.; ders. in: v. Westphalen, Produkthaftungshandbuch Bd. 1 § 55 Rn 9 ff.

Der BGH weicht in ständiger Rechtsprechung[614] von der Auffassung ab, daß beim Verkauf einer mit einem Mangel behafteten Sache keine Eigentumsverletzung i.S.d. § 823 Abs. 1 BGB vorliegt, da der Käufer das Eigentum an dieser von Anfang an mit einem Mangel versehenen Sache erhält. Vielmehr soll sich ein Schadensersatzanspruch für die Zerstörung oder Beschädigung der (Gesamt-) Sache aus § 823 Abs. 1 BGB ergeben, sofern sich der Mangel zunächst auf einen abgrenzbaren Teil der Sache beschränkt hat und erst später auf die gesamte Sache übergreift.[615] Unter Zugrundelegung der Rechtsprechung besteht wegen der durch das "Weiterfressen" eingetretenen Schäden an der restlichen Sache Versicherungsschutz, da sich der Deckungsausschluß nur auf Schäden an dem mangelhaften abgrenzbaren Teil erstreckt.

Da es aber andererseits schon wegen der Differenzierung zwischen Äquivalenz- und Integritätsinteresse eindeutig ist, daß der Schaden an der Sache selbst nicht versicherbar ist, könnte die Bestimmung des § 4 II Ziff. 5 AHB auch wie selbstverständlich davon ausgehen, daß sich diese spezielle Ausschlußregelung gerade auf die Gesamtsache bezieht, denn eine Regelung zum mangelhaften Teil wäre überflüssig.[616]

Beide Auslegungsmöglichkeiten sind denkbar. Es sollte jedoch beachtet werden, daß die AHB in Kenntnis der Problematik der Rechtsprechung zu den "weiterfressenden Mängeln" bisher nicht um eine Klarstellung des Begriffs "Sache" ergänzt worden sind; eine einhellige Meinung hat sich noch nicht gebildet.

Die bereits angeregte Zusammenfassung des Produkthaftungsrechts als ausschließliche Gefährdungshaftung unter Aufgabe der Rechtsprechung zur deliktsrechtlichen Produkthaftung[617] würde auch hier Klarheit schaffen: Nach dem dann ausschließlich einschlägigen § 1 Abs. 1 S. 2 ProdHaftG besteht kein Schadensersatzanspruch für Schäden an der Sache selbst. Mangels eines Schadensersatzanspruchs wären damit Schäden an der Sache selbst durch "Weiterfressen" eines Mangels an einem eingebauten Teil nicht versichert.

---

614 Siehe die Entscheidungen in Fn 611.

615 Vgl. BGH NJW 1985, 2420 - Kompressor; BGHZ 67, 359 - Schwimmerschalter; BGHZ 86, 256 - Gaszug; BGH NJW 1978, 2241 - Hinterreifen; BGH NJW 1983, 812 - Hebebühne.

616 Vgl. auch Littbarski in: v. Westphalen, Produkthaftungshandbuch Bd. 1 § 55 Rn 9.

617 Siehe hierzu oben Punkt B.II.3.f., S. 70 ff. Und B.II.3.j.bb., S. 86.

f. All-Risk-Versicherung

Die All-Risk-Versicherung (Allgefahrenversicherung) faßt nicht sämtliche Haftpflichtversicherungen zusammen, sondern kombiniert die Versicherung gegen Elementargefahren mit anderen Versicherungen. Solch ein Gesamtpaket aus verschiedenen Versicherungen wird angeboten, um mit abgestimmten Versicherungsbedingungen Deckungslücken durch einzeln abgeschlossene Versicherungsverträge weitgehend zu vermeiden. Allerdings gibt es auch hier einen umfassenden Ausschlußkatalog.[618] Eine echte umfassende Allgefahrenversicherung gibt es nicht; sie wäre weder kalkulierbar noch bezahlbar.

---

618 Zu den Vor- und Nachteilen einer All-Risk-Versicherung Kethers, VW 1990, 1450 ff.

g. Stellungnahme

Es gibt Unternehmerrisiken, die zwar auch Folgeschäden von Produkthaftungsfällen sind, jedoch solche, die als reine Vermögensschäden beim Unternehmer selbst eintreten (sogenannte Eigenschäden, folglich keine Haftpflichtschäden) und damit, ohne daß ihre Nichtversicherbarkeit erwähnt werden müßte, für eine Betriebshaftpflichtversicherung nicht in Betracht kommen.

Zum Beispiel können Schadenfälle auf die Kundenwertvorstellungen und damit auf künftige Absatzchancen Auswirkungen haben, und zwar auch dann, wenn nur die Produkte eines Konkurrenzunternehmens fehlerhaft waren.[619]

Soweit nicht ein umfassender Deckungsschutz von Kredit- oder Finanzierungsinstituten im Hinblick auf die Kreditgewährung oder Leasingfinanzierung gefordert wird, sollte der Hersteller Versicherungsschutz nur in begrenztem Umfang anstreben, also individuell angepaßt auf den spezifischen Versicherungsbedarf seines Unternehmens. So wie er an allen anderen Stellen an Kosten spart, kann er sich dies mit einem funktionierenden Qualitätsmanagementsystem auch im Versicherungsbereich erlauben. Mit Hilfe des Qualitätssicherungshandbuchs kann der tatsächliche Deckungsbedarf aufgezeigt werden. Deckungsumfang und Versicherungssumme sind eine Frage der Abschätzung der in Betracht kommenden Risiken und der Finanzierbarkeit der Versicherung.[620]

Demnach müßte mit der festzustellenden Tendenz in der deutschen Wirtschaft nach Einführung eines Qualitätsmanagementsystems die Nachfrage nach individuellen Versicherungskonzepten, nicht hingegen nach All-Risk-Versicherungen steigen. Inwieweit die Versicherungsbranche nach Öffnung des europäischen Binnenmarktes für die Versicherer ab 01.07.1994 Innovationen bringt, bleibt abzuwarten.

---

619 So hatte der von bestimmten Weinherstellern in Deutschland, Österreich und Italien mit Methylalkohol vergiftete Wein als sogenannter Weinskandal Auswirkungen auf die gesamte Weinbranche.

620 Vgl. Littbarski in: v. Westphalen, Produkthaftungshandbuch Bd. 1 § 53 Rn 37 ff.

Die Versicherung deckt nur einen Teil der Risiken im Zusammenhang mit unternehmerischer Tätigkeit.[621] Weder die Vertragserfüllungsleistung noch deren Ersatzleistung sind versicherbar. Dem Hersteller obliegt die Entscheidung, welche versicherbaren Risiken er versichern will. Für unternehmenspolitische Entscheidungen muß der Unternehmer einstehen. Mißerfolg ist nicht versicherbar.

---

621 Zur Unbrauchbarkeit des Kriteriums des angeblichen Grundsatzes der Unversicherbarkeit des sogenannten "Unternehmerrisikos" für die Bestimmung des Gegenstandes der allgemeinen Betriebshaftpflichtversicherung vgl. Littbarski, Zur Versicherbarkeit des "Unternehmerrisikos"; hierzu ferner Nickel, VersR 1989, 873, 877; Schmalzl, Berufshaftpflichtversicherung, Rn 140 ff.

5. Rückstellungen für die Produkthaftung

Sollte die Bildung einer Rückstellung für nicht kalkulierbare und nicht absehbare Produkthaftpflichtfälle zulässig sein, wäre sie eine Alternative zur Versicherung, da die hierfür zur Verfügung gestellten Mittel im Unternehmen verblieben.[622] Z.B. ergibt mehr Liquidität bis zum Zeitpunkt des Zahlungsabflusses Vorteile bei der Eigen- und Fremdfinanzierung. Rückstellungen können allerdings die Produktsicherheit nicht fördern.

Vorweg ist festzustellen, daß Rückstellungen für das allgemeine unternehmerische Risiko nicht gebildet werden können, da diese Risikoart einer selbständigen Bewertung nicht fähig ist.[623]

Die Problematik der Rückstellungsbilanzierung stellt sich gleichermaßen für das Handels- wie auch für das Steuerbilanzrecht, da wegen des Maßgeblichkeitsgrundsatzes in § 5 EStG die handelsrechtliche Beurteilung einer Rückstellungspflicht auch für steuerliche Zwecke maßgebend ist. Die Bestimmung des § 249 HGB[624] nennt abschließend, für welche Fälle in der Handelsbilanz Rückstellungen gebildet werden können:

Für ungewisse Verbindlichkeiten, für drohende Verluste aus schwebenden Geschäften, für unterlassene Aufwendungen für Instandhaltung oder für Abraumbeseitigung, die im folgenden Geschäftsjahr nachgeholt werden und für Gewährleistungen, die ohne rechtliche Verpflichtung erbracht werden. Ferner für genau umschriebene Aufwendungen, die am Abschlußstichtag wahrscheinlich oder sicher, aber hinsichtlich ihrer Höhe oder des Zeitpunktes ihres Eintritts unbestimmt sind.

Hiervon kommen einzig Rückstellungen für ungewisse Verbindlichkeiten in Frage. Sie setzen insbesondere voraus, daß

- ein gewissenhafter und sorgfältiger Kaufmann mit der Entstehung der Verbindlichkeit rechnen muß,

- die mangelhaften Produkte, welche Ursache der Verbindlichkeit sind, dem Wirtschaftsjahr, für das die Rückstellung gebildet wird, zugeordnet werden,

- für die Höhe objektive Anhaltspunkte vorhanden sind.[625]

---

622 Hierzu Schneider, Der Einfluß der Produzentenhaftung auf die Produktpolitik, S. 241; siehe auch Popp, DB 1976, 455 ff.
623 Vgl. BFH DB 1966, 1076.
624 Als Grundsatz ordnungsgemäßer Buchführung hat § 249 HGB Allgemeingültigkeit.
625 Dazu BFH BStBl 1984 II, 263 ff.

Ab wann die Konkretisierung ausreicht, daß mit einer zukünftigen Inanspruchnahme zu rechnen ist, ist nicht eindeutig.[626]

a. Einzelrückstellungen

Bei der Produkthaftung kann vor Schadenseintritt nichts darüber ausgesagt werden, ob überhaupt ein Produkthaftpflichtfall eintreten wird. Eine ungewisse Verbindlichkeit ist daher nicht greifbar. Eine Einzelrückstellung ist somit nicht möglich.

Ist allerdings aufgrund eines bereits eingetretenen Schadensfalles mit einer Inanspruchnahme des Herstellers nachweisbar ernsthaft zu rechnen, kann er eine Rückstellung wegen ungewisser Verbindlichkeit bilden.

Rückstellungen dürfen nach § 253 Abs. 1 S. 2 HGB nur mit dem nach vernünftiger kaufmännischer Beurteilung notwendigen Betrag angesetzt werden. Gerade im Bereich der Bewertung von Rückstellungen für konkrete Produkthaftpflichtfälle eines Serienproduktes taucht das Problem auf, daß zur Zeit der Rückstellung vielfach nicht bestimmbar sein wird, wie viele der Einzelprodukte einer Serie mit Mängeln behaftet sind. Die Art der Fehler läßt keine eindeutigen Rückschlüsse auf Anzahl der Geschädigten und Höhe der Folgeschäden zu. In der Regel ist zum Zeitpunkt der Rückstellung noch nicht bekannt, in welchem Umfang die Geschädigten den Hersteller in Anspruch nehmen werden. Diese Unsicherheiten verbieten die Rückstellungsbildung nicht von vornherein. Es ist eine kaufmännische Bewertungsfrage.

Soweit die Risiken aus Produkthaftung durch eine Versicherung abgedeckt sind, stellt sich die Frage, ob und zu welchem Zeitpunkt die Versicherungsleistung bei der Ermittlung des Rückstellungsbetrages berücksichtigt werden muß. Die h.M. geht davon aus, daß Versicherungsleistungen die Höhe der Rückstellungen beeinflussen, da das Unternehmen durch die zukünftigen Verpflichtungen lediglich in Höhe des nicht gedeckten Teils der Schadensersatzansprüche wirtschaftlich belastet wird.[627] Eine Versicherungsdeckung ist also - soweit die Deckung ohne Zweifel feststeht - bei der Höhe der Rückstellungen zu berücksichtigen.

---

626 Vgl. Herzig/Hötzel, BB 1991, 99, 101.
627 Hierzu Herzig/Hötzel, BB 1991, 99, 103 f.

b. Pauschalrückstellungen

Die Bilanzierung von Pauschalrückstellungen wegen ungewisser Verbindlichkeiten ist nach der Rechtsprechung des BFH[628] nur zulässig, wenn die Wahrscheinlichkeit der Inanspruchnahme und damit auch die Konkretisierung der ungewissen Verbindlichkeiten unter Rückgriff auf Vergangenheitswerte und Branchenerfahrungen ermittelt werden kann. Für alle erst zukünftig eintretenden, nicht vorhersehbaren Schadensfälle wie noch nicht eingetretene Produkthaftpflichtfälle ist aufgrund des für die Rückstellungsbildung unverzichtbaren Merkmals der wirtschaftlichen Verursachung eine Pauschalrückstellung nicht zulässig.[629]

628 Vgl. BFH BStBl III 1958, 291; BFH BStBl II 1983, 104; BFH BStBl II 1984, 265.
629 Vgl. auch Herzig/Köster, DB 1991, 53, 55.

6. Bankgarantie für den Fall eines Schadenseintritts

Eine Bankgarantie für den Fall eines Schadenseintritts ist ausdrücklich als Alternative zu einer Haftpflichtversicherung für Umwelthaftpflichtrisiken in § 19 Abs. 2 Ziff. 3 UmweltHG vorgesehen, wobei das Kreditinstitut, das die Freistellungs- oder Gewährleistungsverpflichtung abgibt, vergleichbare Sicherheiten wie eine Haftpflichtversicherung bieten muß.

Hinzuweisen ist zunächst darauf, daß diese Möglichkeit in der Praxis keine Rolle spielt und es daher äußerst unwahrscheinlich ist, daß ein Hersteller eine solche Garantieerklärung einer Bank für seine Produkthaftpflichtrisiken im erforderlichen Umfang erreichen wird. Die Banken geben keine Bürgschaft für derartige ungewisse und nicht kalkulierbare Risiken, es sei denn, sie werden für die Erteilung der Bürgschaft durch Grundschuldbestellungen u.ä. umfassend abgesichert, was eine Bürgschaft unrentabel werden läßt.

7. Einstellung der Produktion / des Vertriebs / des Imports

Eine Unversicherbarkeit des Risikos, Unbezahlbarkeit der Versicherungsprämie oder zu große Haftungsgefahr könnte die Entscheidung des Herstellers beeinflussen, unter Umständen aus kalkulatorischen Gründen und im Hinblick auf die Existenz des Unternehmens die Produktion, den Vertrieb oder den Import bestimmter Produkte mit geringer Produktsicherheit oder hohem Schadensrisiko einzustellen. Bislang haben einige Hersteller in den USA und Exporteure in die USA, insbesondere aus dem chemisch-pharmazeutischen Bereich und der Automobilindustrie wegen der dort ausufernden Produkthaftung und nicht mehr bezahlbaren Versicherungsprämien ihre Produktion bzw. ihren Export eingestellt.[630] In der Bundesrepublik sehen sich die Hersteller derzeit keines derart extremen Haftungsrisikos ausgesetzt, daß sie ihre Tätigkeit aufgeben müßten.

---

630 Vgl. Borer, Produktehaftung, S. 219 ff. m.w.N.

8. Stellungnahme zu den betrieblichen Maßnahmen zur Begründung der Produktsicherheit und zum Entwicklungsverlauf

Die betrieblichen Maßnahmen zur Begründung der Produktsicherheit werden durch das Produkthaftungsrisiko und die gestiegene Nachfrage nach Produktqualität vorangetrieben. Derzeit, in einer Rezessionsphase, läßt sich feststellen, daß sich die Unternehmen vor allem mit dem Argument der Qualität ihrer Produkte am Markt durchzusetzen glauben.[631] Es ist aber auch ein generell gestiegenes Interesse am Thema Qualität und Qualitätsmanagement festzustellen, was die in den letzten Jahren auffallend häufigen Artikel in Zeitschriften und Zeitungen[632] über Qualitätssicherungsmaßnahmen und deren Umsetzungsmethoden, aber auch die Seminarangebote zu diesem Themenbereich zeigen. Die Produktsicherheit und Produktqualität wird außerdem durch umgesetzte EU-Richtlinien zu gefährlichen Produkten (wie z.B. im GSG) europaweit gefördert. Durch die Vereinheitlichung der Normung im Sicherheitsbereich[633] wird zudem der Export von Qualitätsprodukten erleichtert.

---

[631] Siehe nur die ganzseitigen Anzeigen von Audi AG und BMW AG in der SZ vom 08.11.1993; ferner Richter, Qualität - eine Existenzfrage. Die "Davids" mischen bei QS vorne mit, in: Verlagsbeilage "Qualitätsmanagement" zur FAZ vom 12.10.1992.

[632] So erscheinen regelmäßig in den Wirtschaftsmagazinen, im Handelsblatt, der FAZ und der SZ Artikel zur Qualitätssicherheit und zum Qualitätsmanagement, siehe insbesondere auch die Verlagsbeilage "Qualitätsmanagement" der FAZ vom 12.10.1992.

[633] Hierzu oben Punkt B.V.2.c.aa., S. 117 ff.

VI. Zur Entbehrlichkeit der Umsetzung der Produktsicherheits-Richtlinie

An dieser Stelle soll untersucht werden, ob und inwieweit die Produktsicherheits-Richtlinie in deutsches Recht umgesetzt werden muß.

1. Allgemeines

Die Bundesrepublik Deutschland hat im Rat der EU den Beschluß zum Erlaß der Produktsicherheits-Richtlinie als einziger Mitgliedsstaat abgelehnt.[634]

Art. 17 Abs. 1 S. 1 der Produktsicherheits-Richtlinie verpflichtet die Mitgliedsstaaten dazu, die erforderlichen Rechts- und Verwaltungsvorschriften zu erlassen, um dieser Richtlinie spätestens am 29.06.1994 nachzukommen. Sollte beim Bundestag kein entsprechender Gesetzesentwurf eingebracht werden (vgl. Art. 76 GG), der Bundestag den Gesetzesentwurf nicht verabschieden oder der Bundesrat nicht zustimmen oder sollte die Umsetzung nur teilweise oder aufgrund der - mittlerweile erfolglos gebliebenen - Klage der Bundesrepublik Deutschland gegen Art. 9 der Produktsicherheits-Richtlinie[635] erst später umgesetzt werden, so ist zunächst festzuhalten:

Bei endgültiger Nichtumsetzung der Richtlinie könnten die EU-Kommission und die einzelnen Mitgliedsstaaten nach Stellungnahme der EU-Kommission gemäß Art. 169, 170 EGV den EuGH wegen Verletzung des EGV anrufen. Der EuGH kann die Bundesrepublik dann bei Feststellung des Verstoßes gegen Vertragspflichten zu Umsetzungsmaßnahmen verurteilen (vgl. Art. 171 Abs. 1 EGV). Kommt die Bundesrepublik dem Urteil nicht nach, kann der EuGH die Zahlung eines Pauschalbetrages oder Zwangsgeldes (Art. 171 Abs. 2 S. 4 EGV) verhängen.

---

634 Beschluß vom 11.06.1992, nicht veröffentlicht. Siehe auch den ablehnenden Beschluß des Bundesrates zum Vorschlag für eine Richtlinie des Rates über die allgemeine Produktsicherheit vom 20.10.1989, BR-Drs. 362/89 und die ablehnende Stellungnahme des DIHT zum Vorschlag für eine Richtlinie des Rates über die allgemeine Produktsicherheit vom 28.08.1989.

635 Klage der Bundesrepublik Deutschland gegen den Rat der Europäischen Union in Bezug auf Art. 9 der Richtlinie, (Rechtssache C-359/92, 92/C 288/13, ABlEG Nr. C 288/10 vom 05.11.1992). Die Klage blieb erfolglos, Urteil des EuGH vom 09.08.1994, RIW 1994, 789 ff.

Selbst wenn die Bundesrepublik weiterhin den Inhalt der Produktsicherheits-Richtlinie und eine entsprechende Umsetzung in innerstaatliches Recht mißbilligt, so hat sie sich der demokratisch erfolgten Mehrheitsentscheidung (Art. 148 EGV) zu beugen. Abgesehen von einer drohenden Klage wäre die Nichtumsetzung auch ein Politikum.

Die Bundesrepublik Deutschland muß die Produktsicherheits-Richtlinie jedoch nicht wortwörtlich übernehmen. Nach Art. 189 S. 3 EGV ist eine EU-Richtlinie nur hinsichtlich des zu erreichenden Ziels für die Mitgliedsstaaten verbindlich und überläßt den innerstaatlichen Stellen die Wahl der Form und der Mittel.

Soweit das Ziel der Produktsicherheits-Richtlinie schon mit bestehenden Normen und Maßnahmen der Hersteller zu erreichen ist, ist eine Umsetzung nicht erforderlich. Im übrigen können die verbleibenden Regelungen der Richtlinie in schon bestehende Gesetzeswerke integriert werden, es muß also kein Gesetz über die allgemeine Produktsicherheit erlassen werden.

Für die weitaus überwiegende Zahl der Konsumgüter bestehen spezielle Richtlinien zur Produktsicherheit.[636] Diese sind bereits umgesetzt worden bzw. bestanden schon vorher als nationale Normen, so vor allem im GSG. Der EU-weite Verbraucherschutz wird derzeit noch mit der Entscheidung des EU-Rates über ein gemeinschaftliches System zum raschen Austausch von Informationen über die Gefahren bei der Verwendung von Konsumgütern[637] abgerundet, jedoch mit Inkrafttreten der Produktsicherheits-Richtlinie am 29.06.1994 aufgehoben (Art. 18 der Produktsicherheits-Richtlinie), um mit Art. 8 der Produktsicherheits-Richtlinie fortgeführt zu werden.

---

636 Siehe die Auflistung in Punkt B.V.2.c.aa., S. 117 ff. Weitere Richtlinien zur Produktsicherheit sind im aktuellen Fundstellennachweis des geltenden Unionsrechts Band I, Systemverzeichnis, Titel 15.20 "Verbraucher" aufgelistet.

637 Vom 21.12.1988, 89/45/EWG, ABlEG Nr. L 017/51, modifiziert durch die Entscheidungen vom 29.06.1990, 90/352/EWG, ABlEG Nr. L 173/49 und vom 04.12.1990, 90/651/EWG, ABlEG Nr. L 353/43.

2. Stellungnahme zu einzelnen Vorschriften der Produktsicherheits-Richtlinie

Das Umsetzungserfordernis der in der Produktsicherheits-Richtlinie aufgeführten Regelungen soll im Folgenden hinterfragt werden. Unter Verwendung einiger vom ProdHaftG differierender Begriffe soll der Hersteller dazu angehalten werden, einer allgemeinen Sicherheitsverpflichtung nachzukommen, die von nationalen Behörden kontrolliert und gegebenenfalls angeordnet und mit bestimmten Maßnahmen durchgesetzt werden soll. Die EU-Kommission soll auf Unionsebene Beschlüsse fassen können, mit denen die Mitgliedsstaaten verpflichtet werden, bestimmte Vorkehrungen dahingehend zu treffen, daß solche Maßnahmen durch die nationalen Behörden erfolgen. Ferner soll in Notfällen ein über die EU-Kommission koordiniertes, detailliert beschriebenes Verfahren durchgeführt werden.

a. Die Begriffsdefinitionen

Das von der Produktsicherheits-Richtlinie erfaßte Produkt wird anders definiert als in Art. 2 der Produkthaftungs-Richtlinie. "Produkte" sind nach der Produktsicherheits-Richtlinie neue, gebrauchte oder wiederaufgearbeitete Produkte, die für die Verbraucher bestimmt sind oder von ihnen benutzt werden könnten und im Rahmen einer Geschäftstätigkeit geliefert werden, also Konsumgüter sind. Nicht erfaßt sind folglich Produktionsanlagen, Investitionsgüter und andere zur beruflichen Nutzung bestimmte Produkte[638] sowie Teilprodukte. Für die Legaldefinition des Produktes wird wiederum das Wort "Produkt" verwendet. Die Definition für ein "Produkt" als körperlicher Gegenstand wird vorausgesetzt. Damit fehlt der Definition ein logischer Aufbau. Ob es das Produkt im Sinne der Produkthaftungs-Richtlinie sein soll, bleibt offen. Damit ist unklar, ob, wie § 2 S. 1 ProdHaftG ausdrücklich erwähnt, Elektrizität unter den Begriff "Produkt" fallen soll. Mangels Ausnahmeregelung scheinen die für die Verbraucher bestimmten unverarbeiteten Naturprodukte und Jagderzeugnisse nicht von der Produkteigenschaft ausgeschlossen zu sein. Nach § 2 S. 2 ProdHaftG hingegen sind die noch nicht verarbeiteten Natur- und Jagderzeugnisse kein Produkt. Der Produktbegriff der Produksicherheits-Richtlinie deckt sich damit nicht mit dem der Produkthaftungs-Richtlinie.

---

[638] Vgl. die Präambel zur Produktsicherheits-Richtlinie, ABlEG Nr. L 228/24, rechte Spalte oben.

Die Richtlinienverfasser haben ferner nicht beschrieben, wann ein Produkt gefährlich ist. Aber auch die Definiton eines sicheren Produktes erfolgte nicht in einer unmißverständlichen Kurzform : Neben Art. 2 lit. b) bietet Art. 4 eine weitere Beschreibung. Es findet keine Bezugnahme auf die zum Fehlerbegriff in Art. 6 der Produkthaftungs-Richtlinie gegebene kurze und übersichtliche Sicherheitsdefinition statt, obwohl aus Art. 4 der Produktsicherheits-Richtlinie hervorgeht, daß die gleiche Art von Sicherheit, nämlich die berechtigte Sicherheitserwartung der Allgemeinheit unter Berücksichtigung aller Umstände, gemeint ist. Statt dessen tauchen eine Reihe unbestimmter Rechtsbegriffe auf, die zur Rechtsunsicherheit beitragen und je nach Bedarf gedeutet werden können.

So ist zweimal von der "vernünftigerweise vorhersehbaren Verwendung" die Rede, in Art. 6 der Produkthaftungs-Richtlinie hingegen von dem "Gebrauch, mit dem billigerweise gerechnet werden kann". "Vernünftig" kann gleichgesetzt werden mit "verständigerweise", "überlegt", "umsichtig", "besonnen", "reflektiert", "realistisch", "nüchtern" und "lebensklug". Das Niveau der anzusetzenden, subjektiv geprägten Vernunft ist mitbestimmt von den zu schützenden "Gruppen von Verbrauchern, die bei der Verwendung des Produkts einem erhöhten Risiko ausgesetzt sind, vor allem Kinder" (Art. 2 lit. b 4. Spiegelstrich der Produktsicherheits-Richtlinie). Dagegen sind Synonyme für "billigerweise" etwa "angemessen", "recht und billig", "ordnungsgemäß" und "mit Recht". Sie weisen sämtlich auf einen objektiv gefaßten Maßstab hin.

Ferner wird in Art. 2 lit. b der Produktsicherheits-Richtlinie von "nur geringen ... vertretbaren Gefahren" und einem "hohen Schutzniveau" gesprochen. Bei diesen Termini ist fraglich, wo jeweils die Grenze liegen soll, und ob für die Grenzziehung die Verkehrsauffassung der Allgemeinheit oder aufgrund der nach Art. 6 der Produktsicherheits-Richtlinie vorgesehenen behördlichen Maßnahmen die Beurteilung der "zuständigen Behörden" maßgebend sein soll.

"In Ermangelung spezifischer Vorschriften," so die Präambel der Produktsicherheitsrichtlinie, seien "Kriterien für die Beurteilung der Sicherheit eines Produktes festzulegen." Warum nicht auf Art. 6 der Produkthaftungs-Richtlinie Bezug genommen werden kann, bei dem es gleichermaßen um den Verbraucherschutz geht, ist nicht ersichtlich. Unterschiedliche nationale Sicherheitsanforderungen verhindern die Angleichung auf ein EU-einheitliches Sicherheitsniveau.

Die Aufsplittung des Begriffs "Hersteller" in Hersteller und Händler mit wiederum von der Produkthaftungs-Richtlinie abweichenden Definitionen ist für die ihnen nach Art. 3 der Produktsicherheits-Richtlinie auferlegten allgemeinen Sicherheitsverpflichtungen nicht erforderlich.

Da die Produktsicherheits-Richtlinie, wie bereits erwähnt, nicht wortwörtlich in nationales Recht übernommen werden muß, empfiehlt es sich, eine Harmonie mit dem ProdHaftG herzustellen und in noch zu regelnden Bereichen auf die dortigen Definitionen zu verweisen oder diese zu übernehmen. Das Ziel der Produktsicherheits-Richtlinie, die Angleichung der Verbraucherschutzvorschriften zur Gewährleistung eines "hohen Schutzniveaus" für die Sicherheit und Gesundheit von Personen ist damit zu erreichen.

b. Sicherstellung einer allgemeinen Sicherheitsverpflichtung

Damit "nur" sichere Produkte auf den Markt gebracht werden, sollen die Mitgliedsstaaten die hierfür "erforderlichen Rechts- und Verwaltungsvorschriften" erlassen (Art. 5 der Produktsicherheits-Richtlinie). Hierfür kommt, soweit erforderlich, die Schaffung eines neuen Produktsicherheitsgesetzes oder die Ergänzung bestehender Gesetze (vgl. Art. 77 GG), z.B. des GSG, in Betracht, daneben die Regelung zur Einrichtung der "zuständigen Behörden" sowie die Bestimmung des einschlägigen Verwaltungsverfahrens und der Erlaß behördeninterner Verwaltungsvorschriften (vgl. Art. 84 Abs. 1, 2 GG).

Diese nationalen Vorschriften gelten nicht gegenüber schon bestehenden Rechtsvorschriften, soweit in ihnen die Sicherheitsanforderungen für spezielle Produkte geregelt sind, wie beispielsweise in § 3 Abs. 1 GSG und § 2 der Verordnung zum GSG vom 12.05.1993 (vgl. Art. 1 Abs. 2 der Produktsicherheits-Richtlinie). Ist dort eine Lücke gegenüber den Sicherheitsanforderungen der Produktsicherheits-Richtlinie vorhanden, greift diese insoweit ein. Damit ist eine komplementäre Anwendung von der spezifischen und der Produktsicherheits-Richtlinie denkbar. Die strengen Sicherheitsanforderungen des GSG und des LMBG lassen keine Lücke im Vergleich zu den Sicherheitsanforderungen der Produktsicherheits-Richtlinie erkennen, so daß bei Einschlägigkeit des GSG oder des LMBG sonstige aufgrund der Umsetzung der Produktsicherheits-Richtlinie geschaffene allgemeine Sicherheitsanforderungen nicht greifen werden.

Es ist darauf hinzuweisen, daß ein Unterschied besteht zwischen der Vorstellung der Kommission, daß der überwachte Hersteller für absolute Produktsicherheit sorgen könnte (so Art. 3 Abs. 1 der Produktsicherheits-Richtlinie: "dürfen nur") und dem tatsächlich Möglichen: Wie schon 100%-Kontrollen während der Produktion zeigen, daß nicht alle Fehler entdeckt werden,[639] so kann 100%ige Produktsicherheit mit Rechts- und Verwaltungsvorschriften weder produziert noch kontrolliert werden.

---

[639] Vgl. hierzu Steinmann, Qualitätssicherungsvereinbarungen, S. 45 f. mit Fn 85 und 87.

Das von etlichen Herstellern bereits eingeführte und von zahlreichen weiteren Herstellern angestrebte Qualitätsmanagementsystem leistet durch sein Prinzip Gewähr für weitestmögliche Produktsicherheit unter Berücksichtigung der Wirtschaftlichkeit und unter Einbindung der Arbeitnehmer in dieses System.[640] Diese Organisationsmethode führt zu einer höheren Werthaltigkeit der Arbeit und sichert über Produktqualität die Konkurrenzfähigkeit der Unternehmen. Müßten die Hersteller darüberhinaus behördliche Kontrollen ermöglichen, der zuständigen Behörde Muster zur Verfügung stellen und Informationen über die Konstruktion des Produkts, seine Funktionsweise etc. erteilen, so würden sie diesen zusätzliche Verwaltungs- und Materialaufwand auf den Produktpreis aufschlagen.

Der Druck des ProdHaftG und der deliktsrechtlichen Produkthaftung durch hohe Anforderungen an die Produktsicherheit halten die Hersteller in ausreichendem Umfang zur Produktion sicherer Produkte an. Straftatbestände[641] runden diesen Druck auf die Hersteller ab. Schließlich reichen die öffentlich-rechtlichen Maßnahmen[642] der Ordnungsverfügungen aus, die auch - allerdings nur aus begründetem Anlaß - eine Überwachung und Kontrolle (§§ 40 ff. LMBG), Maßnahmen bezüglich überwachungsbedürftiger Anlagen (§ 24a GewO), Anordnungen von Rückrufen, es sei denn, der Hersteller hat geeignete Maßnahmen zur Gefahrenabwehr getroffen (§ 6 Abs. 1 S. 1 und 3 GSG) und bestimmte Verbote (z.B. §§ 8, 17, 18, 20 LMBG) umfassen. Eine hoheitliche Warnung der Öffentlichkeit ist nach § 6 Abs. 1 S. 2 GSG zulässig, wenn bei Gefahr im Verzug gleichermaßen wirksame Maßnahmen nicht getroffen werden können.

Damit besteht kein zusätzlicher öffentlich-rechtlicher Handlungsbedarf und vor allem keine Notwendigkeit der EU-Kommission, über zuständige Behörden den Herstellern vorschreiben zu lassen, was sie für die Produktsicherheit zu unternehmen haben. Die Kommission hat sich daher nicht an das Subsidiaritätsprinzip von Art. 3 b EGV[643] gehalten, wonach folgende Voraussetzung für eine Unionskompetenz erforderlich ist:

---

640 Siehe hierzu oben Punkt B.V.1., S. 95 f. und B.V.2., S. 97 ff.
641 Siehe hierzu oben Punkt B.III., S. 89 f.
642 Siehe hierzu oben Punkt B.IV., S. 91 ff.
643 Zum Subsidiaritätsprinzip Möschel, NJW 1993, 3025 ff.

Bei einer konkurrierenden Zuständigkeit zwischen Mitgliedsstaaten und Union, die hier mit Art. 100 a Abs. 3 EGV vorliegt, muß das Ziel auf der Ebene der Mitgliedsstaaten nicht ausreichend erreicht werden und besser durch ein Tätigwerden seitens der Union verwirklicht werden können. Wie soeben dargelegt, wird der Verbraucherschutz auf nationaler Ebene bereits in ausreichendem Umfang erreicht. Darüber hinaus würden die von der Produktsicherheits-Richtlinie vorgesehenen Maßnahmen der EU-Kommission keine bessere Alternative zur Verwirklichung des Verbraucherschutzes gegenüber den bereits bestehenden Möglichkeiten bieten. Die Klausel, daß die Produkthaftungs-Richtlinie unberührt bleibe (Art. 13 der Produktsicherheits-Richtlinie), ändert hieran nichts. Soweit das Subsidiaritätsprinzip nicht eingehalten worden ist, muß die Produktsicherheits-Richtlinie nicht in innerstaatliches Recht umgesetzt werden.

Mit Art. 3 der Produktsicherheits-Richtlinie wird nur aufgezeigt, daß die Art der Sorgfaltspflichten der Hersteller vom Einzelfall abhängt und die Aufzählung mit etlichen unbestimmten Rechtsbegriffen Selbstverständlichkeiten des Qualitätsmanagements wiedergibt. Würde Art. 6 der Produktsicherheits-Richtlinie umgesetzt, müßte ein "Produktprüfungsamt" mit entsprechend geschultem Personal und den erforderlichen Prüfgeräten eingerichtet werden. Die Bevormundung der Hersteller in der Entscheidung über Maßnahmen zur Erreichung bestmöglicher Produktsicherheit würde zur Unselbständigkeit der Hersteller führen. Ihnen würde die Motivation zur Einführung von Verbesserungsmaßnahmen im Bereich der Produktsicherheit abhanden kommen. Das ProdHaftG und die deliktsrechtliche Produkthaftung würden damit untergraben. Der mit der Produkthaftungs-Richtlinie erreichte Verbraucherschutz kann mit Art. 3 und 6 der Produktsicherheits-Richtlinie nicht verbessert werden. Ferner bestünde die Gefahr, daß das gesamtwirtschaftliche Gleichgewicht (Art. 109 Abs. 2 GG) durch die behördliche Einflußnahme auf unternehmerische Entscheidungen gestört würde.

Wo schon die zuständigen Behörden bei der Beurteilung eines spezifischen Sicherheitsrisikos unter Berücksichtigung aller Umstände nach speziellen Verbraucherschutzvorschriften noch nicht zur Information der Öffentlichkeit berechtigt sind,[644] ist zu erwarten, daß der zuständige Amtsträger nur in unzweifelhaften Gefährdungsfällen, bei denen die Möglichkeit rechtzeitiger alternativer Maßnahmen nicht besteht, Warnungen anordnen wird. Nur unter diesen Voraussetzungen ist z.B. eine Warnung nach § 6 Abs. 1 S. 1 und 3 GSG zulässig. Eine Rücknahme oder Vernichtung von Produkten wird der Amtsträger im Hinblick auf die drohende Amtshaftung, auch wenn sie nicht ihn, sondern seine Anstellungskörperschaft trifft (§ 839 BGB i.V.m. Art. 34 GG), kaum festsetzen. Würde Art. 6 der Produktsicherheits-Richtlinie umgesetzt, käme bei unterlassenen Warnungen, Rücknahme- oder Vernichtungsanordnungen bei Rechtspflicht zum Handeln ebenfalls eine Amtspflichtverletzung in Betracht.

---

644 Vgl. OLG Stuttgart ZIP 1990, 1209, 1211 f. - Birkel.

Wären die in Art. 5 der Produktsicherheits-Richtlinie vorgesehenen Kontrollmaßnahmen tatsächlich von den zuständigen Behörden durchzuführen, müßten deren Amtsträger Spezialkenntnisse erlangen, um die Konstruktion aller zu prüfenden Produkte nachvollziehen zu können. Sie müßten ferner über den aktuellen Stand von Wissenschaft und Technik auf dem Gebiet der von ihnen zu kontrollierenden Produkte informiert sein. Nur so können sie effektive Kontrollen - wie z.B. beim TÜV - durchführen und die Anordnung von Sicherheitsmaßnahmen begründen (vgl. § 39 Abs. 1 VwVfG). Die Kosten dieser Ausbildungsmaßnahmen oder der Anstellung bereits ausgebildeter Ingenieure sowie die Kosten der behördlichen Kontrollmaßnahmen würde der Steuerzahler zu tragen haben.

c. Das Schnellinformationssystem

Schadensfälle gefahrträchtiger Produktgruppen werden mittels eines Schnellinformationssystems der EU-Kommission benannt, die sie an die übrigen Mitgliedsstaaten weiterleitet.[645] Das im wesentlichen zufriedenstellend funktionierende System[646] soll fortgeführt werden (Art. 8 der Produktsicherheits-Richtlinie mit Anhang). Gegen das Schnellinformationssystem spricht nichts, es hätte allerdings keiner Aufhebung der Ratsentscheidung unter Einfügung in die Produktsicherheits-Richtlinie bedurft.

Sofortmaßnahmen bei unmittelbarer Gefahr für die Gesundheit und Sicherheit der Verbraucher sind sinnvoll, sollten jedoch nur durch die nationalen Behörden unter Koordination der EU-Kommission durchgeführt werden. Die in Art. 9 und 11 der Produktsicherheits-Richtlinie vorgesehene Möglichkeit der EU-Kommission, einen Mitgliedsstaat zu vorläufigen Vorkehrungen zu zwingen, verstößt gegen das Subsidiaritätsprinzip von Art. 3 b EGV. Überdies würde das in Art. 11 der Produktsicherheits-Richtlinie vorgesehene langwierige Verfahren mit Entwurfsunterbreitungen, Prüfungen, Stellungnahmen, Abstimmungen, Beschlüssen und Erlassen weder ein schnelles Handeln bei Gefahr für potentielle Verbraucher gewährleisten noch zur Deregulierung beitragen. Eine Umsetzung der Art. 9 und 11 der Produktsicherheits-Richtlinie sollte daher außer Betracht bleiben.

Die Bundesrepublik Deutschland hat ihre Klage gegen Art. 9 der Produktsicherheits-Richtlinie vor dem EuGH verloren: Entgegen der von der Bundesrepublik Deutschland vertretenen Auffassung, Art. 9 der Produktsicherheits-Richtlinie fehle eine Rechtsgrundlage und verstoße gegen den Grundsatz der Verhältnismäßigkeit,[648] sieht der EuGH die Rechtsgrundlage in Art. 100 a Abs. 1 EGV und die Verhältnismäßigkeit als gewahrt an.[649]

---

[645] Siehe die Entscheidung des Rates vom 21.12.1988 über ein gemeinschaftliches System zum raschen Austausch von Informationen über die Gefahren bei der Verwendung von Konsumgütern (89/45/EWG, ABlEG Nr. L 17/51 vom 21.01.1989) und die Änderungs-Entscheidung vom 29.06.1990 (90/352/EWG, ABlEG Nr. L 173/49 vom 06.07.1990). Siehe auch oben Punkt B.IV., S. 91 ff.

[646] Bericht der Kommission an den Rat über ein gemeinschaftliches System zum raschen Austausch von Informationen über die Gefahren bei der Verwendung von Konsumgütern vom 07.04.1992, SEK(92)618 endg., S. 13.

[647] Rechtssache C-359/92, 92/C 288/13, ABlEG Nr. C 288/10 vom 05.11.1992.

[648] Rechtssache C-359/92, 92/C 288/13, ABlEG Nr. C 288/10 vom 05.11.1992.

[649] EuGH RIW 1994, 789 ff.

3. Verbleibende öffentlich-rechtliche Aufgaben

Für die Ordnungsbehörden verbleiben im Bereich der Produktsicherheit die schon bisher von ihnen wahrgenommenen originären Aufgaben des Ordnungsrechts. Es genügt daher, wenn die Bundesrepublik Deutschland der EU-Kommission die nachfolgenden "zuständigen Behörden" benennt: Die Gemeinden, Kreise und kreisfreien Städte als örtliche Ordnungsbehörden und die Regierungspräsidenten als Landesordnungsbehörden.

Das Schnellinformationssystem könnte wie bisher fortgeführt werden.

4. Stellungnahme

Die Produktsicherheits-Richtlinie ist für die Mitgliedsstaaten nur hinsichtlich des zu erreichenden Ziels verbindlich (vgl. Art. 189 S. 3 EGV). Die Intention der Produktsicherheits-Richtlinie - die EU-weite Angleichung der Produktsicherheitsvorschriften auf hohem Schutzniveau - wird, wie soeben dargelegt, mit den schon vorhandenen Gesetzen erreicht. Nur real erforderliche neue Gesetze können den Handel in der EU unterstützen und Wettbewerbsverzerrungen verhindern. Weitergehende Maßnahmen widersprächen dem Ziel der Deregulierung und würden im Hinblick auf bereits bestehende Regelungen zur Förderung der Produktsicherheit - im ProdHaftG und der deliktsrechtlichen Produkthaftung, im GSG und im LMBG - zu Auslegungsschwierigkeiten führen. Die Umsetzung der Produktsicherheits-Richtlinie ist daher nicht erforderlich.

Um dennoch in einem rechtlichen Rahmen die Umsetzung der nicht subsidiären Regelungen zu dokumentieren, könnte die Bundesrepublik der EU-Kommission gemäß Art. 17 Abs. 3 der Produktsicherheits-Richtlinie mitteilen, daß die verlangten Regelungen für die in Betracht kommenden gefahrträchtigen Produkte bereits bestehen (z.B. im GSG und LMBG) und die derzeitigen Ordnungsbehörden der öffentlich-rechtlichen Gefahrenabwehr im Bereich der Produktsicherheit nachkommen. Ein Verzicht auf ein Produktsicherheitsgesetz und auf die Einarbeitung der Regelungen der Produktsicherheits-Richtlinie in bereits bestehende Gesetze würde Fragen nach Spezialität und Subsidiarität solcher Regelungen zu bereits bestehenden Normen vermeiden. Des weiteren würde keine Rechtsunsicherheit der betroffenen Hersteller und Behörden über die Sicherheitsanforderungen und die zu treffenden Maßnahmen bestehen.

Art. A S. 2 EUV verlangt möglichst bürgernahe Entscheidungen. Hierzu zählt auch das Bemühen um den Erlaß von für den Durchschnittsbürger verständlichen Richtlinien. Sämtliche an der Ausarbeitung einer Richtlinie beteiligten EU-Organe haben diesen Grundsatz zu beachten. Nachvollziehbare Regelungen in Richtlinien bauen aufeinander auf und ergänzen sich. Bei kompliziert verfaßten Richtlinien, deren Regelungen und Ziele sich überlappen und dennoch unabhängig voneinander jeweils neu definiert werden, verliert man das gesetzte Ziel durch die Ausführung unwichtiger oder bereits in anderen Richtlinien geregelter Einzelheiten aus den Augen.

Die Kunst der Beschränkung auf das Wesentliche haben die Gesetzgeber um die letzte Jahrhundertwende noch verstanden. Man vergleiche nur die kurz und präzise gefaßten Regelungen der zu dieser Zeit erlassenen Gesetze, z.B. im BGB im HGB und im GmbHG. Auf sie sollten sich die heutigen EU-Richtlinienverfasser und bei der Umsetzung der Richtlinien die nationalen Gesetzgebungsorgane besinnen.

C. Zusammenfassung und Folgerungen

Der Produktsicherheit wird im Wirtschaftsleben aufgrund der zunehmenden Konkurrenzsituation im internationalen Wettbewerb immer mehr Bedeutung zugemessen. Auf ihr basiert zu einem wesentlichen Teil die Qualität der Produkte. Gleichzeitig ist die Tndenz absehbar, den Verbraucherschutz in der Europäischen Union weiter zu vereinheitlichen und zu verstärken.

Die Einführung eines Qualitätsmanagementsystems rentiert sich für den Hersteller gleich mehrfach, indem er den Produktionsablauf optimiert, Qualität produziert und damit konkurrenzfähige Produkte auf den Markt bringt. Des weiteren, indem verantwortlich und motiviert handelnde Arbeitnehmer für ihn tätig sind, er durch gesteigerte Produktsicherheit das Produkthaftungsrisiko reduziert und er auf dieser Grundlage angemessene Versicherungsprämien für eine um das Produkthaftpflichtrisiko erweiterte Betriebshaftpflichtversicherung aushandeln kann. Mit diesen Maßnahmen kann er auf längere Sicht gesehen seine Produktionskosten reduzieren. Das Qualitätsmanagementsystem ist das Konzept für den Hersteller zur Umsetzung der Anforderungen an die Produktsicherheit.

Die strafrechtliche Verantwortung der leitenden Personen eines Unternehmens sorgt dafür, daß die Produktsicherheit nicht aus Kostengründen außer Acht gelassen wird.

Öffentlich-rechtliche Gefahrenabwehrmaßnahmen runden den Schutz der Verbraucher vor gefährlichen Produkten ab.

Soweit die Hersteller die ihnen mittels des Produkthaftungsrechts auferlegten Pflichten erfüllen können und die hierbei entstehenden zusätzlichen Produktionskosten, die auf den Produktpreis umgelegt werden, vom Verbraucher noch getragen werden, ist das derzeitige Produkthaftungsrecht zu befürworten. Soweit jedoch die Anforderungen der Rechtsprechung an die Warnhinweise sich in nicht voraussehbarem Umfang verschärfen, man denke nur an den Fall Milupa, und sich das zweigleisige Produkthaftungsrecht nur noch dem Fachmann erschließt, nicht aber dem Verbraucher, für den es konzipiert wurde, sollte das jetzige Produkthaftungsrecht weiterentwickelt werden. Eine vollständige Überarbeitung des Produkthaftungsrechts unter Reduzierung auf ein Gesetz und ein Haftungssystem kommt hierfür in Betracht. So könnten die Vorzüge der deliktsrechtlichen

Produkthaftung wie z.B. Schmerzensgeld, Regelung zur Produktbeobachtung und der Höhe nach unbeschränkte Haftung unter Konzentration auf das Wesentliche in das ProdHaftG eingebracht werden unter gleichzeitiger Aufgabe der Verschuldenshaftung mit Beweislastumkehr. Mit einem solchen ProdHaftG könnten übersichtlich die Rechte und Pflichten der Verbraucher und der Hersteller dargestellt werden. Hierfür spricht außerdem die noch zu verwirklichende Rechtsvereinheitlichung des Produkthaftungsrechts innerhalb der Europäischen Union.

Das Produkthaftungsrecht und der internationale Konkurrenzdruck haben dafür gesorgt, daß die Produktion sicherer Produkte für die Hersteller an Bedeutung gewonnen hat. Neue Konzepte zur Steigerung der Produktsicherheit werden nicht von den Behörden entwickelt, die die Herstellung sicherer Produkte überwachen sollen, sondern von den Herstellern, deren Mitarbeitern und durch Vorschläge der Verbraucher. Deren Initiative zur Erhöhung der Produktsicherheit sollte intensiver gefördert werden. So könnten gezielte Förderprogramme unter Gewährung von Zuschüssen die Einführung eines Qualitätsmanagementsystems unterstützen. Die Vorzüge des bislang in nur wenigen Unternehmen bestehenden innerbetrieblichen Vorschlagswesens könnte den Herstellern über die Kammern und Verbände nahegelegt werden. Die Ideen der Verbraucher zur Verbesserung der Produkte werden selten nach außen hin bekannt. So könnte nach einer Kontaktaufnahme mit dem Verbraucher, z.B. über den Kundendienst, dessen Sicherheitserwartung an das Produkt bei der weiteren Produktion berücksichtigt werden. Weitere Quellen zur Verbesserung der Produktsicherheit finden sich bei den Patentämtern. Die Innovationsbereitschaft der Hersteller im Bereich der Produktsicherheit sollte andererseits nicht durch behördliche Kontrollen und sich ständig verschärfende Anforderungen der Rechtsprechung an die Verkehrssicherungspflichten der Hersteller unterbunden werden, damit nicht nur die aktuelle Produktpalette der Hersteller Sicherheit aufweist, sondern auch neue, sichere Produkte weiterhin auf den Markt gebracht werden.

Neben den vom Hersteller abverlangten Maßnahmen zur Herstellung sicherer Produkte erscheint es angemessen, vom mündigen Verbraucher, dem das umfangreiche Produktangebot einer Konsumgesellschaft zur Verfügung steht, einen bestimmten Grad an Sorgfalt im Umgang mit Produkten zu fordern, vor allem, was die Beachtung der Bedienungs- bzw. Betriebsanleitungen sowie der Warnhinweise angeht. Im Rahmen von § 6 Abs. 1 ProdHaftG sollte bei der Prüfung des Verschuldens (§ 276 BGB) des Geschädigten der verantwortungsvolle Umgang des Verbrauchers mit dem betroffenen Produkt berücksichtigt werden. Nur so besteht ein Gleichgewicht zwischen der dem Hersteller abverlangten Kenntnis des Standes von Wissenschaft und Technik und der dem Verbraucher abgeforderten Sorgfalt. Ansonsten würde auf einen sorglosen Verbraucher abgestellt, der im Schadensfall seinen Anspruch auf eine weitestgehende Berücksichtigung eines auch nur entfernt liegenden Produktmißbrauchs gegen den Hersteller geltend machen kann, andererseits aber, solange er keinen Schaden durch ein Produkt erlitten hat, nicht wie ein entmündigter Verbraucher behandelt werden will. Die Gewährung eines Schadensersatzanspruches trotz Sorgfaltspflichtverletzung des Geschädigten würde dazu führen, daß sich der Verbraucher auf seine Sorglosigkeit berufen kann. Damit würde er eine Schadensersatzleistung auf Kosten der übrigen Verbraucher erlangen, die den daraus resultierenden erhöhten Produktpreis zu zahlen haben. Der Verbraucherschutz sollte folglich nur so weit gehen, wie es die Verbraucher selbst für notwendig erachten.

GPSR Compliance
The European Union's (EU) General Product Safety Regulation (GPSR) is a set of rules that requires consumer products to be safe and our obligations to ensure this.

If you have any concerns about our products, you can contact us on

ProductSafety@springernature.com

In case Publisher is established outside the EU, the EU authorized representative is:

Springer Nature Customer Service Center GmbH
Europaplatz 3
69115 Heidelberg, Germany

www.ingramcontent.com/pod-product-compliance
Lightning Source LLC
LaVergne TN
LVHW010927051026
849532LV00003B/870
* 9 7 8 3 5 4 0 5 9 2 4 2 6 *